刚性中塔悬索桥

RIGID MIDDLE PYLON
SUSPENSION BRIDGE

浙江数智交院科技股份有限公司
王昌将　戴显荣　编著

人民交通出版社股份有限公司
北　京

内 容 提 要

本书从多塔悬索桥的结构体系、中塔刚度、主缆与索鞍的滑移力学行为研究出发，首次提出刚性中塔的"活载锚碇"概念，以我国瓯江北口大桥和智利查考大桥为工程背景，通过总结丰富的理论研究成果、科学试验和工程实践经验，全面介绍了刚性中塔悬索桥。

本书理论研究科学严谨、试验数据翔实、工程案例丰富、技术水平国际领先，是首部全面系统介绍刚性中塔悬索桥的桥梁工程著作，可为多塔悬索桥的研究、设计及施工提供富有价值的参考和借鉴。

本书配套电子书，可随时随地阅读，支持全文检索。使用方法：扫描封面二维码（此码只可激活一次），关注"交通教育"微信公众号，公众号弹出"购买成功"通知，点击"查看详情"，进入后即可查看电子书。

图书在版编目（CIP）数据

刚性中塔悬索桥／王昌将，戴显荣编著．—北京：
人民交通出版社股份有限公司，2022.8
ISBN 978-7-114-18062-0

Ⅰ.①刚… Ⅱ.①王… ②戴… Ⅲ.①悬索桥—结构力学—研究 Ⅳ.①U448.253

中国版本图书馆 CIP 数据核字（2022）第 113161 号

Gangxing Zhongta Xuansuoqiao
书　名：刚性中塔悬索桥
著 作 者：王昌将　戴显荣
责任编辑：刘　倩
责任校对：孙国靖　宋佳时
责任印制：刘高彤
出版发行：人民交通出版社股份有限公司
地　　址：（100011）北京市朝阳区安定门外外馆斜街 3 号
网　　址：http：//www.ccpcl.com.cn
销售电话：(010)59757973
总 经 销：人民交通出版社股份有限公司发行部
经　　销：各地新华书店
印　　刷：北京虎彩文化传播有限公司
开　　本：787×1092　1/16
印　　张：13
字　　数：305 千
版　　次：2022 年 8 月　第 1 版
印　　次：2022 年 10 月　第 2 次印刷
书　　号：ISBN 978-7-114-18062-0
定　　价：88.00 元

（有印刷、装订质量问题的图书，由本公司负责调换）

序

  悬索桥是传统桥型中跨越能力最强的桥梁，适应性强、造型优美。工程界很早就开始了对多塔悬索桥的探索，研究者和工程师们发现了多塔悬索桥的"中塔效应"问题，并尝试采用水平拉索、斜拉索等办法解决。但此类方法往往仅限于主跨跨径在 300m 以下的多塔悬索桥。

  温州瓯江北口大桥主跨跨径 800m，是世界上首次采用刚性中塔的三塔悬索桥。作为瓯江北口大桥的工程亲历者和主要负责人，作者具有丰富的研究、设计和工程实践经验，为撰写本书奠定了坚实的基础。本书对刚性中塔多塔悬索桥的发展历史、力学行为特征、中塔研究、高摩擦性能索鞍试验与理论研究、高摩擦性能索鞍构造研究、高摩擦性能索鞍制造与索股入鞍技术、工程案例及拓展研究等进行了全面介绍，尤为深入介绍了高摩擦性能索鞍这一原创技术。全书既有理论分析，又有实桥论证；既有公式推导，又有试验验证；既可作为大专院校学生教材，亦可供工程人员参考使用。

  可以预见，大跨径多塔悬索桥在未来将会是一种更加受到重视的桥梁方案，随着人们对其认识的不断提高、经验的不断积累、技术的不断进步，相信它必将在世界桥梁舞台上扮演越来越重要的角色。

2021 年 10 月

前言

劳动人民受藤桥的启发,发明了悬索桥(吊桥)。在著名的都江堰水利工程上,有一座古人行桥,名为安澜桥。著名的桥梁专家茅以升参观了安澜桥之后,1972年在《文物》上发表文章,将它定为中国五大名桥之一。安澜桥主缆采用的是竹缆,由于跨径太大,主缆强度不足以支撑桥身自重,再加上垂度太大,需要加高桥塔,使得造价增加,于是古人非常聪明地采用了多塔悬索桥方案。为了克服材料性能的不足,实现多次张拉而采用了柔性塔。宋代著名文人范成大将之形容为:"如渔人晒网、染家晾彩帛之状",非常形象,这应该就是多塔悬索桥的雏形。

多塔悬索桥由于失去了边跨主缆强有力的约束,中塔水平位移过大,系统刚度不足,如果将中塔刚度加大,则主缆与索鞍滑移风险也会加大,桥梁界将这一问题称为"中塔效应"。小跨径悬索桥大多通过设置水平缆来解决"中塔效应"问题。

大跨径多塔悬索桥研究始于20世纪30年代,美国在修建旧金山奥克兰海湾大桥时曾经对三塔悬索桥方案进行研究,当时采取了很多措施以增大系统刚度,但考虑到经济因素和技术不太成熟,建设方排除了三塔悬索桥方案。

21世纪初期,我国首次尝试了多塔悬索桥在宽阔水域的应用,先后成功修建了泰州大桥、马鞍山长江大桥和鹦鹉洲长江大桥三座三塔悬索桥。这三座悬索桥中塔采用了钢塔或钢-混凝土组合塔,在其中一跨满布活载作用下,桥塔可以提供部分纵向变形,通过对桥塔纵向刚度的分析,选取了合适的中塔纵向刚度,从而在满足主缆在索鞍间安全滑移的同时,将主跨挠度控制在合理范围内。这一技术路线绕开了主缆索鞍滑移问题,很好地实现了多塔悬索桥的技术突破。

显然,由于主缆、锚碇规模较小的优势,多塔悬索桥在跨越宽阔的江面、海口时,具有相当高的经济性。但在海洋环境下,如何提高其结构刚度与抗风性能,提高其结构耐久性与可维护性,显得尤为重要。如果能采用混凝土刚性中塔,上述问题便可以得到解决,同时也为悬索桥向三塔以上阶段迈进奠定技术基础。为此,必须在主缆滑移这一技术难题上取得突破,因而急需开展主缆索鞍摩擦机理研究。

为了科学合理地提出抗滑移性能优越的索鞍方案,浙江数智交院科技股份有限公司(原浙江省交通规划设计研究院)与西南交通大学、温州市交通发展集团有限公司等单位一起开展了专题技术研究:通过试验研究主缆和索鞍之间滑移机理,提出提高摩阻力的技术方案,并加以验证。主要研究内容包括:主缆与鞍槽间的抗滑移理论与试验研究、主缆钢丝与鞍座间侧向力理论与试验研究、索鞍设计方案评估。试验首次采用组拼式索鞍进行模型试验,在一个试验索鞍上进行了包括三种鞍座类型、不同索股根数、有无聚四氟乙烯板等几十种工况的试验,获得了大量的试验数据,为理论分析奠定了基础。高摩擦性能索鞍鞍体采用铸焊结合结构。为了提高摩擦性能,设置竖向摩擦板取代传统的隔片。竖向摩擦板沿高度方向为整体结构,沿顺桥向分为对称的两块,底部与索鞍鞍槽焊接,是主缆抗滑中的重要受力构件,其受力特点主要为顺桥向抗剪。两侧摩擦板采用单面坡口熔透型焊缝,中间摩擦板在鞍槽底部开坡口两侧对称角焊缝。由于竖向摩擦板的存在,预制主缆索股在索鞍中的安装将受到干扰。为确保预制主缆索股能够顺利地安装到高摩擦性能索鞍的深索槽中,各方开展多项试验研究。其中,上海浦江缆索股份有限公司在瓯江北口大桥设计阶段开展初步试验,采用自动化顶推设备+人工调整的方式,进行了一系列索股的入鞍试验,初步论证了技术层面的可行性。随后,江苏法尔胜缆索有限公司也验证了这一技术方案可行。瓯江北口大桥上部结构施工单位中交第二航务工程局有限公司在上述试验的基础上,研发出一套自动化主缆索股深索槽入鞍机器人,并在实际抗滑索鞍中进行试验,然后运用到瓯江北口大桥的主缆架设施工中。

自从中国在多塔悬索桥的实践上取得突破之后,目前国内外正在研究、规划及修建的多塔悬索桥有智利查考大桥、中国瓯江北口大桥、荷兰西斯海尔德河通道、挪威比约纳夫峡湾大桥等。

此外,在方案设计阶段也不乏多塔多跨悬索桥的身影。例如,在国外,筹建中的墨西拿海峡大桥,在方案设计阶段曾经提出过三塔两跨悬索桥方案,跨径布置为 850m + 2 × 1750m + 1000m。直布罗陀海峡大桥设计中也提出过三塔四跨悬索桥方案,跨径布置为 2500m + 2 × 5000m + 2500m。而在国内,青岛海湾大桥、琼州海峡大桥、武汉阳逻大桥、南京长江第四大桥等设计中均提出过三塔悬索桥方案。

纵观国内外连续多塔悬索桥的发展趋势,可见多塔悬索桥方案竞争力强,在 500 ~ 1500m 跨径中都适用,景观更美,连续长度更长,尤其适用于跨越河口、海口的长大桥梁。在中塔选择上,越来越倾向于混凝土方案,由于中塔刚度提高,桥梁整体刚度也加大,行车舒适性和抗风性能都得到了极大的提高。设计多塔悬索桥的关键问题在于提高刚性中塔索鞍抗滑移性能,因此探明索鞍、索股、钢丝的摩擦机理非常重要。瓯江北口大桥课题研究得出了相关的理论公式,并得到了试验验证。目前已有多种方案可实现高摩擦索鞍,这些方案都充分利用了索鞍侧摩阻力,如果采用设置顶盖板加压方案,可使得初滑安全系数进一步提高。索鞍抗滑移问题得到解决后,就可利用悬索桥恒载占比较大的结构特点,提出在活载作用下索鞍直接锚碇的"活载锚碇"概念,使得相邻主跨基本不受加载跨的影响,从而使其连续跨越能力得到长足进步。可以预期,连续多跨悬索桥将在未来桥梁中扮演越来越重要的角色。如果能针对多塔连跨结构的荷载模式作进一步研究,其应用场景将更为广泛。

本书内容及编撰分工如下:第 1 章为概述部分,简要介绍了多塔悬索桥的"中塔效应"及设计方法的变迁,回顾了多塔悬索桥的发展历史和现状,由王昌将、沈佳伟撰写。第 2 章围绕多塔悬索桥力学行为特征,主要介绍了缆索结构和索塔的刚度解析公式并提出了多塔悬索桥结构位移及内力的实用计算方法,由王昌将、沈锐利、马碧波撰写。第 3 章主要介绍了瓯江北口大桥刚性中塔的设计过程,包括中塔塔型的选择、支承体系的研究及其对全桥结构的影响分析等,由戴显荣、史方华、叶雨清撰写。第 4 章为高摩擦性能索鞍试验与理论研究,结合试验成果提出了侧向力理论计算方法以及实用计算公式,由沈锐利、王路、王昌将撰写。第 5 章着重介绍了混凝土中塔为解决主缆滑移问题而开展的高摩擦性能索鞍构造研究,由马越峰、叶雨清、白雨东、黄安明撰写。第 6 章介绍了高摩擦性能索鞍制造与索股入鞍技术,即摩擦板的焊接与检测、深槽索股入鞍等两个难题的解决方案,由王晓阳、廖刘算、肖刚、陈龙撰写。第 7 章重点介绍了瓯江北口大桥和查考大桥两个工程案例,由戴显荣、肖刚、黄鑫撰写。第 8 章为多塔连跨悬索桥拓展研究,主要研究三塔以上多塔连跨悬索桥力学行为和应用场景,由王昌将、马碧波撰写。

  在本书撰写过程中,浙江数智交院科技股份有限公司(原浙江省交通规划设计研究院)参与瓯江北口大桥设计与研究工作的陈向阳、李亮亮,温州市交通发展集团有限公司周列茅、郑锋利、潘济,西南交通大学张兴标、侯康等提供了大力支持和帮助,在此深表谢意。

王昌将 戴显荣

2022 年 6 月

目 录

第1章 多塔悬索桥概述 ·· 1
1.1　多塔悬索桥的发展历史 ·· 2
1.2　多塔悬索桥的发展现状 ·· 8
1.3　本章小结 ·· 17

第2章 多塔悬索桥力学行为特征研究 ·· 18
2.1　多塔悬索桥缆索结构及桥塔纵向刚度解析公式 ························ 18
2.2　多塔悬索桥缆索结构位移及内力的实用计算方法 ····················· 26
2.3　多塔悬索桥主缆与鞍座抗滑移问题 ···································· 34
2.4　三塔悬索桥的中塔纵向刚度取值研究 ·································· 37
2.5　三塔悬索桥的合理结构体系研究 ······································ 44
2.6　本章小结 ·· 51

第3章 多塔悬索桥中塔研究 ·· 53
3.1　多塔悬索桥中塔设计主要控制因素 ···································· 54
3.2　中塔纵向刚度力学分析 ·· 55
3.3　多塔悬索桥中塔设计分析 ·· 58
3.4　瓯江北口大桥中塔选型与参数研究 ···································· 60
3.5　查考大桥中塔选型 ·· 68
3.6　中塔处加劲梁约束体系对中塔设计的影响 ····························· 70
3.7　本章小结 ·· 73

第4章 高摩擦性能索鞍试验与理论研究 ···································· 75
4.1　主缆抗滑研究概述 ·· 75
4.2　主缆抗滑试验研究方案及仪器设备 ···································· 78
4.3　试验研究结果分析 ·· 87
4.4　基于模型试验的主缆滑移理论研究 ···································· 94
4.5　本章小结 ··· 119

第5章 高摩擦性能索鞍构造研究 ·· 121
5.1　高摩擦性能索鞍构造措施 ·· 121
5.2　索鞍的抗滑移计算及结构受力分析 ···································· 126
5.3　高摩擦性能索鞍构造方案比选 ··· 129
5.4　全竖向摩擦板索鞍结构 ··· 130

5.5　本章小结 ································· 133
第6章　高摩擦性能索鞍制造与索股入鞍技术 ············ 134
　　6.1　高摩擦性能索鞍的制造难点及关键技术 ·········· 134
　　6.2　竖向摩擦板的安装工艺 ······················· 141
　　6.3　中塔主索鞍的质量检验 ······················· 143
　　6.4　深槽主缆索股入鞍技术 ······················· 145
　　6.5　本章小结 ································· 150
第7章　工程案例介绍 ······························· 151
　　7.1　瓯江北口大桥 ······························ 151
　　7.2　查考大桥 ································· 162
　　7.3　本章小结 ································· 169
第8章　多塔连跨悬索桥拓展研究 ······················ 170
　　8.1　多塔连跨悬索桥的经济性优势 ················· 170
　　8.2　小跨径多塔连跨悬索桥 ······················· 174
　　8.3　大跨径多塔连跨悬索桥 ······················· 177
　　8.4　本章小结 ································· 192
参考文献 ··· 194

第 1 章　多塔悬索桥概述

悬索桥,又称吊桥,是最古老的桥型之一,其雏形 3000 多年前已在我国出现。现代悬索桥起源于 19 世纪初由悬索桥大师 James Finley 建造的雅各布溪桥(Jacob's Creek Bridge),到 1883 年美国的约翰·A.罗夫林设计建成的美国纽约布鲁克林大桥(主跨跨径 486m),悬索桥一直以弹性理论为主来设计。直到 19 世纪末,弹性理论仍广泛用于悬索桥的设计(例如,1903 年建成、主跨跨径 488m 的威廉斯堡大桥)。进入 20 世纪后,随着挠度理论的提出和应用,悬索桥的主跨跨径迅速增加至千米级。世界上第一座跨径突破千米的大桥是美国乔治·华盛顿大桥,其主跨跨径达到了 1067m,建成于 1931 年。第二次世界大战后,随着有限位移法、计算机有限元程序的发展,悬索桥的设计计算变得更为精确,新的冶炼技术的发展也使得悬索桥主缆的承载能力变得更强,悬索桥的跨径得到了进一步的增加。目前已经建成的最大跨径悬索桥为主跨跨径 1991m 的日本明石海峡大桥。而目前筹划中的最大跨径悬索桥为意大利墨西拿海峡大桥,其主跨跨径已达到 3300m,其桥型图如图 1-1 所示。该桥已经完成设计工作。

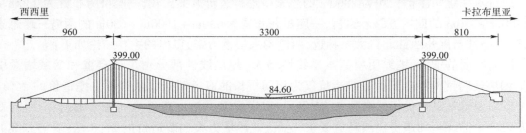

图 1-1　意大利墨西拿海峡大桥桥型示意图(尺寸单位:m)

在近现代众多海峡大桥,尤其是丹麦大带海峡大桥和日本明石海峡大桥建成后,工程师们开始构想更大跨径的跨海峡桥梁工程。例如,欧非大陆的直布罗陀海峡、美亚大陆的白令海峡、连通太平洋和印度洋的马六甲海峡以及我国的琼州海峡等,这些海峡的宽度最大可达几十千米,水深最大达到几百米。在较深的水域中,如果采用小跨径的长桥跨越,由于下部结构工程量占比较高,将会增加桥梁整体造价,同时,海上的恶劣环境还会增加下部结构施工风险。因此,在悬索桥跨越宽阔水域、深水峡湾或峡谷区域时,通常有两种解决方案:第一种是增大跨径,通过一跨跨越较深的区域,剩余较浅的区域则采用小跨径长桥来跨越,例如日本明石海峡大桥、丹麦大带海峡大桥以及意大利墨西拿海峡大桥;第二种是设置多个较大主跨,通过多塔多跨形式跨越,例如美国旧金山奥克兰海湾大桥、日本备赞濑户大桥。在不考虑材料的情况下,双塔悬索桥最大跨径理论上可以达到 5000m 以上。但当悬索桥跨径达到这一量级时,诸多技术问题也随之而来,如主缆材料的制造工艺、几何非线性影响、抗风稳定性、全桥刚度控制等,这些都使得施工难度与风险增加。同时,跨径增大导致主缆造价增加,从而也会导致全桥造价急剧增加。而第二种解决方案,通过采用多个较大主跨的多塔多跨悬索桥,可以避免主跨跨径无意义的增加。已建成的美国旧金山奥克兰海湾大桥以及日本本州—四国联络线上的来岛海峡大桥、备赞濑户大桥,均采用两座双塔悬索桥在海峡中部共用锚碇的形式来构建多塔悬索桥,如图1-2所示。

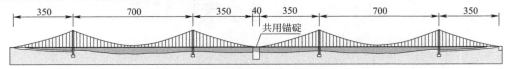

图1-2 共用锚碇构建多塔悬索桥(尺寸单位:m)

这种采用共用锚碇形式的多塔悬索桥,从力学特性上看仍属于双塔悬索桥的范畴,而且在深水中建造大体积锚碇无疑会增加工程造价和施工难度。目前,业界通过取消共用锚碇,直接将多个主跨通过中塔连接起来,从而构建真正意义上的多塔悬索桥体系,如图1-3所示。目前,我国长江上的三座多塔悬索桥(马鞍山长江大桥、泰州大桥及鹦鹉洲长江大桥)均采用了该体系。

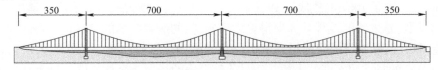

图1-3 多塔悬索桥示意图(尺寸单位:m)

通过对拟定两座桥长均为2860m的悬索桥进行造价方案比较,一座桥跨布置为230m + 3×800m + 230m的四塔五跨悬索桥,一座桥跨布置为630m + 1600m + 630m的两塔三跨悬索桥,建设条件与温州瓯江北口大桥相近,两侧均采用重力锚,得出的主要结论如下:

随着跨径的增大,主缆用料基本呈线性增大(超出线性部分由主缆自重和活载增量引起),四塔连跨钢桁梁悬索桥主缆造价仅为相同桥长的双塔钢桁梁悬索桥主缆造价的44%;单个索塔及桩基础造价仍然高达5.83亿元,双塔方案的单塔造价是多塔方案的2.6倍;双塔方案单个锚碇基础造价仍然高达2.85亿元,是四塔方案锚碇造价的2.38倍;双塔方案的总造价是四塔方案总造价的1.1~1.2倍。

1.1 多塔悬索桥的发展历史

如图1-4所示,对单跨简支的双塔悬索桥进行分析,当主跨跨径满载时主梁产生最大的挠度,由于边跨主缆锚固于锚碇,塔顶位移 Δx 的值被限制在一个较小的范围内,因此双塔悬索桥最大挠跨比一般都能控制在合理范围内。当采用三塔两跨的多塔悬索桥时,在某一主跨满载而另一跨空载的工况下,该主跨将产生最大挠度,由于中塔主缆未能直接锚固于锚碇,中塔顺桥向位移不能很好地被主缆限制,即 $\Delta x_2 \gg \Delta x$,从而导致其主跨挠度远大于同等跨径条件下的双塔悬索桥。对此,工程师们提出了一个解决方案:增大中塔顺桥向刚度,使得 Δx_2 尽可能地小,从而有效地减小主跨挠度,即"刚性中塔"方案。但这个方案又带来另一个问题:当中塔顺桥向位移被限制后,由于中塔两侧主缆在一侧满载后缆力相差较大,索鞍处的主缆滑移问题将变得非常突出。至此,从控制主跨挠跨比的角度出发,存在两个矛盾的变量:中塔顺桥向刚度和主缆抗滑移安全系数。中塔顺桥向刚度增大,主缆抗滑移安全系数减小;反之,主缆抗滑移安全系数增大。因此,中塔顺桥向总有一组变量,将主跨挠跨比和主缆抗滑移安全系数控制在《公路悬索桥设计规范》(JTG/T D65-05—2015)容许的范围内,通过降低中塔刚度使得结构产生容许的位移,这一设计方案即"柔性中塔"方案。上述定性的分析即为多塔悬索桥特有的"中塔效应",这一效应的详细研究和分析将在本书的后续章节着重说明。

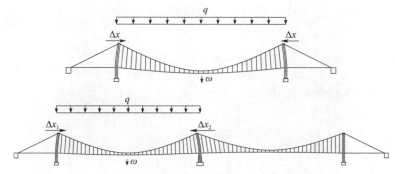

图1-4 双塔悬索桥与多塔悬索桥力学分析示意图

在著名的都江堰水利工程上,有一座古人行桥,名为安澜桥,如图1-5所示。桥梁专家茅以升参观了安澜桥之后,于1972年在《文物》上发表文章,将它定为中国五大名桥之一,并介绍了该桥的修建方法与结构,具体如下:

以竹丝编成竹缆,粗如碗口,陆续接长,横跨全江,其两端绕系于横卧大木碾,转动大木碾时拉紧竹缆,以免下垂过度。大木碾安置于木笼内,木笼位于两岸石岩中所凿的石室。竹缆十根平列,上铺木板为桥面,可以行人,两旁各有较细竹缆六根,作为栏杆。由于桥底竹缆太长,下面用八座木排架及一座石墩承托,将桥分成九孔,全长320m,一孔最大跨径达61m。每座木排架用五根大木桩打入江底,中用横木连接,下有石块堆砌,其两边木桩较长,形成斜柱。一座石墩位于都江堰的鱼嘴上,内有石室,亦有大木碾,可以拉紧竹缆,其作用与两岸的大木碾相同。

图1-5 都江堰安澜桥

由于主缆采用的是竹缆,一则跨径太大,主缆强度不足以支撑桥身自重,二则垂度太大,需要加高桥塔,增加造价,于是古人非常聪明地采用了多塔悬索桥方案,为了多次张拉以克服材料性能的不足,采用了柔性塔。宋代著名文人范成大将之形容为"如渔人晒网、染家晾彩帛之状",非常形象。

现代意义上的多塔悬索桥是在吸取了双塔悬索桥的设计和建造经验的基础上逐渐发展起来的,但多塔悬索桥的概念并不是在21世纪才被提出,早在19世纪,就有了多座小跨径多塔悬索桥的尝试。

法国新堡桥(Chateauneuf Bridge,图1-6)建于1840年,其桥跨布置为49.15m+3×59.5m+49.15m。该桥于1933年遭到破坏,1935年按原貌重建并于1937年建成。桥墩采用圬工结构。为解决主跨挠度过大的问题,采用塔顶水平索来增加中塔纵向刚度和结构竖向刚度。

图1-6　法国新堡桥(Chateauneuf Bridge)实景

1847年建成的法国圣辛福里安桥(Saint-Symphorien Bridge,图1-7),桥梁总长350m,主跨跨径35m。与新堡桥类似,该桥也采用了塔顶水平索来增加中塔纵向刚度和结构竖向刚度。

图1-7　法国圣辛福里安桥(Saint-Symphorien Bridge)实景

建成于1849年的法国郎热桥(Langeais Bridge,图1-8),其桥跨布置为43m+3×88m+43m,桥塔和桥墩均采用圬工结构。为进一步减小主跨跨径挠度,同样采用了塔顶水平索来增加中塔纵向刚度和结构竖向刚度。

图1-8　法国郎热桥(Langeais Bridge)实景

1951年建成的法国沙蒂隆桥(Chatillon Bridge,图1-9),是一座三塔四跨悬索桥,其桥跨布置为92m+2×76m+92m。为了减小主跨跨中挠度,采用了圬工桥塔和水平拉索来限制中塔纵向位移。

图1-9 法国沙蒂隆桥(Chatillon Bridge)实景

在早期的多塔悬索桥实践探索过程中,工程师们已经意识到"中塔效应"将增大主跨的挠度,因此他们提出了采用水平拉索连接各桥塔顶部,并将水平拉索锚固于锚碇的方法(图1-10)。这一做法为后来日本学者吉田修(Osamu Yoshida)提出的双主缆方案奠定了基础,此方案的介绍详见本书1.2节。由于早期的悬索桥跨径较小,采用水平拉索取得了非常好的限位效果。但随着悬索桥主跨跨径的增大,水平拉索自身跨径也不断增大,由于垂跨比很小,猫道设置较为困难,给施工带来一定的难度,建成后桥梁整体景观效果也欠佳。

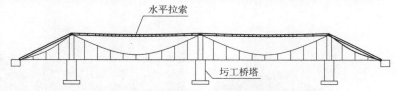

图1-10 采用水平拉索的多塔悬索桥

1997年建成通车的印度尼西亚巴里托河桥(Barito River Bridge,图1-11),全长1096m,主跨跨径为240m,桥塔和主梁均采用钢材。为了解决中塔纵向刚度过小的问题,在中塔两侧采用斜拉索并对其张拉,从而有效限制中塔纵向位移,如图1-12所示。

图1-11 印度尼西亚巴里托河桥(Barito River Bridge)实景

图1-12 采用斜拉索的多塔悬索桥示意图

刚性中塔悬索桥

1853年建成的乌克兰尼古拉桥(Nicholas Bridge,图1-13),其桥跨布置为68m+4×134m+68m,桥塔采用圬工结构以增加中塔纵向刚度,同时主缆在桥塔处断开并锚固。此举克服了主缆在中塔处易滑移的缺点。遗憾的是,该桥1920年毁于战火。

图1-13　乌克兰尼古拉桥(Nicholas Bridge)实景

1961年建成的日本小鸣门大桥(Konaruto Bridge,图1-14)为一座三塔四跨悬索桥。主跨跨径160m,中塔采用纵向A形的刚性中塔。主缆在中塔顶部断开并分别锚固,解决了主缆与中塔主索鞍之间的滑移问题。

图1-14　日本小鸣门大桥(Konaruto Bridge)实景

尼古拉桥和小鸣门大桥将主缆在中塔处断开并锚固,这一构造解决了主缆在中塔处滑移的问题。由于主缆滑移问题已经解决,因此只需要加大中塔刚度即可很容易地满足主跨挠度的要求。如小鸣门大桥,其中塔采用了纵向A形桥塔,设计遵循了"刚性塔"方案。但这种结构形式的最大缺点就是塔顶锚固构造较为复杂,能提供的最大锚固力较小,从而限制了这种结构悬索桥跨径进一步增加。

1936年建成的美国旧金山奥克兰海湾大桥(San Francisco-Oakland Bay Bridge,图1-15),主跨跨径701m,由两座悬索桥通过共用锚碇相连。与旧金山奥克兰海湾大桥有异曲同工之处的是1988年建成的日本备赞濑户大桥(Bisan Seto Bridge,图1-16),它由主跨跨径1100m的南备赞濑户大桥和主跨跨径990m的北备赞濑户大桥通过共用锚碇相连。1998年建成的日本来岛海峡大桥(Kurushima Strait Bridge,图1-17),则由三座悬索桥通过两座共用锚碇相连。

如前所述,采用共用锚碇来构建的多塔悬索桥体系,从结构体系上看仍然属于双塔悬索桥的范畴。这种结构体系从外观上看有多塔悬索桥的影子,但最大的缺点是需要建造价格昂贵的共用锚碇,且共用锚碇需建造于水域正中心,对航道繁忙地区而言也是一大安全隐患。

图 1-15　旧金山奥克兰海湾大桥(San Francisco-Oakland Bay Bridge)实景

图 1-16　日本备赞濑户大桥(Bisan Seto Bridge)实景

图 1-17　日本来岛海峡大桥(kuwushima Strait Bridge)实景

从上述论述中可以看到,早期的多塔悬索桥为了克服"中塔效应",基本采用了以下三种解决思路:

①中塔采用圬工结构以提高纵向刚度,并通过水平纵向锚索或者采用斜拉索约束中塔纵向位移,从而控制主跨挠度。此方法用于小跨径的多塔悬索桥,随着跨径增大,水平纵向锚索和斜拉索均由于自重影响产生较大垂度,其设计难度和限位作用有待继续研究。

②主缆在中塔顶部断开并分别锚固,同时对中塔采用"刚性塔"设计。这种方法从根本上克服了主缆与主索鞍之间的滑移问题,但同样不适用于大跨径悬索桥。

③通过共用锚碇,将多座双塔悬索桥连成多塔悬索桥。这种方法本质上仍属于双塔悬索桥的范畴。

20 世纪下半叶在非洲莫桑比克出现了一座非常有特色的多塔悬索桥,它或许可作为现代中小跨径多塔悬索桥的设计参考之一。

位于莫桑比克太特赞比西河上的萨莫拉·马谢尔桥(Samora Machel Bridge,图 1-18)于 1972 年建成并通车。在吸取了塔科马海峡大桥(Tacoma Narrows Bridge)和圣马科斯大桥

（San Marcos Bridge）的设计和建造经验后,萨莫拉·马谢尔桥创造性地采用了"索桁架"悬索桥体系。这一体系大大增加了桥体结构的刚度,其桥跨布置为 110m + 3×210m + 110m,中跨垂跨比 1/8.4,如图 1-19 所示。为了进一步增加全桥的结构刚度,设计师 Edgar Cardoso 在加劲梁两侧增加了两根纵向刚性索,刚性索名义直径为 66mm,由 146 根直径为 5mm 的镀锌钢丝编织而成,并对其施加了 1150kN 的预加力,如图 1-20 所示。由主缆、斜吊杆和刚性索形成的"索桁架"体系,确保了多塔悬索桥的全桥结构刚度。但该体系也有一些缺点:第一,该体系增加了刚性索,在构造设计时较为复杂;第二,在活载作用下,梁内刚性索预加力将被抵消一部分,导致刚性索重力刚度降低;第三,刚性索在活载作用下频繁地加、卸载,导致其与主梁的磨损加剧,因此耐久性也受到一定的考验。

图 1-18　萨莫拉·马谢尔桥（Samora Machel Bridge）实景

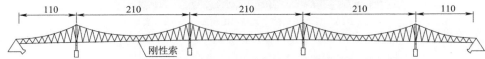

图 1-19　萨莫拉·马谢尔桥（Samora Machel Bridge）桥型示意图（尺寸单位:m）

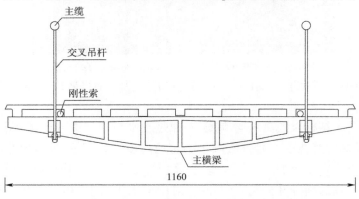

图 1-20　萨莫拉·马谢尔桥（Samora Machel Bridge）横断示意面（尺寸单位:cm）

1.2　多塔悬索桥的发展现状

如图 1-21 所示,吉姆辛在其著作《缆索支承桥梁:概念与设计》中提出,当悬索桥由双塔传统悬索桥（A 方案）拓展为多塔多跨悬索桥（B 方案）时,会导致柔度增加,挠度过大。通过中间共用锚碇（C 方案）将多塔多跨悬索桥分割为多座双塔悬索桥,克服了 B 方案的缺点,然而这个方案显然不属于多塔多跨主缆连续悬索桥的范畴,而且整体景观性也欠佳。通过顶部水平拉索将各桥塔串联起来(D方案),可以减小主跨挠度,但当跨径增大时,水平拉索垂度效应过大,故D方案只能用在中、小跨径悬索桥上。经过一系列的发展和演变,E方案似乎是唯一可行的方案,即中塔采用A形桥塔,以提供强大的纵向刚度,减小主跨挠度。

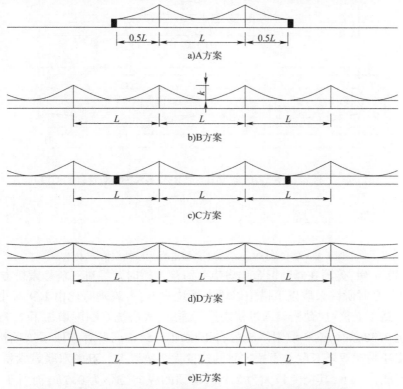

图1-21 "单主缆"体系的演变(摘自吉姆辛《缆索支承桥梁:概念与设计》)

吉姆辛在研究直布罗陀海峡大桥方案时,曾研究过多个"双主缆"体系方案,见图1-22。G方案中,实线表示的主缆锚固于中塔,虚线表示的主缆锚固于两个边塔,从而形成"双主缆"体系,这种体系最大的缺点在于:Ⅰ—Ⅱ—Ⅲ主缆虽看似锚固于Ⅱ墩,但其在对称的恒载作用下的力学行为与在Ⅰ—Ⅲ之间悬挂主缆无异(因为Ⅰ—Ⅱ—Ⅲ主缆在Ⅱ墩切线为水平),因此Ⅰ—Ⅱ—Ⅲ主缆的垂跨比$[k/(2L)]$只是传统主缆的1/2,必然导致主缆在承担恒载作用时利用率降低。而在不对称的活载作用下,Ⅰ—Ⅱ主缆的垂跨比$[k/(4L)]$为传统主缆的1/4,在承担活载作用时主缆利用率更低。H方案中,主缆在半跨为曲线,另外半跨则为直线,因此H方案的主缆垂跨比是G方案的2倍,相较于G方案来说,H方案主缆利用率也将提升1倍左右,但仍低于"单主缆"体系的利用率。

吉田修(Osamu Yoshida)提出了一种"双主缆"体系(Ⅰ方案),如图1-23所示,采用两根垂度不同的主缆,主缆间采用吊索相连,形成具有巨大面内刚度的缆索体系。这种缆索体系有两个作用:①其巨大的面内刚度使主缆的竖向变形减小,从而减小了主跨的挠度;②由于主缆间张拉了吊杆,因此上层主缆拥有较大的重力刚度,加大了对中塔纵向位移的限制。但"双主缆"体系存在构造复杂、施工困难、维护不便等缺点。

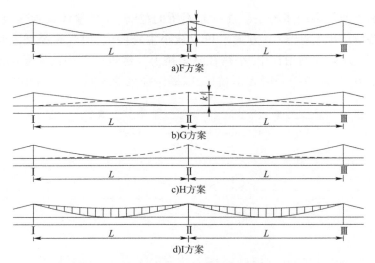

图1-22 "双主缆"体系的演变(摘自吉姆辛《缆索支承桥梁：概念与设计》)

图1-23 吉田修(Osamu Yoshida)提出的双主缆"索桁架"体系

20世纪30年代，美国在修建旧金山奥克兰海湾大桥时曾经对三塔悬索桥方案进行过研究，见图1-24。当时研究采取以下措施以增大系统刚度：主跨垂跨比由1/9减小到1/12；桁架抗弯刚度提高2.1倍；加劲桁架通过桥塔进行连续；桥塔抗弯刚度增加了2.75倍；边中跨比由0.5降至0.38；加劲梁和缆索系统的自重增加了54%。尽管采取了这些措施，三塔索桥方案的挠度还是比双塔双联悬索桥方案的挠度大2倍以上。双塔双联悬索桥方案在单一主跨的交通荷载作用下，其挠度最大为2.9m，塔顶的纵向位移为0.7m；而对于三塔悬索桥方案，挠度最大为6.1m，中塔顶的纵向位移为2.2m。由于塔顶位移显著增加，加上缆索用钢数量增加了大约2.7倍，建设方排除了三塔悬索桥方案。

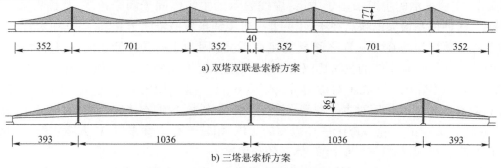

图1-24 旧金山奥克兰海湾大桥的悬索桥方案(尺寸单位：m)

在21世纪初期，我国首次尝试了多塔悬索桥这一结构体系在宽阔水域的应用，先后在长江上修建了3座三塔悬索桥。这3座三塔悬索桥中塔采用了钢或钢-混凝土组合结构，在其中一跨满布活载作用下，桥塔发生部分纵向变形，通过对桥塔纵向刚度的参数分析，选取了合适的中塔纵向刚度，从而在满足主缆在索鞍间滑移安全的同时，将主跨挠度控制在合理范围内。

2007年开建的泰州大桥(图1-25)为国内第一座三塔悬索桥,且为三塔两主跨悬索桥,桥跨布置为390m+2×1080m+390m,是世界上首座主跨跨径在千米级的三塔悬索桥,主跨垂跨比1/9,采用全飘浮+弹性索体系,中塔采用全钢结构,桥塔纵向呈人字形。该桥的设计师通过调整人字形桥塔的分叉点高度来调整中塔纵向刚度,通过一系列的参数分析,将人字形分叉点高度定在承台以上69.5m处,使得主缆抗滑移安全系数和主跨挠度均被控制在合理的范围内。

图1-25　泰州大桥实景

分别于2008年和2010年开建的马鞍山长江大桥(图1-26)和鹦鹉洲长江大桥(图1-27),也均为三塔两主跨悬索桥,两者主跨垂跨比均为1/9。马鞍山长江大桥桥跨布置为360m+2×1080m+360m,采用塔梁固结,中塔为纵向I形钢-混凝土组合结构。鹦鹉洲长江大桥桥跨布置为225m+2×850m+225m,采用简支体系,中塔为纵向人字形钢-混凝土组合结构。与泰州大桥一样,这两座桥也是通过调整中塔纵向刚度来解决"中塔效应"问题,这种通过让中塔发生一定变形来满足主缆滑移和主跨挠度要求的设计称为"柔性塔"设计。

图1-26　马鞍山长江大桥实景

图1-27　鹦鹉洲长江大桥实景

长江上已建成的3座多塔悬索桥已经证明采用"柔性塔"来设计多塔悬索桥是可行的。如果在沿海地区建多塔悬索桥,则其抗风性能、结构耐久性和维护便利性的要求有别于建于长江等处的内陆桥梁,因而,刚度更大的中塔就显示出了其优越性。2016 年 12 月开建的瓯江北口大桥(图 1-28),是国内首座采用纵向 A 形混凝土中塔的多塔悬索桥,其桥跨布置为 230m + 2×800m + 348m。瓯江北口大桥中塔采用了钢筋混凝土材料,设计为"刚性塔"。如前所述,当中塔纵向刚度很大时,多塔悬索桥可以有效地解决主跨挠度过大的问题,但是塔顶主缆抗滑移问题较为突出。为解决主缆与主索鞍之间抗滑移安全系数较低的问题,中塔索鞍采用了竖向摩擦板构造,每一个竖向摩擦板均有两个摩擦面,通过构建多个摩擦面来增大索股与索鞍之间的摩阻力,从而增大主缆与索鞍之间的名义摩擦系数。

图 1-28　瓯江北口大桥实景

2010 年 11 月开工建设的韩国千四大桥(图 1-29)(由于桥址附近有 1004 个小岛,故而该桥被称为千四大桥),于 2018 年 8 月建成通车,其跨径布置为 225m + 2×650m + 225m,三个桥塔均采用了钢筋混凝土门形框架桥塔。由于多塔悬索桥的"中塔效应",当中塔刚度较小时,主跨挠度将过大;而当中塔刚度较大时,中塔索鞍处主缆存在滑移问题。因此,千四大桥的设计师通过参数研究确定了其合理的中塔刚度,并确定其中塔截面尺寸为 12m×8m,边塔截面尺寸为 7m×7.15m,三个桥塔的高度分别为 150.4m、163.2m 和 150.4m。千四大桥采用纵向 I 形中塔,相对于两侧边塔,中塔的尺寸大,通过适当增加中塔刚度改善了主跨竖向挠度过大问题,故而该桥桥塔为"半刚性塔"。千四大桥主索鞍采用了顶盖板,其目的是防止主缆顶层索股发生滑移。

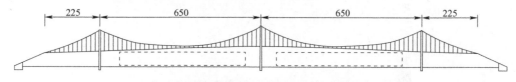

图 1-29　韩国千四大桥桥型示意图(尺寸单位:m)

2014 年开工建设的智利查考大桥(Chacao Bridge,图 1-30),预计于 2025 年通车。查考海峡宽 2.5km,由于海峡中部位置有凸起的天然基岩,因此将查考大桥的中间两主跨跨径设计为 1055m + 1155m,这也是世界上第一座不等跨的多塔悬索桥。为了平衡由于不等跨带来的中塔两侧不相等的恒载主缆水平力,小跨径侧主缆采用较小的垂跨比 1/10,大跨径侧主缆采用较大的垂跨比 1/9.2。查考大桥中塔采用人字形钢筋混凝土桥塔。为了解决主缆在中塔顶易滑移的问题，主缆的索股在主索鞍横向打开，同时增设竖向摩擦板，以提高主缆与索鞍间摩擦力。此外，还在索鞍上设置了顶盖板，延后了主索鞍顶层索股首滑。

图1-30 智利查考大桥（Chacao Bridge）实景

国内外新建大跨径多塔悬索桥汇总表如表1-1所示。

国内外新建大跨径多塔悬索桥汇总表　　　　表1-1

桥梁名称	桥跨布置(m)	加劲梁构造	垂跨比	中塔纵向构造	中塔材料	建成时间
泰州大桥(中国)	390+2×1080+390	钢箱梁	1/9	人字形	钢结构	2012年
马鞍山长江大桥(中国)	360+2×1080+360	钢箱梁	1/9	I形	钢-混凝土混合	2013年
鹦鹉洲长江大桥(中国)	225+2×850+225	钢-混凝土组合梁	1/9	人字形	钢-混凝土混合	2014年
千四大桥(韩国)	225+2×650+225	钢箱梁	1/9	I形	钢筋混凝土	2018年
瓯江北口大桥(中国)	230+2×800+348	钢桁梁	1/10	A形	钢筋混凝土	2022年5月建成通车
查考大桥(智利)	240+1055+1155+240	钢箱梁	1/10;1/9.2	人字形	钢筋混凝土	预计2025年通车

此外，在方案设计阶段也不乏多塔多跨悬索桥身影。例如，墨西拿海峡大桥在方案设计阶段曾经提出过三塔两跨悬索桥方案，桥跨布置为850m+2×1750m+1000m。直布罗陀海峡大桥曾研究过三塔四跨悬索桥方案，桥跨布置为2500m+2×5000m+2500m。

在国内，青岛海湾大桥、琼州海峡大桥、武汉阳逻大桥、南京长江第四大桥等都提出过三塔悬索桥方案。

20世纪90年代，荷兰拟建一座横跨西斯海尔德河（Western Scheldt River）的通道桥。这条通道连接了荷兰和比利时安特卫普港。由于该通道毗邻泰尔讷曾市（Terneuzen），因此提出桥隧结合方案。

由于桥址范围内水域宽度超过2km，且桥址处有较高的通航要求，因此桥梁方案设计只能考虑大跨径悬索桥或斜拉桥方案。方案设计阶段提出了两个悬索桥方案和两个斜拉桥方案（图1-31）：方案①双塔单跨悬索桥；方案②三塔两主跨悬索桥；方案③四塔三主跨钢结构斜拉桥；方案④五塔四主跨混凝土斜拉桥。

在四个桥型方案中，多塔悬索桥方案受到关注。根据多塔悬索桥的"中塔效应"特点，当

刚性中塔悬索桥

其中一个主跨满载时,中塔顶将受到非常大的不平衡水平力。根据分析,方案②多塔悬索桥的中塔顶水平力是方案①单跨悬索桥塔顶水平力的12.5倍,如图1-32所示。

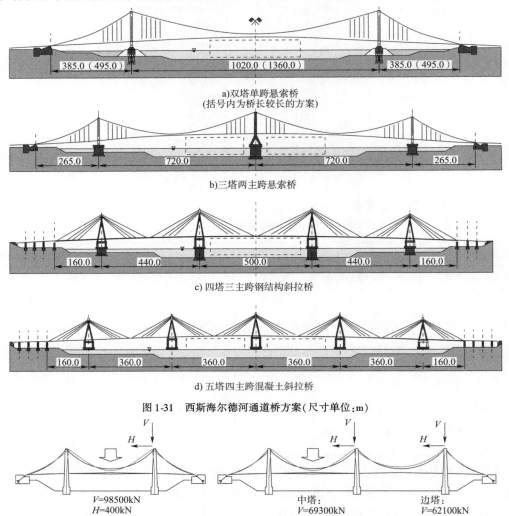

图1-31 西斯海尔德河通道桥方案(尺寸单位:m)

图1-32 双塔和多塔悬索桥中塔顶受力对比

为了解决主跨挠度过大的问题,柔性中塔不在考虑范围之内,因此对A形、人字形(倒Y形)中塔进行了比选。最终,从经济性和景观性的角度,采用了人字形(倒Y形)中塔,如图1-33所示。

挪威比约纳夫峡湾大桥(Bjørnafjorden Bridge,图1-34)横跨挪威西海岸斯塔万格(Stavanger)和卑尔根(Bergen)之间的海峡,海峡宽度超过了5km。比约纳夫峡湾大桥被设计为一座四塔三主跨的多塔悬索桥,主跨跨径布置为1385m+1325m+1385m,南、北侧桥塔均采用混凝土桥塔,南侧桥塔基础建造在坚硬的岩石上,北侧桥塔处水深约58m,基础采用沉井基础。该桥最具特点的设计在于,两座中塔基础采用独创的TLP(Tension Leg Platform,张力腿平台)基础,两座中塔处水深分别为 450m 和 550m。TLP 基础采用了一个巨大的浮筒,浮筒浮力大于自身重力,并在其底部设置多根系杆,系杆和海底的锚块连接起来。浮筒会随着海浪来回摆动,但 TLP 基础在底部张拉的多根系杆,为中塔提供了一个非常稳定的支承条件。TLP 基础在垂直方向和两个水平转动方向提供了巨大的刚度;对于横向水平位移,TLP 基础和上部缆索系统一起提供了强大的保向力。在横向风力作用下,中塔横向位移达到 20m,但仍处于容许的范围内。和其他多塔悬索桥所面临的问题一样,比约纳夫峡湾大桥也遇到了主跨挠度过大的难题。该桥在一开始拟采用中央索扣来限制加劲梁竖向位移,但效果并不理想。为了解决该问题,该桥引入了塔顶水平拉索。如前所述,塔顶水平拉索仅在法国的几座小跨径多塔悬索桥中有所应用,在如此大跨径的桥梁中应用尚属世界首次。比约纳夫峡湾大桥还采用了倾斜吊杆布置,一方面增加了整体的景观性,另一方面减小了 TLP 基础的扭转效应,增加了全桥的刚度。应当注意的是,倾斜吊杆将降低竖直方向上的刚度。

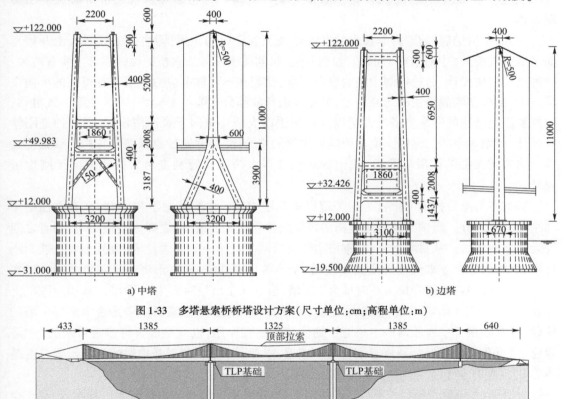

图 1-33 多塔悬索桥桥塔设计方案(尺寸单位:cm;高程单位:m)

图 1-34 挪威比约纳夫峡湾大桥(Bjørnafjorden Bridge)桥型布置图(尺寸单位:m)

TLP 基础水平方向的刚度较小,在承受活载作用时,TLP 基础和桥塔整体平移(图 1-35)。即使采用刚度很大的 A 形桥塔,TLP 基础也不能有效地减小主跨挠度,因此 TLP 基础可采用刚度较小的 I 形桥塔。在塔顶增设水平拉索则可以有效地减小主跨挠度。可以说,挪威比约纳夫峡湾大桥在查考大桥、泰州大桥、马鞍山长江大桥和鹦鹉洲长江大桥等设计和建造基础上,将多塔多跨悬索桥的研究推到了一个新的高度。

刚性中塔悬索桥

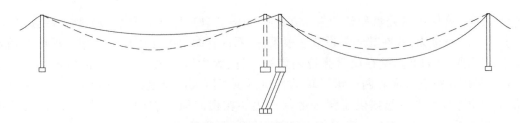

图 1-35 TLP 基础在活载作用下整体平移示意图

20 世纪末,曾有学者提出悬索桥适宜单塔或双塔体系,当增加至三塔及以上时,其结构刚度降低,在活载作用下将产生较大的挠度,多塔悬索桥是一种不合理的结构形式。可以看到,早期的小跨径多塔悬索桥通过采用水平拉索来限制中塔位移,到了第二次世界大战后,建成的大多数多塔悬索桥其实回避了"中塔效应"问题,或者是类似小鸣门大桥一样将主缆在中塔顶处断开,或者是类似备赞濑户大桥一样将多座双塔悬索桥通过共用锚碇相连。

进入 21 世纪后,随着科学技术的发展以及工程经验的积累,国内外工程界人士开始直面多塔悬索桥的"中塔效应"问题。如前所述,目前关于多塔悬索桥的设计理念主要有两种:一种是柔性塔设计,通过控制中塔的纵向刚度,使其在不对称主缆力作用下有可控的纵向位移,一方面控制满载跨主梁的挠跨比,另一方面释放部分主缆不平衡力,确保主缆不致滑移,我国长江上修建的三座多塔悬索桥以及韩国千四大桥均偏向于柔性塔设计;另一种是刚性塔设计,即增大中塔的纵向刚度从而降低主梁的挠跨比,同时通过主索鞍特殊构造或其他特殊方法来增大主缆抗滑移能力,我国的瓯江北口大桥以及智利查考大桥均偏向于刚性塔设计。

影响多塔悬索桥的力学行为的关键因素在于中塔。中塔从力学角度划分,有柔性中塔和刚性中塔之分。所谓柔性中塔是指塔顶纵向位移较大的塔,反之即为刚性中塔,两者之间并无严格的界线。从材料上来说,钢塔由于抗推刚度较小一般为柔性塔,混凝土塔一般为刚性塔;从纵向造型上来说,I 形塔是柔性塔,A 形塔是刚性塔,人字形塔介于两者之间。事实上,人字形塔当塔底叉开量为 0 时即为 I 形塔,当分叉至塔顶时即为 A 形塔。从相对刚度上比较,I 形塔、人字形塔、A 形塔依次提高。对于如何判断多塔悬索桥中塔是否为刚性中塔的问题,其核心在于多塔悬索桥中塔能否提供活载锚碇作用,也就是能否将多塔带来的"中塔效应"降低到与同等跨径双塔悬索桥基本相近,或者说中塔设置对悬索桥的刚度影响是否基本为 0,甚至有益于刚度提高。具体方法如下:

方法一:多塔悬索桥在最不利活载作用下,当中塔最大位移与边塔最大位移接近,甚至中塔最大位移小于边塔最大位移时,可以认为此时的中塔为刚性中塔。以瓯江北口大桥(230m + 2×800m + 348m)为例,最不利活载作用下边塔 1 最大位移 0.132m,边塔 2 最大位移 0.197m,中塔最大位移 0.152m。

方法二:多塔悬索桥去掉多余中跨后(仅剩 1 个中跨)变成相同跨径双塔悬索桥,其主梁挠跨比与同等条件下的双塔悬索桥相比接近甚至还小时,可以认为此时的中塔为刚性中塔。以瓯江北口大桥(230m + 2×800m + 348m)为例,最不利活载作用下挠跨比为 1/605;去掉一个中跨后,最不利活载作用下挠跨比为 1/430。

1.3 本章小结

本章简要回顾了多塔悬索桥的发展历史，重点介绍了多塔悬索桥的发展现状，分析并总结了小跨径多塔悬索桥和大跨径多塔悬索桥"中塔效应"的技术解决方案。通过收集、整理国内外多塔连跨主缆连续体系结构悬索桥相关资料后发现：

①纵观国内外多塔悬索桥的发展历史，随着对多塔悬索桥"中塔效应"认识的不断提高、经验的不断积累、技术方案的不断进步，多塔悬索桥经历了从共用锚碇悬索桥到柔性中塔多塔悬索桥，最后发展到刚性中塔悬索桥的过程。

②判断多塔悬索桥中塔是否为刚性中塔，其核心在于多塔悬索桥中塔能否提供活载锚碇作用，也就是能否将多塔带来的"中塔效应"降低到与同等跨径双塔悬索桥基本相近，或者说中塔设置对悬索桥的刚度影响是否基本为0，甚至有益于刚度提高。

③为了进一步拓展三塔悬索桥的适用范围，以适应宽阔河湾、海湾的建桥需要，急需研究大于三塔的多塔悬索桥方案。一旦大于三塔，若采用单纯柔性中塔，体系刚度会明显下降，如果采用柔性塔+顶缆方案，则加劲梁连续长度可能会成为制约问题；如果采用刚度较大的中塔，上述问题将迎刃而解。

第 2 章 多塔悬索桥力学行为特征研究

从双塔悬索桥向多塔悬索桥发展，最主要的结构变化是增加了中塔。中塔与边塔不同，中塔纵桥向两侧都是主跨，由于中塔两侧主缆垂度大，主缆对中塔的约束比主缆对边塔的约束弱得多。在活载作用下，各塔的塔顶根据其所在位置的不同，都会发生大小不同的纵桥向水平位移，以达到主缆所承受的水平拉力的平衡。同时各塔的塔身因位移作用而受剪和挠曲受弯。如果塔身是难以挠曲的刚性结构，为使主缆保持全连续的传递作用，需采取特别措施，以提高主缆在塔顶鞍座内的摩擦力，从而保证主缆在鞍槽内部不产生滑移。由此可见，中塔的刚度要适宜，要使两侧主缆不平衡力适中，既要满足鞍座抗滑移安全性要求，也要满足行车舒适性要求。中塔这种区别于边塔的力学特性，被称为多塔悬索桥的"中塔效应"，是多塔悬索桥特有的力学现象。基于可信赖的技术措施实现主缆与中间主鞍座间的抗滑移稳定，同时确保结构具有满足行车要求的刚度，合理选取中塔的结构形式，是设计的关键。

研究多塔悬索桥的力学行为特性可以通过有效的理论计算方法，利用简化的理论公式来有效减少计算成本和节约时间，从而达到提高多塔悬索桥设计效率的目的。特别是在初步设计阶段，理论计算方法显得尤为重要。多塔悬索桥的设计思路和步骤如下：

①求得多塔悬索桥缆索结构及桥塔纵向刚度解析公式；②计算多塔悬索桥缆索结构位移及内力；③根据设计荷载计算中塔刚度合理取值区间，以确保主缆抗滑移安全系数和挠跨比均满足要求；④再次根据确定的中塔刚度取值区间，进行中塔结构设计，以确保中塔满足结构安全要求；⑤采用非线性有限元软件建立全桥仿真计算模型，对结构在各种不同支承体系下的力学响应进行精确计算，以确定其合理结构体系。

2.1 多塔悬索桥缆索结构及桥塔纵向刚度解析公式

在经典的悬索桥理论研究中，关于悬索桥刚度问题方面的研究文献较多，相当一部分是研究竖向荷载作用下悬索桥结构的变形问题，也就是常提及的"重力刚度"。在自重作用下，主缆具有很大的初始张力，悬索桥结构抵抗竖向荷载作用主要是通过主缆自身几何位置形状的改变和弹性伸长来实现。因主缆几何位置形状的变化导致其重心位置变化而表现出的刚度，称为重力刚度(也有学者称其为几何刚度或弹簧刚度)；主缆在弹性伸长过程中表现出的刚度称为弹性刚度。两种刚度又因所受外荷载方向的不同，可再分为竖向刚度和纵向刚度两种。本节主要讨论平面缆索结构，即主缆位于竖直平面内的缆索结构，此时的问题可简化为二维问题。

2.1.1 平面缆索结构纵向刚度解析公式

根据缆索结构纵向刚度的定义，并考虑其实际的物理意义，缆索结构纵向刚度可表示成

$$K = \frac{K_g \cdot K_e}{K_g + K_e} \tag{2-1}$$

式中：K——缆索结构纵向刚度；

K_g——缆索结构重力刚度(纵向)；

K_e——缆索结构弹性刚度(纵向)。

下面对 K_g、K_e 分别求解。

2.1.1.1 平面缆索结构重力刚度解析公式

对于单跨缆索结构，假定其两支点高差为 c（末端高程减去始端高程），相关的几何尺寸、恒载集度及荷载参数如图 2-1 所示。

为简化推导，采用悬索桥主缆线形计算的传统抛物线理论，作如下假定：

①主缆为理想的柔性索，其材料特性满足胡克定律。

②主缆自重与加劲梁自重等其他恒载相比较小，所有恒载可视为沿跨径均匀分布。

③不考虑主缆弹性伸长对均布荷载的影响。

由上述假定可推导出成桥状态下的主缆线形为抛物线，其张力的水平分量可写成

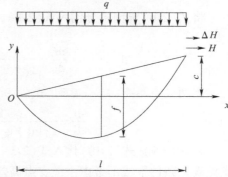

图 2-1 平面缆索结构纵向刚度计算示意图

$$H = \frac{ql^2}{8f} \tag{2-2}$$

式中：H——主缆张力的水平分量；

q——悬索桥恒载集度；

l——主缆的跨径；

f——主缆的垂度。

根据缆索结构重力刚度(纵向)的定义，在不考虑主缆弹性伸长影响的前提下，对式(2-2)求导，得到缆索结构重力刚度(纵向)的表达式(2-3)。

$$K_g = \frac{dH}{dl} = \frac{H}{l}\left(2 - \frac{l}{f} \cdot \frac{df}{dl}\right) \tag{2-3}$$

由式(2-3)，只要求出 df/dl 的解析解，即可导出缆索结构重力刚度(纵向)的解析表达式。考虑主缆两端支点存在高差 c 的通用情形时，对于图 2-1 所示的坐标系，主缆的线形方程可写成

$$y = -\frac{4fx}{l^2}(l-x) + \frac{c}{l}x \tag{2-4}$$

此时主缆的形状长度 s 可通过以下积分式求得

$$s = \int_0^l \sqrt{1 + \left(\frac{dy}{dx}\right)^2}\, dx \tag{2-5}$$

令 $Y_1 = \frac{c+4f}{l}$，$Y_2 = \frac{c-4f}{l}$，$Y = \frac{4f}{l}$，此时主缆的形状长度 s 可精确表示为

$$s = \frac{l^2}{16f}\left(Y_1\sqrt{1+Y_1^2} - Y_2\sqrt{1+Y_2^2} + \ln\frac{Y_1+\sqrt{1+Y_1^2}}{Y_2+\sqrt{1+Y_2^2}}\right) \quad (2\text{-}6)$$

当左、右两支点等高，即 $c=0$ 时，式(2-6)可简化为

$$s = \frac{l}{2}\left\{(1+Y^2)^{1/2} + \frac{\ln[Y+(1+Y^2)^{1/2}]}{Y}\right\} \quad (2\text{-}7)$$

对于成桥状态主缆形状长度 s，当不考虑主缆的弹性伸长时，则有下式成立

$$ds = \frac{\partial s}{\partial f}\cdot df + \frac{\partial s}{\partial l}\cdot dl = 0 \quad (2\text{-}8)$$

将式(2-6)求偏微分代入式(2-8)，并令 $Z=\ln\dfrac{Y_1+\sqrt{1+Y_1^2}}{Y_2+\sqrt{1+Y_2^2}}$，可得

$$\frac{df}{dl} = \frac{YZ}{2(Z - Y_1\sqrt{1+Y_2^2} + Y_2\sqrt{1+Y_1^2})} \quad (2\text{-}9)$$

当两支点等高，即 $c=0$ 时，式(2-9)即简化为

$$\frac{df}{dl} = \frac{Y\ln[Y+(1+Y^2)^{1/2}]}{2\{\ln[Y+(1+Y^2)^{1/2}] - Y(1+Y^2)^{1/2}\}} \quad (2\text{-}10)$$

将式(2-9)、式(2-10)代入式(2-3)，即可分别求得缆索结构重力刚度(纵向)在考虑主缆支点高差条件下或不考虑主缆支点高差条件下的解析表达式。

2.1.1.2　平面缆索结构纵向弹性刚度解析公式

以缆索的一个微段为研究对象，如图 2-2 所示。假定该缆索微段的张力为 T，缆索微段张力的水平分量和竖向分量分别为 H、V。

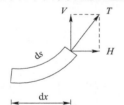

图 2-2　缆索微段力学示意图

由材料力学知识可知，整个跨径 l 范围内缆索弹性伸长量可表示为

$$\int_0^l dl = \int_0^l \frac{Tds}{EA_c}\cdot\frac{dx}{ds} = \int_0^l \frac{Hds}{EA_c} = \frac{Hs}{EA_c} \quad (2\text{-}11)$$

式中：E——缆索材料的弹性模量；
A_c——缆索的横截面面积。

缆索结构的弹性刚度(纵向)可表示为

$$K_e = \frac{H}{\int_0^l dl} = \frac{EA_c}{s} \quad (2\text{-}12)$$

将式(2-3)、式(2-12)代入式(2-1)，即可得到平面缆索结构纵向弹性刚度的解析表达式。

2.1.2　缆索结构支点刚度解析公式

桥塔结构作为悬索桥主缆的支点，其高度通常从数十米到两三百米不等。这类细长的柔性结构在塔顶主缆传递下来的压力及其自重作用下，$p\text{-}\Delta$ 效应较为显著。通常悬索桥桥塔结构的塔柱横截面为变截面，要求得这类结构在塔顶竖向力、水平力及其自重作用下的纵向

刚度解析表达式非常困难。但可通过两步简化来完成：

①假定有一同高度的等截面塔柱，在不考虑塔顶竖向力和自重的前提下，按相同水平力作用下纵向位移相等的条件，可求得该等截面塔柱的纵桥向抗弯惯性矩。

②将沿塔柱分布的自重同样按照纵向位移相等的条件，等效为塔顶竖向力。由于直立悬臂梁在竖向力和水平力共同作用下的自由端侧移解析解已知，由此可以得到实际结构的侧移大小，在求得一定竖向力和水平力作用下的位移后，即可求得桥塔结构的纵向刚度。

设按上述步骤①、②求得的桥塔等效纵桥向抗弯惯性矩为 I，等效塔顶竖向力为 V_e，等效重度为 q_e，并假设在塔顶竖向力和水平力的共同作用下，塔柱变形曲线为

$$y = \alpha\left(1 - \cos\frac{\pi x}{2h}\right) \tag{2-13}$$

式中：α——待定参数；

h——桥塔高度。

利用能量方程，可求得在主缆张力的水平分量 H 及塔身自重 q_e 共同作用下，塔顶的纵桥向位移

$$\delta = \frac{32Hh^3}{\pi^4 EI - (2\pi^2 - 8)q_e h^3} \tag{2-14}$$

式中：E——桥塔材料的弹性模量。

在塔顶竖向力 V_e 及塔顶纵桥向水平力 H 共同作用下，塔顶的纵桥向位移为

$$\delta = \frac{H}{V_e}\left[\frac{1}{k}\tan(kh) - h\right] \tag{2-15}$$

式中：$k = \sqrt{V_e/EI}$。

根据塔顶位移相等的条件，得到 V_e 和 $q_e h$ 的关系近似为

$$V_e \approx \frac{EI q_e h}{3.36782 EI - 0.405871 q_e h^3} \tag{2-16}$$

利用式(2-16)可将塔柱等效重度折算为塔顶竖向力 V_e，此时可用式(2-15)求解塔顶竖向力和塔顶纵桥向水平力共同作用下的塔顶纵桥向位移，进而求得桥塔结构纵向刚度为

$$K_p = \frac{H}{\delta} = \frac{V_e}{\frac{1}{k}\tan(kh) - h} \tag{2-17}$$

2.1.3 多塔悬索桥中塔处缆索纵向刚度解析公式

对于多塔连跨缆索结构（图2-3）中第 i 个中塔，当不考虑中塔刚度时，其连跨缆索的纵向刚度即为与之相邻的两跨缆索纵向刚度之和，即

$$K_{i,c} = K_i + K_{i+1} \tag{2-18}$$

式中：$K_{i,c}$——第 i 个中塔处连跨缆索的纵向刚度；

K_i、K_{i+1}——分别为第 i 个中塔处连跨缆索结构的左跨和右跨缆索的纵向刚度。

式(2-18)计算的是连跨缆索结构桥塔塔顶处的纵向刚度，不包含该桥塔的纵向刚度。

若要求解此支点处总的纵向刚度,必须加上考虑了 $p\text{-}\Delta$ 效应的桥塔纵向刚度值,即

$$K_{i,\text{tol}} = K_i + K_{i+1} + K_{i,p} \tag{2-19}$$

式中:$K_{i,\text{tol}}$——第 i 个桥塔塔顶处总的纵向刚度;

$K_{i,p}$——考虑了 $p\text{-}\Delta$ 效应的桥塔纵向刚度。

对于大跨径悬索桥的桥塔,$K_{i,p}$ 与非裸塔状态下的纵桥向抗弯刚度值往往相差很大。

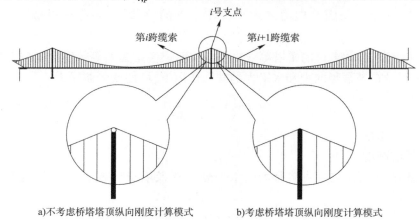

a)不考虑桥塔塔顶纵向刚度计算模式　　b)考虑桥塔塔顶纵向刚度计算模式

图 2-3　连跨缆索结构示意图

2.1.4　解析公式与有限元法的计算结果对比

为检验前述解析公式的正确性与精度,分别利用算例与有限元法的计算结果进行对比。在没有理论解的情况下,可以将有限元法的计算结果当成理论精确解。

算例 2-1　单跨悬索桥缆索结构纵向刚度

以某一主跨跨径为 1500m 的悬索桥的主跨缆索为例,利用有限元分析软件 BNLAS 建立其有限元模型,主要结构参数取值见表 2-1,其中索夹等的重量参数未示出。

主 要 结 构 参 数　　　　　　　　　　　　表 2-1

结构参数名称	结构参数取值	结构参数名称	结构参数取值
主缆横截面面积	$2 \times 0.405\text{m}^2$	桥面铺装恒载集度(二恒)	55kN/m
缆索防护涂装比重	2.50%	主缆垂度	150m
加劲梁恒载集度(一恒)	160kN/m	两支点高差	0

计算中,先将缆索两端边界条件设置为约束其 3 个方向的平动自由度,计算合理成桥状态并提取此时缆索张力的水平分量 H,然后释放右端支点纵桥向平动自由度,同时施加一纵桥向指向跨外的水平力 H,确保两种边界条件下合理成桥状态的一致性。再对右端支点施加一纵桥向单位水平力 F,右端支点在该水平力作用下产生了位移 Δ,计算 F/Δ 即可求得该状态下缆索结构纵向刚度。为方便对比和更进一步认识缆索结构纵向刚度,计算时对右端支点施加的纵桥向单位水平力以 10kN 为间隔,取值范围为 10~100kN,方向分为指向跨内和指向跨外两种,计算结果见表 2-2。

缆索结构纵向刚度有限元法计算结果						表2-2
纵向水平力(kN)		支点水平位移(m)		主缆纵向刚度(kN/m)	
跨外	跨内	跨外	跨内	跨外	跨内
10	−10	0.002868	−0.00287	3486.7503	3485.5350
20	−20	0.005736	−0.00574	3486.7503	3486.1426
30	−30	0.008604	−0.00861	3486.7503	3485.5350
40	−40	0.011472	−0.01148	3486.7503	3485.5350
50	−50	0.014339	−0.01435	3486.9935	3485.2921
60	−60	0.017206	−0.01722	3487.1556	3485.1301
70	−70	0.020073	−0.02009	3487.2715	3485.0144
80	−80	0.022939	−0.02296	3487.5104	3484.9277
90	−90	0.025805	−0.02583	3487.6962	3484.7253
100	−100	0.028671	−0.02870	3487.8449	3484.5634

在利用解析公式计算时考虑了索夹、吊索锚头等的重量,并将缆索的总重量沿跨长方向平均,分别按式(2-3)、式(2-12)计算 K_g、K_e 并代入式(2-1)求得 K,结果分别为:K_g = 3747.3289kN/m,K_e = 51258.0260kN/m,K = 3492.0361kN/m。由计算结果可知,成桥状态下,不同大小的纵桥向水平力作用下的缆索结构纵向刚度值相差不足1‰,可视为由施加水平力差异导致缆索状态的微小差异及有限元电算的舍入误差造成,成桥状态下缆索结构纵向刚度为一个定值。与有限元法的计算结果相比,本节解析公式的计算结果精度很高,误差仅为1.7‰;缆索的弹性刚度远大于重力刚度,当两者串联时,重力刚度是其主要表现形式;缆索结构纵向刚度在不考虑弹性刚度的修正时比考虑弹性刚度修正时的值要大,两者相差约7.31%。

算例2-2　多塔连跨悬索桥缆索结构中支点处的纵向刚度

以两主跨跨径均为1080m的泰州大桥中间桥塔(支点)为例予以说明,如图2-4所示。

图2-4　泰州大桥立面布置图

该桥为三塔两跨连续钢箱梁悬索桥,中塔纵向呈人字形,全钢结构,两边塔为混凝土结构,主缆跨径布置为390m+2×1080m+390m。中塔顶高程为+200.00m,塔底高程为+8.00m,塔柱高为192.0m。下塔柱斜腿中心线交点高程约为+78.0m,交点以上塔柱高约122.0m,交点以下塔柱高约70.0m。斜腿在承台顶面叉开量为35.0m,倾斜度为1:4。塔柱为单箱多室结构,断面由壁板和横桥向不少于2道腹板构成。主要结构参数见表2-3。

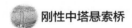

泰州大桥主要结构参数1　　　　　　表2-3

结构参数名称	结构参数取值
主缆横截面面积	0.327m^2
加劲梁恒载集度(一恒)(2根索)	160kN/m
桥面铺装恒载集度(二恒)	55kN/m
主缆垂度	120m
两支点高差	±20m

利用有限元软件并根据实际桥梁结构建立该桥有限元模型,再分别利用本节解析公式和有限元法求得该中塔顶处连跨缆索结构纵向刚度和总的纵向刚度值,结果列于表2-4。

连跨缆索结构中支点处纵向刚度计算结果　　　　　　表2-4

计算项目	解析公式计算值(kN/m)	有限元法计算值(kN/m)	解析公式计算值误差(%)
$K_{i,c}$	5106.0916	5089.0585	0.33
$K_{i,\text{tol}}$	9901.1155	9567.5469	3.49

连跨缆索结构纵向刚度的解析公式同单跨缆索结构纵向刚度的解析公式一样,计算误差均较小,而连跨缆索结构总的纵向刚度值计算误差稍大。这一误差主要源自缆索结构中支点刚度计算时的假定和等效,即利用能量方程求解塔顶位移时,对塔柱变形曲线假定取为一项三角函数以及将变截面塔柱等效为一等截面塔柱。

2.1.5 缆索结构纵向刚度影响因素分析

由前述分析可得出缆索结构纵向刚度的主要影响参数。当跨径、主缆材料及恒载重量取值一定时,影响缆索结构纵向刚度的结构参数仅为两支点高差和缆索垂跨比。

2.1.5.1 两支点高差

传统双塔悬索桥一般采用两桥塔等高的结构形式,而多塔悬索桥则可能由于结构造型和受力等方面的原因,采用不等高形式的桥塔结构。因此,须讨论取两支点不等高时缆索结构纵向刚度的变化。仍以主跨跨径为1500m的单跨悬索桥为研究对象,除两支点高差这一参数外,其余结构参数取值同表2-1。考察中边塔顶高差从-50m到+50m范围内,缆索结构纵向刚度变化情况,计算结果见表2-5。

不同支点高差条件下缆索结构纵向刚度计算结果　　　　　　表2-5

两支点高差(m)	解析公式计算值(kN/m)	有限元法计算值(kN/m)	解析公式计算值误差(%)
0	3492.0361	3486.7503	0.15
-5,+5	3492.0663	3486.7503	0.15

续上表

两支点高差(m)	解析公式计算值(kN/m)	有限元法计算值(kN/m)	解析公式计算值误差(%)
-10,+10	3492.1572	3486.7503	0.16
-15,+15	3492.3085	3486.7503	0.16
-20,+20	3492.5204	3486.7503	0.17
-25,+25	3492.7928	3487.9665	0.14
-30,+30	3493.1258	3489.1835	0.11
-35,+35	3493.5194	3489.1835	0.12
-40,+40	3493.9734	3490.4014	0.10
-45,+45	3494.4881	3491.6201	0.08
-50,+50	3495.0633	3491.6201	0.10

由表2-5的计算结果可知,随着缆索两端支点相对高差的增加,缆索结构纵向刚度稍有增加,但幅度甚小。采用有限元法时,±50m高差条件下的纵向刚度仅比两支点等高时的纵向刚度大0.14%,可忽略不计。计算结果同时表明:对两支点不等高的情况,在高支点和低支点处缆索结构向内、向外的纵向刚度的值是一致的。这一结论再次表明解析公式和有限元法计算结果相差很小,用解析公式计算的缆索结构纵向刚度值具有良好的精度。

2.1.5.2 缆索垂跨比

缆索垂跨比是悬索桥结构设计中的一个十分重要的结构参数,它对悬索桥结构的静、动力力学行为影响重大。仍以主跨跨径为1500m的单跨悬索桥的缆索结构为研究对象,除主缆垂度这一指标外,其余结构参数取值同表2-1。考虑大跨径悬索桥可能采用的垂跨比范围,考察在1/13~1/8的垂跨比范围内缆索结构纵向刚度变化情况,计算结果见表2-6。

不同垂跨比条件下缆索结构纵向刚度计算结果　　　　表2-6

垂 跨 比	解析公式计算值(kN/m)	有限元法计算值(kN/m)	解析公式计算值误差(%)
1/13	6807.3360	6839.9453	-0.48
1/12	5569.6078	5589.7149	-0.36
1/11	4462.4331	4468.2752	-0.13
1/10.5	3959.9088	3958.8282	0.03
1/10	3492.0361	3486.7503	0.15
1/9	2660.4976	2646.9031	0.51
1/8	1965.7343	1946.6615	0.98

表2-6的计算结果表明,随着缆索垂跨比的增加(垂度增加),缆索结构纵向刚度急剧减小,纵向刚度与垂跨比基本成幂指数关系;与有限元结果相比,在垂跨比约为1/10.5时解析公式计算值误差最小,增大或减小垂跨比时解析公式计算值误差均有所增大。在大跨径悬索桥垂跨比可能的取值范围内(1/13~1/8),解析公式计算值误差在1%以内,依然具有非常高的计算精度,再次证明解析公式的正确性。

2.1.6 加载后缆索纵向刚度的变化规律

由前述分析可知,缆索结构纵向刚度与其所处的几何和力学状态是一一对应的,即缆索结构的纵向刚度与其张力的水平分量、结构的跨径及垂度相关。以泰州大桥为例,利用有限元方法,结合前述推导的解析公式分别考察单主跨满布活载和两主跨满布活载条件下,该桥两个主跨缆索结构纵向刚度的变化情况。加载时,按《公路桥涵设计通用规范》(JTG/T D60—2015)的相关条文进行,活载以 8 车道满载为基准,考虑纵、横向折减。求得加载基准为:集中力 $P=1339.2\text{kN}$,均布荷载 $p=39.06\text{kN/m}$。加载倍数以 5 倍为间隔,计算时考虑结构的几何非线性行为,对材料的应力-应变关系按线弹性处理。计算结果如图 2-5 所示。

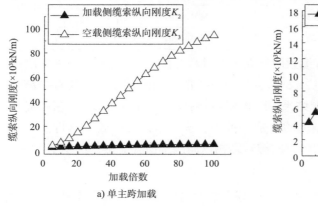
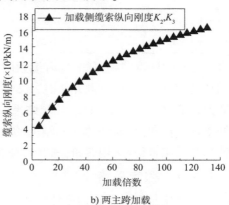

a) 单主跨加载　　　　　　　　b) 两主跨加载

图 2-5　不同加载条件下缆索纵向刚度变化趋势

由图 2-5 可知,无论是单主跨加载还是两主跨加载,各跨缆索纵向刚度均随着活载的增大而增加;单主跨加载时,空载侧缆索纵向刚度比加载侧缆索纵向刚度增加更快,这是由于缆索垂跨比变化对缆索纵向刚度的影响远大于索力增加对缆索纵向刚度的影响;两主跨加载条件下,由结构的对称性可知,两加载跨的缆索纵向刚度变化趋势一致。当活载加载倍数在一较小范围内(0~10 倍)变化时,无论单主跨加载还是两主跨加载,各跨缆索纵向刚度与活载加载倍数可近似认为呈线性关系。

2.2　多塔悬索桥缆索结构位移及内力的实用计算方法

多塔悬索桥的中塔由于缺少类似边塔的有效的锚索约束,宏观力学行为上表现为纵向刚度较弱,受非对称荷载作用时常常产生很大的纵桥向位移。由于这一位移的影响,很多关于多塔悬索桥缆索结构位移、内力的计算最终都归结为求解联立的微分方程组。

由一般悬索桥静力解析计算的重力刚度法可以知道,对于大跨径悬索桥来说,其竖向刚度主要源自具备很大初始轴力的主缆结构。忽略加劲梁的弯曲刚度,而把悬索桥当成单纯的缆索结构进行分析,既可以简化计算又具备相当高的精度。根据这一思路,采用柔索计算的虚拟梁法(梁比拟法),并以考虑缆索弹性变形的能量方程作为补充,建立了一种新的适用于大跨径悬索桥(特别是多塔悬索桥)位移及缆索内力求解的实用计算方法。该方法可进行多塔悬索桥缆索结构的位移、内力计算，进而可以得到多塔悬索桥受载后的缆索刚度值，能够为多塔悬索桥的初步设计、结构选型及相关研究提供可靠依据。

2.2.1 基本假定

为达到实用计算目标并使计算结果具备一定的精度，计算时先作如下的基本假定：
①主缆为理想柔性索，材料特性满足胡克定律。
②恒载沿桥跨方向均匀分布，活载作用前后，主缆的线形均为抛物线。
③吊索始终为竖直方向且沿桥跨密布，不考虑其在活载作用下的拉伸和倾斜，仅当作在竖向有抗力的膜。
④加劲梁内无应力，为等直截面的梁，各跨加劲梁分别简支，忽略活载作用下加劲梁内的弯曲应变能。
⑤缆索和加劲梁在活载作用下均只产生竖向位移，忽略两者在纵桥向的位移。

2.2.2 求解思路

结构力学学科中求解无侧移刚架或连续梁时采用了力矩分配法，其优点为：避免组成及解算典型方程(组)，用逐次渐近的方法求得杆端弯矩，计算结果精度随计算轮次增加而不断提高，最后收敛于精确解。在进行多塔悬索桥缆索结构位移及内力计算时，同样可分两步：

①添加水平链杆，约束塔顶节点纵桥向位移。受载后，因各塔顶高程变化较小，在计算时忽略这一变化，即假定塔顶高程不变。因此，约束塔顶节点的纵桥向位移只需要在各塔顶节点处增加一水平刚性链杆，以阻止桥塔发生纵桥向位移及承担受载后桥塔两侧主缆可能产生的水平不平衡力。此时，各跨可按单纯的索结构分别独立计算。

②拆除水平链杆，依次解除塔顶节点纵桥向约束。依次拆除步骤①中添加的水平链杆，令各桥塔发生纵桥向位移，直至达到最终的平衡状态。与力矩分配法相似，解除约束从水平力差最大的水平链杆开始(若水平力差相同，则从中支点处纵向刚度较小的节点开始)。不同的是，力矩分配法是在刚节点处添加刚臂，以阻止结构发生转动，待刚臂拆除后，对不平衡弯矩进行分配，重复这一过程直至达到最终的平衡状态，而多塔悬索桥的求解则是在各塔塔顶处添加水平链杆，以阻止桥塔产生纵桥向位移，待拆除水平链杆后，对不平衡的缆索张力水平分量进行分配，直至达到最终平衡状态。

2.2.3 求解步骤

2.2.3.1 添加水平链杆后加载跨的求解

由前述分析可知，利用该方法求解时先用水平链杆约束各个桥塔塔顶节点的纵桥向位移，相比于成桥空载状态，位移及内力发生变化的只有加载跨及支承加载跨缆索的两个桥塔。为叙述方便，下面以最简单的三塔两主跨悬索桥为例予以说明。各参数意义如图2-6a)所示，假定该桥左主跨受到图2-6b)所示的刀口荷载作用。由于后续推导过程中未涉及跨数和刀口荷载的具体布置,因此,该方法同样适用于承受类似刀口荷载的传统悬索桥,是一种适应性较广的悬索桥结构静力计算方法。

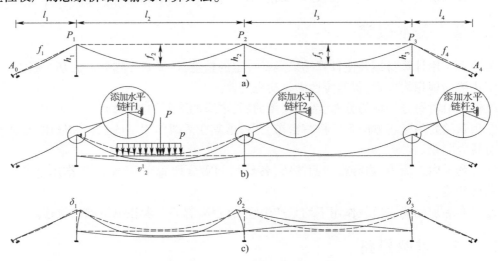

图 2-6 水平力分配法计算流程示意图

注:v_2^1 表示第 2 跨在第 1 轮(添加水平链杆并加载)时的缆索结构竖向位移。

再以承受刀口荷载作用的第 2 跨(左主跨)为研究对象,求解虚拟梁的弯矩,如图 2-7 所示。设其成桥状态时的恒载集度为 q,缆索张力的水平分量为 H_q,加载后的缆索张力水平分量为 $H_q + H_p$,c 为左、右两支点高差,其值等于末端高程值减去始端高程值,图 2-7a)中 c 为正值。先添加水平链杆以约束各桥塔塔顶的水平位移,再施加刀口荷载(均布荷载 p 及集中力 P,假定 $a \leq d \leq b$)。按照纯索结构分析中常用的梁比拟法,在恒载条件下,受力如图 2-7b)所示,对应虚拟梁的弯矩可表示成

$$M_q(x) = \frac{qx}{2}(l-x) - \frac{x}{l} \cdot H_q c \tag{2-20}$$

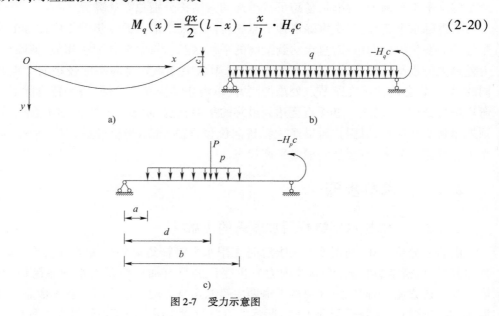

图 2-7 受力示意图

施加刀口荷载后虚拟梁按荷载不同分为 4 个区间：$[0,a)$、$[a,d)$、$[d,b)$、$[b,l]$。其上的弯矩依次为

$$\begin{cases} M_p(x) = p\left(\dfrac{b-a}{l}\right)\left(l - \dfrac{a+b}{2}\right)x + \dfrac{P(l-d)}{l}x - \dfrac{x}{l}H_p c \\ M_p(x) = p\left(\dfrac{b-a}{l}\right)\left(l - \dfrac{a+b}{2}\right)x + \dfrac{P(l-d)}{l}x - \dfrac{x}{l}H_p c - \dfrac{1}{2}p(x-a)^2 \\ M_p(x) = p\left(\dfrac{b-a}{l}\right)\left(l - \dfrac{a+b}{2}\right)x + \dfrac{P(l-d)}{l}x - \dfrac{x}{l}H_p c - \dfrac{1}{2}p(x-a)^2 - P(x-d) \\ M_p(x) = p\left(\dfrac{b-a}{l}\right)\left(\dfrac{a+b}{2}\right)(l-x) + \dfrac{P(l-d)}{l}x - P(x-d) - \dfrac{x}{l}H_p c \end{cases} \quad (2\text{-}21)$$

施加刀口荷载后，受载跨缆索结构的竖向位移可写成

$$v(x) = \frac{M_q(x) + M_p(x)}{H_q + H_p} - \frac{M_q(x)}{H_q} \quad (2\text{-}22)$$

式(2-22)中尚有 H_p 属未知量，因而无法求解。以添加了水平链杆的加载跨为研究对象，因其属能量封闭体系，由前述基本假定④，外荷载所做的功完全转化为缆索结构的弹性应变能。根据能量守恒定律有

$$V_p = \Delta U \quad (2\text{-}23)$$

式中：V_p——荷载势能；

ΔU——缆索结构弹性应变能的增量。

假定缆索位移(包含竖向位移和纵向位移)与所受到的活载大小成正比(实际上这一假定在活载加载倍数相当大范围内都能很好地满足)，则有

$$V_p = q\int_0^l v(x)\mathrm{d}x + \frac{1}{2}p\int_a^b v(x)\mathrm{d}x + \frac{1}{2}Pv(d) \quad (2\text{-}24)$$

式中：$v(d)$——集中荷载 P 作用下该点的位移(作用点与梁端的距离为 d)；

$v(x)$——均布荷载 p 作用下某段范围内变化点的位移(作用点与梁端的距离为 $a\sim b$)。

对缆索结构的弹性应变能 U，以一个缆索的微段为研究对象，如图 2-2 所示。受载前，该微段 $\mathrm{d}s$ 内的弹性应变能为

$$\mathrm{d}U = \frac{T^2(x)\cdot\mathrm{d}s}{2EA_c} = \frac{H^2(1+y'^2)^{\frac{3}{2}}}{2EA_c}\mathrm{d}x \quad (2\text{-}25)$$

式中：E——缆索材料的弹性模量；

A_c——缆索的横截面面积。

将式(2-25)沿跨长 l 积分，有

$$U = \frac{H^2}{2EA_c}\int_0^l (1+y'^2)^{\frac{3}{2}}\mathrm{d}x \quad (2\text{-}26)$$

将被积函数先按泰勒公式展开，取前两项，再将图 2-7a)中的缆索线形方程代入，可以得到

$$U \approx \frac{H^2}{2EA_c}\left(l + \frac{8f^2}{l} + \frac{3c^2}{2l}\right) \quad (2\text{-}27)$$

于是受载后缆索结构的弹性应变能增量可表示为

$$\Delta U \approx \frac{H_p^2 + 2H_q H_p}{2EA_c}\left(l + \frac{3c^2}{2l}\right) \tag{2-28}$$

将式(2-22)、式(2-24)、式(2-28)代入式(2-23),并令

$$r = \frac{H_p}{H_q} \tag{2-29}$$

$$A = (12l^2 + 18c^2)H_q^3 \tag{2-30}$$

$$B = (36l^2 + 54c^2)H_q^3 \tag{2-31}$$

$$C = [2q^2l^4 + 2pql(a^3 - b^3) - 3pql^2(a^2 - b^2) + 6Pqdl(l-d)]EA_c + (24l^2 + 36c^2)H_q^3 \tag{2-32}$$

$$D = \begin{cases} 12P[pl(a^2 + d^2) - d(l-d)(P+ql) - pd(a^2 - b^2 + 2bl)] + \\ 4pl[p(3a^2b - 2a^3 - b^3) - q(a^3 - b^3)] + \\ 3p(a^2 - b^2)[p(a^2 - b^2) + 2ql^2] \end{cases} EA_c \tag{2-33}$$

可以得到关于 r 的一元三次方程

$$Ar^3 + Br^2 + Cr + D = 0 \tag{2-34}$$

由盛金公式可知,式(2-34)存在唯一有效的实根。将这个根代入式(2-29),此时式(2-22)可解。由于多塔悬索桥的控制性加载工况通常为单跨满布均布荷载、跨中作用集中荷载,即 $a = 0, d = l/2, b = l$,此时,式(2-32)、式(2-33)可简化为

$$C = (24l^2 + 36c^2)H_q^3 + \left(2ql + pl + \frac{3}{2}P\right)EA_c ql^3 \tag{2-35}$$

$$D = -(2pql^2 + p^2l^2 + 3Pql + 3Ppl + 3P^2)EA_c l^2 \tag{2-36}$$

2.2.3.2 拆除水平链杆后相关跨的求解

2.2.3.1 节中为简洁起见,并没有对相关参数添加角标以示区别。现对变量 X_m^n 做一约定:X 表示某一变量(位移、内力),下角标 m 表示该变量所属的跨号,上角标 n 表示该变量所属的计算轮次,如 v_2^1 表示第 2 跨在第 1 轮(添加水平链杆并加载)时的缆索结构竖向位移。

在求出拆除水平链杆前加载跨缆索结构的竖向位移 $v(x)$ 以及缆索张力的水平分量 $H_q + H_p$ 后,即可按前述 2.1 节方法分别算得加载跨的缆索刚度和塔的刚度:按照次序拆除水平链杆 2、1、3[图 2-6b)],达到最终的平衡状态[图 2-6c)]。为方便说明,现将各轮次及其对应的序号列于表 2-7。

计 算 轮 次 说 明　　　　　　　　　　　　　　表 2-7

轮次序号	本轮结构状态说明
0	结构初始假定成桥恒载状态
1	在 $P_1 \sim P_3$ 塔每个塔顶添加水平链杆,并在第 2 跨施加刀口荷载
2	解除 P_2 塔塔顶水平链杆的约束,结构达到某一平衡状态
3	解除 P_1 塔塔顶水平链杆的约束,结构达到另一平衡状态
4	解除 P_3 塔塔顶水平链杆的约束,结构达到最终平衡状态

后续的计算步骤为:先拆除水平链杆 2。由于受载后加载跨缆索张力水平分量大于非加载跨的相应值,P_2 塔将产生纵桥向位移。在发生位移过程中,相邻两跨缆索结构及桥塔的纵

向刚度都是变化的,但变化趋势均较为平缓,且此三者的总和变化甚微,可认为在发生位移过程中刚度为一个定值。因此 P_2 塔塔顶节点的纵桥向位移可表示为

$$\delta_2^2 = \frac{H_{q2}^1 + H_{p2}^1 - H_{q3}^0}{k_{c2}^1 + k_{c3}^0 + k_{p2}^1} \tag{2-37}$$

此时,第 2 跨和第 3 跨因跨径发生变化,缆索结构的挠度及其张力的水平分量也会发生相应的变化。由于 df/dl 是 l、f、c 的函数,因此,随着跨径 l 的变化,df/dl 亦是一变量。计算结果表明,df/dl 的变化趋势极为平缓,粗略计算时亦可将其初始值当成恒定值,较为精确的求解方法是将跨径变量分为很多子步,每变化一个子步计算一个 df/dl 值,迭代求解。由于跨径增大时,垂度减小,而跨径减小时,垂度增大,故 df/dl 恒为负值。因此,在拆除水平链杆 2 后,第 2 跨和第 3 跨的垂度可分别写成

$$f_2^2 = f_2^0 + v_2^1 \left(\frac{l}{2}\right) - \delta_2^2 \left(\frac{df}{dl}\right)_2^1 \tag{2-38}$$

$$f_3^2 = f_3^0 + \delta_2^2 \left(\frac{df}{dl}\right)_3^0 \tag{2-39}$$

因跨径和垂度变化,缆索结构的张力也随之产生变化。缆索结构张力水平分量的求解可按照等效恒重不变的原则进行,即按解除水平链杆约束前后每一跨的 ql 为一恒定值计算。根据主缆线形计算的传统抛物线理论,第 2 跨和第 3 跨缆索张力水平分量分别为

$$H_2^2 = \frac{H_2^1 f_2^1 l_2^2}{f_2^2 l_2^1} \tag{2-40}$$

$$H_3^2 = \frac{H_3^0 f_3^0 l_3^2}{f_3^2 l_3^0} \tag{2-41}$$

至此,第 2 轮(即拆除水平链杆 2)的计算完毕。其后依次拆除水平链杆 1、3(和力矩分配法一样,因这两个节点不相邻,为加快计算,可同时拆除),计算方法亦如本节所述,不再赘述。计算完成后即达到最终的平衡状态[图 2-6c)],此时,加载后的多塔悬索桥缆索结构位移、内力及桥塔纵桥向位移的计算全部完成。

采用力矩分配法时,为消除某一节点处的不平衡弯矩,通常要重复多次解除约束→分配不平衡弯矩→再次约束→再次分配不平衡弯矩的循环。而对多塔悬索桥,一个循环即能达到所需的精度,一般无须多次循环求解。

算例 2-3 满跨加载情况

以泰州大桥为例,如图 2-6a)所示。利用 2.1 节方法及考虑几何非线性的有限元法进行求解并作对比。泰州大桥两边塔顶 IP(Idea Point)点高程为 183m,中塔顶 IP(Idea Point)点高程为 203m,两主跨主缆垂度均为 120m。主要结构参数见表 2-8,几何和重量参数按半桥给出,主缆缠丝及防护重量、索夹重量等未在表中列出。

泰州大桥主要结构参数 2   表 2-8

结构参数名称	结构参数取值
主缆横截面面积 A_c	0.327m²
主缆弹性模量 E_c	195GPa

续上表

结构参数名称	结构参数取值
边塔纵向抗弯刚度 I_{p1}、I_{p3}	313.870m^4
边塔弹性模量 E_{p1}、E_{p3}	34.5GPa
中塔纵向抗弯刚度 I_{p2}	70.548m^4
中塔弹性模量 E_{p2}	206GPa
加劲梁恒载集度(一恒)(1根索)	79.659kN/m
加劲梁恒载集度(二恒)	27.033kN/m

根据2.1节所建立的方法代入各相关参数并计算,结果列于表2-9,作为对比,有限元方法中加劲梁与中塔间的约束考虑有竖向支座和无竖向支座两种情况,加劲梁梁段考虑连续(不设铰)与不连续(设铰)两种情况。注意表2-7中第1轮的计算结果同样适用于两主跨满跨加载的情况,只不过在这一加载条件下,由于结构对称,两主跨产生的缆索张力水平分量相等,因而中塔无纵桥向位移,其后的第2轮计算只需拆除水平链杆1,对第2跨进行求解即可。依次计算出 P_1 塔顶纵桥向位移、缆索竖向位移及缆索张力水平分量,将计算结果列于表2-10。表中缆索竖向位移以向下为正,各塔顶纵桥向位移以向右为正。

单主跨满布活载计算结果对比 表2-9

轮次序号	计算参数	本节方法计算结果	有限元法计算结果			
			中塔处加劲梁连续		中塔处加劲梁不连续	
			无竖向支座	有竖向支座	无竖向支座	有竖向支座
1	v_2	0.919m	—	—	—	—
	H_2	188093.0kN	—	—	—	—
2	δ_2	-2.333m	-2.363m	-2.361m	-2.365m	-2.359m
	v_2	3.941m	—	—	—	—
	H_2	181762.9kN	—	—	—	—
	v_3	-4.106m	—	—	—	—
	H_3	170486.1kN	—	—	—	—
3	δ_1	0.139m	0.140m	0.140m	0.141m	0.141m
	v_2	5.090m	4.964m	4.968m	4.963m	4.957m
	H_2	181404.3kN	—	—	—	—
4	δ_3	-0.049m	-0.051m	-0.050m	-0.051m	-0.051m
	v_3	-4.018m	-3.820m	-3.810m	-3.820m	-3.813m
	H_3	170349.0kN	—	—	—	—

两主跨满布活载计算结果对比　　　　表2-10

轮次序号	计算参数	本节方法计算结果	有限元法计算结果			
			中塔处加劲梁连续		中塔处加劲梁不连续	
			无竖向支座	有竖向支座	无竖向支座	有竖向支座
1	v_2	0.919m	—	—	—	—
	H_2	188093.0kN	—	—	—	—
2	δ_1	0.189m	0.190m	0.189m	0.192m	0.192m
	δ_3	−0.189m	−0.190m	−0.189m	−0.192m	−0.192m
	v_2, v_3	1.243m	1.276m	1.285m	1.272m	1.273m
	H_2, H_3	187557.7kN	—	—	—	—

由表2-9及表2-10的计算结果可见,利用本节所建立的方法对多塔悬索桥结构在单主跨满载和两主跨满载这两种工况条件下进行缆索位移及桥塔纵桥向位移的计算,其计算结果与有限元法计算结果吻合良好,特别是桥塔纵桥向位移这一指标的计算结果精度很高,而缆索结构加载侧竖向位移的计算结果亦有相当高的精度,空载侧因未考虑缆索位置在纵桥向的变化,计算结果与有限元法结果略有差异,但误差仍未超过5%,表明本节建立的计算方法是可行的。

算例2-4　部分加载情况

仍以泰州大桥为研究对象,在其第2跨作局部加载,荷载布置如图2-6b)所示,具体尺寸[示例见图2-7c)]为 $a=266.9\mathrm{m}, b=538.9\mathrm{m}, d=356\mathrm{m}, P=400\mathrm{kN}, p=12\mathrm{kN/m}$(半桥值)。计算轮次同表2-7,部分加载计算结果列于表2-11。

部分加载计算结果对比　　　　表2-11

轮次序号	计算参数	本节方法计算结果	有限元法计算结果			
			中塔处加劲梁连续		中塔处加劲梁不连续	
			无竖向支座	有竖向支座	无竖向支座	有竖向支座
1	v_2	0.450m	—	—	—	—
	H_2	169733.2kN	—	—	—	—
2	δ_2	−0.538m	−0.552m	−0.552m	−0.553m	−0.552m
	v_2	1.375m	—	—	—	—
	H_2	168356.4kN	—	—	—	—
	v_3	−0.935m	—	—	—	—
	H_3	165670.5kN	—	—	—	—
3	δ_1	0.032m	0.0358m	0.0360m	0.033m	0.0334m
	v_2	1.430m	1.387m	1.380m	1.388m	1.386m
	H_2	168274.8kN	—	—	—	—

续上表

轮次序号	计算参数	本节方法计算结果	有限元法计算结果			
			中塔处加劲梁连续		中塔处加劲梁不连续	
			无竖向支座	有竖向支座	无竖向支座	有竖向支座
4	δ_3	−0.0109m	−0.014m	−0.014m	−0.012m	−0.012m
	v_3	−0.916m	−0.892m	−0.900m	−0.886m	−0.885m
	H_3	165642.4kN	—	—	—	—

由表 2-11 可见，对于部分加载的工况，本节建立的方法同样具有较高的精度。

由本节公式及上述算例 2-3、算例 2-4 可以得出如下结论：

①求解悬索桥缆索位移及内力的方法适用于悬索桥特别是多塔悬索桥受载后缆索结构位移及内力计算，且精度能够满足初步设计和结构选型的要求；

②加劲梁在通过中塔处时是否设置竖向支座对计算结果的影响不大，这是因为靠近中塔处的缆索张力较大，形成了很大的竖向刚度，不设置竖向支座时，受载后中塔处加劲梁的竖向位移本身就很小，相当于有了竖向支座；

③加劲梁在通过中塔时梁体是否连续对计算结果的影响也不大，在求解连续体系加劲梁悬索桥时，当作铰支体系计算，相当于将原本由相邻跨加劲梁因位置形状改变产生的势能先以缆索结构弹性应变能的形式存储在受载跨中，解除水平链杆约束后又得以恢复；

④采用求解悬索桥缆索位移及内力的方法的计算结果误差主要源于：受载后吊索倾斜导致的缆索结构张力水平分量的非均匀性，忽略了缆索结构发生的纵桥向位移，塔顶高程的变化，加劲梁的弯曲应变能，拆除水平链杆的约束后缆索张力变化导致其自身的弹性回缩，桥塔纵向刚度的计算误差及部分非线性过程的线性化替代。

2.3 多塔悬索桥主缆与鞍座抗滑移问题

2.3.1 计算公式

各国学者对主缆在鞍槽内的抗滑移承载能力的计算方法进行过众多研究，各国规范中的计算公式也大同小异，基本方法都是采用柔性体在圆弧上滑动的模型进行分析。我国《公路悬索桥设计规范》（JTG/T D65-05—2015）通过采用名义摩擦系数的方式综合考虑各项因素，给出了鞍槽内主缆抗滑移安全系数计算公式，计算图示如图 2-8 所示。

鞍槽内主缆抗滑移安全系数 K 应满足

$$K = \frac{\mu \alpha_s}{\ln\left(\dfrac{F_{ct}}{F_{cl}}\right)} \geq 2 \tag{2-42}$$

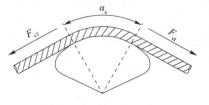

图 2-8 主缆抗滑验算图示

式中：μ——主缆与槽底或隔板间的摩擦系数，《公路悬索桥设计规范》（JTG/T D65-05—2015）建议取值 0.15；

α_s——主缆在鞍槽上的包角，rad；

F_{ct}——主缆紧边侧拉力，按作用标准值计算，N；

F_{cl}——主缆松边侧拉力，按作用标准值计算，N。

此公式可由经典力学中柔性体在圆弧上滑动的模型（图2-9）得到：

$$\begin{cases} [(F_{ct}+\mathrm{d}F_{ct})+F_{ct}]\sin\dfrac{\mathrm{d}\alpha_s}{2}=\mathrm{d}N \\ (F_{ct}+\mathrm{d}F_{ct})\cos\dfrac{\mathrm{d}\alpha_s}{2}=F_{ct}\cos\dfrac{\mathrm{d}\alpha_s}{2}+\mu\mathrm{d}N \end{cases} \quad (2\text{-}43)$$

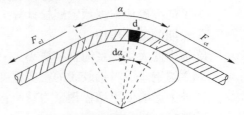

图 2-9 柔性体在弧面受力示意图

即

$$\begin{cases} (2F_{ct}+\mathrm{d}F_{ct})\sin\dfrac{\mathrm{d}\alpha_s}{2}=\mathrm{d}N \\ \mathrm{d}F_{ct}\cos\dfrac{\mathrm{d}\alpha_s}{2}=\mu\mathrm{d}N \end{cases}$$

因 $\mathrm{d}\alpha_s$ 很小，有

$$\sin\dfrac{\mathrm{d}\alpha_s}{2}\approx\dfrac{\mathrm{d}\alpha_s}{2},\cos\dfrac{\mathrm{d}\alpha_s}{2}\approx 1$$

忽略高阶小量后，有

$$\begin{cases} F_{ct}\mathrm{d}\alpha_s=\mathrm{d}N \\ \mathrm{d}F_{ct}=\mu\mathrm{d}N \end{cases}$$

消去 $\mathrm{d}N$，积分得

$$\ln F_{ct}=\mu\alpha_s+C$$

因 $\alpha_s=0$ 时，$F_{ct}=F_{cl}$，故积分常量 $C=\ln F_{cl}$，代入上式，得

$$1=\dfrac{\mu\alpha_s}{\ln\left(\dfrac{F_{ct}}{F_{cl}}\right)}$$

为保证主缆在鞍槽内无任何滑动，要求抗滑移安全系数 K 必须大于 1，当 K 取 2 时，即可得到《公路悬索桥设计规范》（JTG/T D65-05—2015）中的公式。

由上述推导过程可知，在主缆抗滑验算公式中并未考虑索鞍索槽侧向力对主缆抗滑的有利作用。针对此项作用，欧洲规范 *Design of steel structures*（EN1993-1-11—2005）规定，在不满足上述公式时，应采用相应夹具来传递额外的径向夹紧力 F_r，同时需要满足以下公式的要求：

$$\dfrac{F_{ct}-\dfrac{k_\mu F_r \mu}{\gamma_M}}{F_{cl}}\leqslant \mathrm{e}^{\frac{\mu\alpha_s}{\gamma_M}} \quad (2\text{-}44)$$

式中：μ——主缆与槽底或隔板间的摩擦系数，*Design of steel structures*（EN1993-1-11—2005）建议根据试验结果确定；

γ_M——摩擦系数分项系数；

F_r——额外的径向夹紧力；

k_μ——通常情况下取值1.0；在鞍槽和夹具产生良好摩擦效应且F_r满足一定条件（具体可参看欧洲规范第6.3.3条）时，k_μ取值2.0。

为了能准确地根据预紧螺栓计算F_r，欧洲规范规定F_r应考虑以下因素的影响：

①长期的蠕变作用；

②缆力变大使得主缆直径变小；

③主缆钢丝或者钢绞线的密实程度；

④外力影响使得螺栓预紧力减小；

⑤温差。

可以看出，不同规范对于主缆在鞍槽内竖向摩擦力的计算，理论基本是保持一致的。而欧洲规范更进一步地讨论了在竖向摩擦力不能满足抗滑能力要求时，侧向压力对主缆在索鞍内滑动产生的影响。欧洲规范指出，侧向摩擦力与竖向摩擦力的摩阻系数相同，而侧向力（侧向力包括侧向压力和侧向摩擦力）需要考虑的因素较多，该规范并未直接给出计算公式，往往需要通过试验确定。所以，实际设计过程中一般要求在不考虑侧向力的作用时即可满足主缆抗滑要求，而考虑侧向力产生的摩阻力作为"安全储备"。例如，丹麦科威国际咨询公司（COWI）在设计挪威哈罗格兰德大桥（Harrow Crand Bridge）时只计算了鞍槽竖向摩擦力，在考虑摩擦系数分项系数后抗滑移安全系数最小仅为1.0。关于侧向力对主缆抗滑的影响，我们将在后续章节讨论。

2.3.2 多塔悬索桥中塔的刚度取值区间

根据2.3.1节给定的主缆抗滑移安全系数计算公式，多塔悬索桥最不利活载的加载条件，无疑是一跨满载而其余各跨均为空载的极端加载工况。虽然对于大跨径桥梁，在日常运营中出现这种情况的概率甚微，但从整个体系的长远安全性考虑，这种极端加载工况仍是需要审慎对待的问题。对于多塔悬索桥，在极端加载工况下，如果加载处中塔的刚度很大，桥塔所受的纵向剪力大，非加载侧主缆拉力增大不多，因桥塔的挠曲形成的加载跨竖向位移不大，全桥的竖向刚度较大，导致该桥塔两侧主缆缆力差值大；如果加载处中塔刚度小，则该桥塔产生一定的塔顶纵向位移，非加载跨主缆缆力增大，之后非加载跨向上产生位移后的主缆对该桥塔形成纵向约束，桥塔的挠曲形成加载跨的竖向位移，因而加载跨竖向位移增大。采用大刚度的中塔的优势将在第3章中介绍，若采用刚性中塔，则主缆抗滑移问题将会很突出。从主缆抗滑移安全系数计算公式中可以看出，要增大主缆抗滑移安全系数，可以从摩擦系数、鞍座侧向力入手，这部分将在第4、5、6章中介绍。

多塔悬索桥中塔的选型是多塔悬索桥设计的关键难题之一。根据前面多塔悬索桥缆索结构位移及内力的实用计算方法，可以初步快速地确定中塔的刚度取值区间。首先，在单跨满布荷载作用下，主缆挠度达到极限挠跨比（1/250左右），此时中塔的刚度即为中塔的刚度下限值

K_{tmin};其次,在单跨满布荷载作用下,鞍槽内主缆抗滑移安全系数 K 值接近极限值2,此时中塔的刚度即为中塔的刚度上限值 K_{tmax},则中塔刚度区间估算公式:

$$K_{\text{tmin}} \leqslant K_{\text{t}} \leqslant K_{\text{tmax}}$$

式中:K_{tmin}——中塔最小抗推刚度;
K_{tmax}——中塔最大抗推刚度。

根据相关文献资料,其中 K_{tmax} 可近似按下式确定

$$K = \frac{2\mu \arctan \dfrac{4f_{\text{m}}}{l_{\text{m}}}}{\ln\left(\dfrac{H_1 \cos\theta_2}{H_2 \cos\theta_1}\right)} \geqslant 2 \tag{2-45}$$

式中:θ_1、θ_2——主缆在索鞍切点围成的包角,rad;
H_1、H_2——主缆在索鞍两侧的水平力;
f_{m}、l_{m}——主缆跨中矢高和水平跨径。

K_{tmin} 可近似按下式确定

$$K = \frac{Al_{\text{m}} f_{\text{m}} p_{\text{c}}}{-8f_{\text{m}}^2 \dfrac{K'_{\text{left}} K'_{\text{right}}}{K'_{\text{left}} + K'_{\text{right}}} - 2q_{\text{m}} l_{\text{m}} f_{\text{m}} + Aq_{\text{m}} l_{\text{m}}^2} \leqslant \frac{1}{250} \tag{2-46}$$

式中:p_{c}——沿主跨长的活载集度;
q_{m}——主跨长的恒载集度;
A——主缆横截面面积;
K'_{left}、K'_{right}——分别为加载跨左、右两侧修正后的主缆等效弹簧刚度与桥塔纵向抗推刚度之和。

显然中塔刚度区间范围的大小决定了中塔设计的难度,鉴于下限值 K_{tmin} 由设计荷载确定,基本没有可减小的空间,提高上限值 K_{tmax} 是扩大中塔刚度区间范围的唯一有效途径,多塔悬索桥设计成功的关键就是尽可能提高主缆与鞍座之间的抗滑移摩擦力。

2.4 三塔悬索桥的中塔纵向刚度取值研究

通过研究分析国内已建成或在建的泰州大桥、马鞍山长江大桥、鹦鹉洲长江大桥、瓯江北口大桥等四座三塔悬索桥,根据其建设条件和设计荷载,统计出各主要构件的设计参数。结构有限元模型参数选取原则如下:

①统计发现已建成的索塔纵向刚度均分布在 8000kN/m 附近。考虑到多塔悬索桥的边桥塔刚度对结构总体的力学行为影响较小,因此计算模型中统一将 8000kN/m 作为不同主跨跨径三塔及以上连跨悬索桥边桥塔的纵向刚度。

②已建多塔连跨悬索桥除瓯江北口大桥采用 A 形混凝土刚性中塔外,其他三座大桥中塔均采用了柔性钢桥塔。统计发现泰州大桥倒 Y 形钢结构中塔和马鞍山长江大桥 I 形钢-混凝土叠合中塔的纵向刚度均接近 6500kN/m,瓯江北口大桥纵向刚度接近 230000kN/m。三塔悬索桥模型的中塔纵向刚度在此范围内取值。

③主缆钢丝公称抗拉强度取为1770MPa,统一按2.5倍抗滑移安全系数确定不同跨径主缆直径和面积,标准吊索间距为16m,加劲梁恒载集度为233.54kN/m,活载公路—Ⅰ级,按双向8车道加载。

④考虑到钢箱梁自重与抗弯刚度均比钢桁梁小,为了更加突出"中塔效应",找出三塔以上悬索桥结构中存在的问题,加劲梁拟定为钢箱梁的截面形式。桥面为双向6车道,两侧各布置一道应急车道,梁高3.0m,吊点横向间距34.5m。

参考其设计参数统一制定出不同跨径(500~1500m)和不同中塔刚度(中塔纵向刚度依次取 6.5MN/m、9MN/m、12MN/m、15MN/m、25MN/m、50MN/m、75MN/m、100MN/m 和 150MN/m进行研究)的三塔悬索桥模型进行计算分析后得到以下结论。

2.4.1 中塔纵向刚度对结构竖向刚度的影响

不同主跨跨径下结构竖向刚度与中塔纵向刚度间的关系如图2-10所示,为了更清晰地体现两者间的关系,横坐标采用中塔纵向刚度对数,纵坐标采用结构跨挠比。

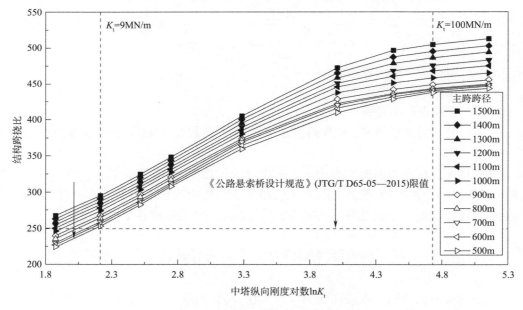

图2-10 中塔纵向刚度对跨挠比的影响

结果表明,随着中塔纵向刚度的增加,结构竖向刚度大幅提高。当 $K_t \geqslant 9$MN/m 时,500~1500m跨径均能满足竖向刚度的要求。当 $K_t \geqslant 100$MN/m 时,结构竖向刚度增幅减缓并趋于稳定,此时结构的竖向变形主要由主缆变形引起,增大中塔纵向刚度无法进一步提高结构的整体竖向刚度。因此,主跨跨径小于1100m时,为满足《公路悬索桥设计规范》(JTG/T D65-05—2015)要求的竖向刚度,推荐中塔纵向刚度控制在9MN/m以上。对于竖向刚度要求较高的桥梁,如需使结构满足1/300的挠跨比,推荐中塔纵向刚度控制在14MN/m以上;如需使结构满足1/400的挠跨比,推荐中塔纵向刚度控制在40MN/m以上。当结构主跨跨径较大时,中塔纵向刚度同样可参考图2-10进行选取。随着中塔纵向刚度的增加,中塔顶的水平位移快速减小,当 $K_t \geq 100\text{MN/m}$ 时,在单中跨加载极端情况下,活载缆力绝大部分由加载跨两塔承担,非加载跨的活载缆力占比很小(10%以下)。多塔悬索桥的这一受力特性可看作"活载锚碇"。

2.4.2　中塔纵向刚度对中塔底弯矩的影响

图 2-11 为不同主跨跨径下中塔底弯矩与中塔纵向刚度间的关系。可以看出,随着中塔纵向刚度的增加,中塔底弯矩逐渐增大。当 $K_t \leq 25\text{MN/m}$ 时,各结构中塔底弯矩增长迅速;当 $K_t \geq 100\text{MN/m}$ 后,中塔底弯矩的增长趋于平缓。中塔纵向刚度由 6.5MN/m 增加到 150MN/m 后,刚度约增加了 22 倍,而各结构中塔底弯矩仅增加了约 80%,增幅非常有限。可见中塔底弯矩不是三塔四跨悬索桥的控制指标,对于采用较刚性中塔方案的三塔四跨悬索桥,中塔下部结构工程量随中塔纵向刚度增大的增幅有限,不是中塔刚度选择的控制因素。

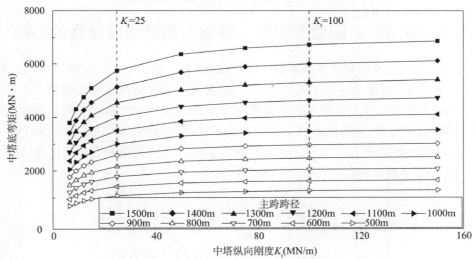

图 2-11　中塔纵向刚度对中塔底弯矩的影响

2.4.3　中塔纵向刚度对结构颤振临界风速的影响

图 2-12 为不同主跨跨径下结构颤振临界风速与中塔纵向刚度间的关系。可以看出,随着中塔纵向刚度的增加,各结构颤振临界风速逐渐增大,与两塔悬索桥桥塔纵向刚度对结构整体动力特性影响较小的性质不同,三塔悬索桥中塔纵向刚度的变化能够对结构整体动力特性产生较大影响,这在主跨跨径较小的结构中体现得更为明显。对于主跨跨径小于 1100m 的结构,当 $K_t \geq 100\text{MN/m}$ 时,结构颤振临界风速仍会有所增大;对于主跨跨径为 1100m 及以上的结构,当 $K_t \geq 25\text{MN/m}$ 时,结构颤振临界风速增长便趋于平缓。当结构颤振临界风速不能满足《公路悬索桥设计规范》(JTG/T D65-05—2015)要求时,可以考虑采用增大中塔纵向刚度的方式来提高结构的抗风性能,但当中塔纵向刚度超过 25MN/m 后,结构的抗风性能提高很有限。

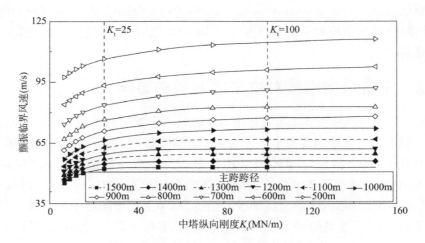

图 2-12　中塔纵向刚度对结构颤振临界风速的影响

2.4.4　中塔纵向刚度对主缆与鞍座间的抗滑安全性的影响

图 2-13 为不同主跨跨径下摩擦系数 μ 分别取 0.15、0.20、0.25 及 0.30 时中塔纵向刚度与主缆抗滑移安全系数的关系。由于主缆抗滑移安全系数和摩擦系数为线性关系，因此四幅图内中塔纵向刚度对主缆抗滑移安全系数的影响表现出相同的规律。可以看出，虽然随着中塔纵向刚度的增大，主缆抗滑移安全系数有所减小，但当 $K_t \geqslant 75\text{MN/m}$ 后便趋于平缓。对于不同主跨跨径的结构，随着摩擦系数的增大，均存在满足《公路悬索桥设计规范》（JTG/T D65-05—2015）要求的中塔纵向刚度的取值区间。

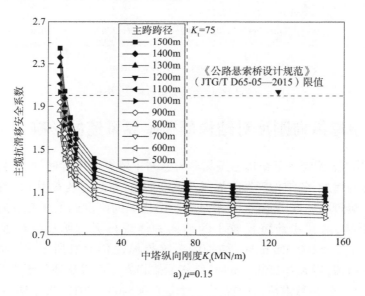

a) $\mu=0.15$

图　2-13

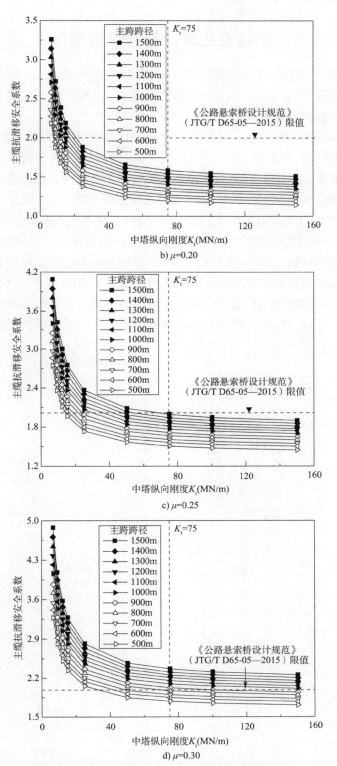

图 2-13 中塔纵向刚度对主缆抗滑移安全系数的影响

2.4.5　中塔纵向刚度及主跨跨径合理取值区间

图 2-14 为主缆与鞍座间名义摩擦系数 μ 分别取 0.15、0.20、0.25 及 0.30 时,能够使结构同时满足结构刚度要求(挠跨比 1/250)和抗滑要求(抗滑移安全系数 $K \geqslant 2$)的中塔纵向刚度及主跨跨径的合理取值区间。

由图 2-14 可以看出,刚度要求对应的合理取值区间仅不包括左下角较小主跨跨径、较小中塔纵向刚度的情况,在设计此类较小跨径(500~1000m)三塔四跨悬索桥时需格外注意中塔纵向刚度的取值。基于不同摩擦系数 μ 计算出的满足抗滑要求的合理取值区间范围差别很大。当摩擦系数 μ 取 0.15 时,仅右下角的区域能满足要求,结构主跨跨径的合理取值区间被限制在跨径为 1100m 以上的大跨径区间。此时,虽然仍然有可以适用的跨径范围,但是中塔可选择的纵向刚度区间很小。随着摩擦系数 μ 取值的增大,中塔纵向刚度的取值范围也大幅拓宽。摩擦系数 μ 取 0.25 及以上时,所有的主跨跨径均能找到合适的中塔纵向刚度取值区间。当摩擦系数 μ 取 0.30 时,对于主跨跨径为 1100m 以上的大跨径三塔四跨悬索桥,即使将中塔设计为刚性中塔,也不存在发生滑移的可能。设计时可采用大刚度的刚性中塔方案,以提高行车舒适性,为三塔以上多塔悬索桥的设计与建造提供可能。

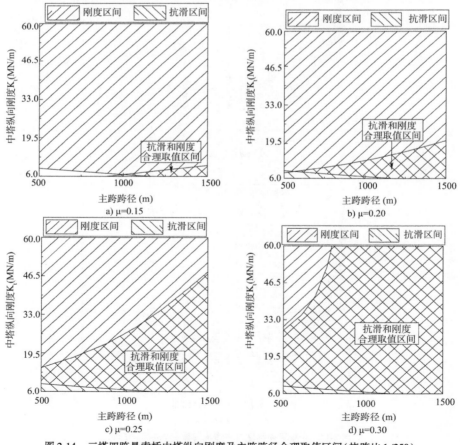

图 2-14　三塔四跨悬索桥中塔纵向刚度及主跨跨径合理取值区间(挠跨比 1/250)

参考目前已开展的主缆与鞍座摩擦试验及实桥结构设计,当对鞍座构造加以改进后,试验测试值及实桥设计的摩擦系数 μ 的取值均能达到 0.20 以上。可见仅需对鞍座局部构造加以改进,便能提高摩擦系数 μ 的取值,从而增大结构的适用范围,提高此结构体系的竞争力,具有较高的经济性和实用价值。

如需进一步提升抗风稳定性能和行车稳定性,假设将结构刚度要求(挠跨比)由 1/250 调整到 1/400,能够使结构同时满足结构刚度要求(挠跨比 1/400)和抗滑要求(抗滑移安全系数 $K \geqslant 2$)的中塔纵向刚度及主跨跨径的合理取值区间如图 2-15 所示。

由图 2-15 可以看出,在刚度要求(挠跨比)调整到 1/400 以后,当摩擦系数 μ 取 0.15 和 0.20 时,500~1500m 跨径三塔四跨悬索桥对应的中塔合理取值区间不存在。当摩擦系数 μ 取 0.25 时,结构主跨跨径的合理取值区间被限制在 1200m 以上的大跨径区间,且中塔纵向刚度取值区间较小。当摩擦系数 μ 取 0.30 时,对于主跨跨径为 800m 以上的大跨径三塔四跨悬索桥,即使将中塔设计为刚性中塔,也不存在发生滑移的可能。设计时可采用大刚度的刚性中塔方案,以提高抗风稳定性能和行车舒适性,为三塔以上多塔悬索桥的设计与建造提供可能。

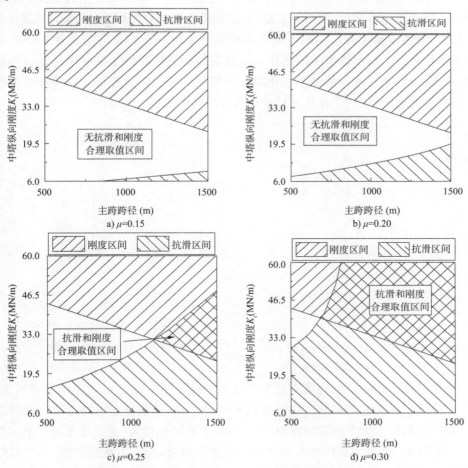

图 2-15　三塔四跨悬索桥中塔纵向刚度及主跨跨径合理取值区间(挠跨比 1/400)

2.5 三塔悬索桥的合理结构体系研究

2.5.1 塔梁连接形式

塔梁连接形式分为飘浮体系、半飘浮体系、固结体系和纵向支座体系。飘浮体系，即释放中塔位置处加劲梁的纵向与竖向位移；半飘浮体系，即在中塔位置处设置纵向弹性索与加劲梁相连，如泰州大桥；固结体系，即将加劲梁与中塔所有自由度进行耦合，如马鞍山长江大桥；纵向支座体系，即在中塔位置处加劲梁设置纵向支座。

2.5.1.1 结构竖向刚度

图 2-16 及图 2-17 分别为不同塔梁连接形式对应的汽车荷载作用下加劲梁最大竖向挠度与中塔顶的纵向位移。由图 2-16 和图 2-17 可得，加劲梁竖向挠度和中塔顶纵向位移在汽车荷载作用下变化趋势基本一致，加劲梁纵向无约束的飘浮体系结构竖向挠度及中塔顶纵向位移最大，半飘浮体系次之，固结体系最小，且随着主跨跨径的增大，塔梁间的连接形式对结构刚度的影响越来越显著。半飘浮体系和固结体系纵向有约束的塔梁连接形式差别很小，曲线基本重合。半飘浮体系及固结体系纵向有约束的塔梁由于在中塔位置将加劲梁与中塔联系在了一起，将主缆一部分原本作用在中塔顶的纵向力通过加劲梁传递至中塔下横梁，作用点高度显著降低，一定程度上减小了桥塔的纵向位移。

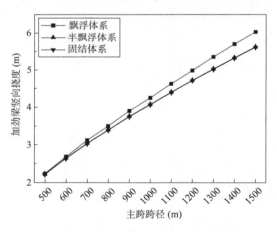

图 2-16 不同塔梁连接形式对应的汽车荷载作用下加劲梁竖向挠度

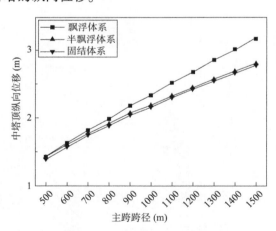

图 2-17 不同塔梁连接形式对应的汽车荷载作用下中塔顶纵向位移

不同塔梁连接形式的竖向挠度对比如图 2-18 所示，图中以纵向支座体系结果为参照，将其他约束体系换算为它的倍数。由计算结果可得，三塔悬索桥在中塔位置处的加劲梁设置纵向约束对结构竖向刚度的提高有较好的效果，主跨跨径越大，提高效果越显著。相对于其他三种约束体系，固结体系对减小加劲梁竖向挠度最为有效，但减幅有限。半飘浮体系、纵向支座体系、固结体系竖向挠度相差不大。

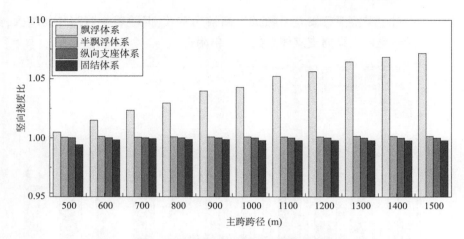

图 2-18 不同塔梁连接形式竖向挠度对比

2.5.1.2 主缆与鞍座间的抗滑安全性

表 2-12 为摩擦系数 μ 取 0.15 时不同塔梁连接形式对应的汽车荷载作用下主缆抗滑移安全系数。由计算结果可得,加劲梁纵向有无约束对主缆抗滑移安全系数有较大影响。在飘浮体系中,主跨跨径即使达到 1500m,抗滑移安全系数也仅勉强满足《公路悬索桥设计规范》(JTG/T D65-05—2015)要求的 ≥2.0,极大地限制了桥梁跨径的适用范围。与加劲梁竖向挠度得出的规律不同,半飘浮体系及固结体系对应的抗滑移安全系数差值可达 0.2,进而使满足《公路悬索桥设计规范》(JTG/T D65-05—2015)要求的最小主跨跨径相差 200m。不同的加劲梁约束体系一定程度上能够决定结构设计合理与否。

不同塔梁连接形式对应的汽车荷载作用下主缆抗滑移安全系数($\mu=0.15$)　　表 2-12

主跨跨径 (m)	飘浮体系			半飘浮体系			固结体系		
	F_{ct}(kN)	F_{cl}(kN)	K	F_{ct}(kN)	F_{cl}(kN)	K	F_{ct}(kN)	F_{cl}(kN)	K
500	87350	80599	1.559	87171	80726	1.633	86693	81205	1.917
600	106580	98403	1.571	106210	98662	1.701	105753	99116	1.935
700	126437	116926	1.604	125921	117283	1.765	125463	117738	1.973
800	147328	136653	1.667	146688	137095	1.854	146193	137585	2.066
900	168400	156412	1.698	167544	157003	1.930	167041	157500	2.132
1000	189910	176902	1.767	188928	177579	2.024	188420	178081	2.222
1100	212395	198159	1.808	211210	198977	2.102	210694	199488	2.295
1200	235582	220260	1.865	234263	221166	2.180	233738	221685	2.369
1300	259631	243150	1.912	258115	244191	2.261	257586	244715	2.447
1400	284532	267017	1.974	282886	268144	2.343	282348	268677	2.527
1500	310305	291799	2.039	308539	293001	2.427	307995	293541	2.609

不同塔梁连接形式下主缆抗滑移安全系数对比如图 2-19 所示,图中以纵向支座体系结果为参照,将其他约束体系换算为它的倍数。由计算结果可得,由于缺少中塔位置加劲梁的纵向约束,主缆与加劲梁间的相对位移增大,飘浮体系对应的主缆抗滑移安全系数在四种塔梁约束体系中最小,且随着跨径的增大,抗滑移安全系数有减小的趋势。对于半飘浮体系,在各主跨跨径下,其对结构竖向挠度的影响与纵向支座体系基本一致。相对于其他三种约

束体系,固结体系对主缆抗滑移安全系数的提高最为有效,但随着主跨跨径的增大,其效果变化趋于平缓,最终维持在纵向支座体系的1.1倍附近。

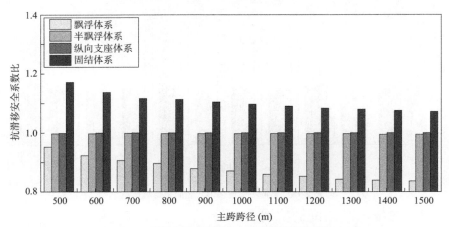

图2-19　不同塔梁连接形式下主缆抗滑移安全系数对比

2.5.1.3　中塔底弯矩

三塔四跨悬索桥在不同塔梁连接形式下中塔底弯矩见表2-13。由计算结果可见,主跨跨径较小时,飘浮体系中塔底弯矩最小。这主要是由于此时不同塔梁连接形式的中塔顶纵向位移比较接近,而该约束体系中塔加劲梁支座又不会向中塔传递纵向力。随着主跨跨径的增大,飘浮体系的中塔顶纵向位移与其他存在纵向约束的连接形式相差越来越大,导致其中塔底弯矩逐渐超过其他塔梁连接形式,但总体上不同塔梁连接形式对中塔底弯矩影响较小。

不同塔梁连接形式下中塔底弯矩　　表2-13

主跨跨径 (m)	飘浮体系 (kN·m)	半飘浮体系 (kN·m)	固结体系 (kN·m)	纵向支座体系 (kN·m)
500	694932	708475	700495	709393
600	929141	950976	948190	952121
700	1180498	1209256	1210483	1210510
800	1431980	1466446	1471307	1467997
900	1739055	1764827	1773262	1766422
1000	2025321	2048151	2059930	2049924
1100	2372978	2373671	2388205	2374928
1200	2718297	2705930	2723633	2707286
1300	3110713	3061181	3081802	3062423
1400	3495198	3421377	3444834	3422631
1500	3893339	3794101	3820234	3795371

2.5.1.4　中塔位置加劲梁纵向约束反力

表2-14为不同塔梁连接形式下中塔位置加劲梁的纵向约束反力。由计算结果可得,随

着主跨跨径的增大,纵向约束反力增大非常明显,主跨跨径为1500m时纵向约束反力超过24000kN。此时如仍在中塔位置设置纵向支座,则支座及加劲梁牛腿的设计将非常困难。同时,由于加劲梁在纵向支座体系下受力集中,对加劲梁受力较为不利。考虑到前述加劲梁竖向挠度及主缆抗滑移安全系数在半飘浮体系及纵向支座体系下的结果基本一致,因此如需在中塔处设置加劲梁纵向约束,半飘浮体系可在对竖向挠度及抗滑移安全系数影响较小的前提下,解决加劲梁受力大、支座难以设计的问题。虽然固结体系增大了中塔及中塔处加劲梁的设计难度,但其对结构竖向刚度及主缆抗滑安全问题有较大的改善作用,且也已成功应用在马鞍山长江大桥中,因此也是一种较好的三塔悬索桥中塔位置加劲梁约束形式。

不同塔梁连接形式下中塔位置加劲梁纵向约束反力　　　　表2-14

主跨跨径 (m)	半飘浮体系(kN)			固结体系 (kN)	纵向支座体系 (kN)
	加载侧	卸载侧	合力		
500	450	-448	1795	2091	1884
600	944	-940	3767	4090	3877
700	1399	-1393	5585	5914	706
800	1854	-1849	7406	7748	7556
900	2472	-2466	9876	10227	10043
1000	2975	-2969	11888	12241	12078
1100	3611	-3604	14431	14756	14606
1200	4179	-4171	16699	17025	16898
1300	4822	-4814	19271	19600	19490
1400	5427	-5387	21628	21959	21873
1500	6004	-5996	24001	24332	24270

2.5.2　缆梁连接形式

为研究主缆和加劲梁连接形式对多塔悬索桥结构受力的影响,将缆梁连接形式分为不设置中央扣、设置3对中央扣和设置5对中央扣3种情况,均按采用柔性中央扣进行计算。

2.5.2.1　结构竖向刚度

图2-20及图2-21分别为不同中央扣个数对应的汽车荷载作用下加劲梁最大竖向挠度与中塔顶的纵向位移。设置3对中央扣、5对中央扣及不设置中央扣的加劲梁竖向挠度对比如图2-22所示,图中以不设置中央扣结果为参照,其他结果换算为它的倍数。图2-23和图2-24分别为不设置和设置中央扣的结构变形图。由计算结果可得,在设置中央扣的情况下,中央扣个数对加劲梁竖向挠度及中塔顶纵向位移的影响较小。但相对于无中央扣的情况,中央扣对结构刚度的提升非常显著。这主要是由于在非加载跨,中央扣通过将加劲梁与主缆联系在一起,提升了非加载跨主缆的纵向刚度,进而大幅度提升了结构的刚度。对比图2-23和图2-24可以很清晰地看出不设置中央扣时吊索倾斜明显,主缆与加劲梁之间的纵向位移差很大,设置中央扣后可大幅减小此位移差,起到提高结构竖向刚度的作用。

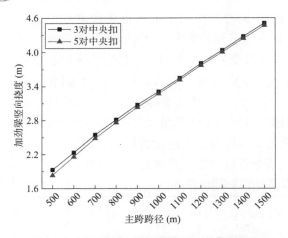

图 2-20　不同中央扣个数对应的汽车荷载作用下加劲梁竖向挠度

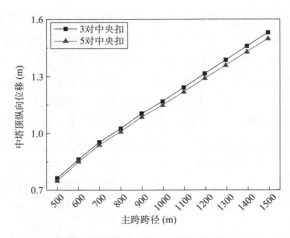

图 2-21　不同中央扣个数对应的汽车荷载作用下中塔顶纵向位移

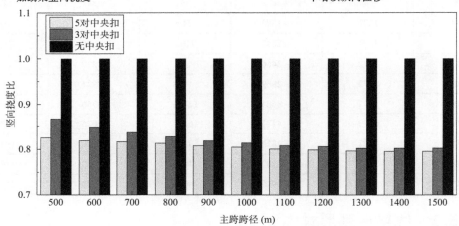

图 2-22　不同缆梁连接形式竖向挠度对比

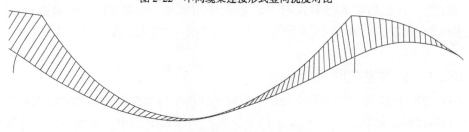

图 2-23　不设置中央扣时结构变形图

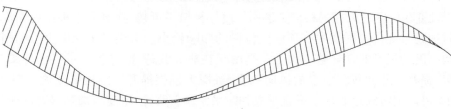

图 2-24　设置中央扣后结构变形图

2.5.2.2 主缆与鞍座间的抗滑安全性

表2-15为摩擦系数μ取0.15时设置不同个数中央扣对应的汽车荷载作用下主缆抗滑移安全系数。设置3对中央扣、5对中央扣及不设置中央扣的主缆抗滑移安全系数对比如图2-25所示,图中以不设置中央扣结果为参照,其他结果换算为它的倍数。由计算结果可得,在设置中央扣的情况下,中央扣个数对主缆抗滑移安全系数影响较小。多设置2对中央扣,仅能将抗滑移安全系数提高不到5%。但相对于不设置中央扣的情况,设置中央扣使抗滑移安全系数提升很大,大概能提高56%以上,且主跨跨径越小提升效果越显著。

设置不同个数中央扣对应的汽车荷载作用下主缆抗滑移安全系数($\mu=0.15$)　　表2-15

主跨跨径 (m)	3对中央扣			5对中央扣		
	F_{et}(kN)	F_{el}(kN)	K	F_{et}(kN)	F_{el}(kN)	K
500	86127	82795	3.178	86102	82911	3.320
600	104811	101010	3.395	104788	101172	3.570
700	124332	119845	3.412	124330	120080	3.605
800	145017	139826	3.440	145033	140112	3.633
900	165727	159875	3.488	165739	160186	3.679
1000	187093	180583	3.541	187096	180902	3.725
1100	209295	202112	3.591	209274	202431	3.772
1200	232332	224442	3.630	232298	224764	3.804
1300	256124	247583	3.698	256070	247905	3.870
1400	280892	271664	3.754	280830	271990	3.921
1500	306544	296642	3.819	306474	296974	3.983

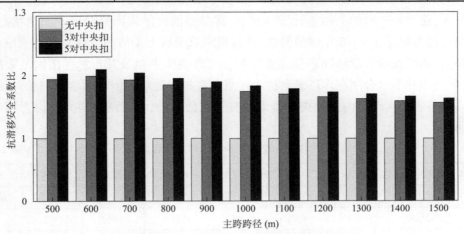

图2-25　不同中央扣个数下主缆抗滑移安全系数对比

2.5.2.3　中塔底弯矩

不同缆梁连接形式下中塔底弯矩见表2-16。由计算结果可见,主跨跨径较小时不设置中央扣的结构中塔底弯矩最小。这主要是由于此时中塔顶纵向位移与设置中央扣的结构比较接近,且加劲梁中主缆传递来的纵向约束反力又比较小。随着主跨跨径的增大,不设置中央扣的结构中塔顶纵向位移与设置中央扣的结构相差越来越大,导致其中塔底弯矩超过设置中央扣的结构。当主跨跨径为1500m时,通过设置中央扣可将中塔底弯矩减小约10%。总体上不同缆梁连接形式对中塔底弯矩影响较小。

不同缆梁连接形式下中塔底弯矩　　　　　　　　　　表2-16

主跨跨径 (m)	3对中央扣 (kN·m)	5对中央扣 (kN·m)	无中央扣 (kN·m)
500	782789	774051	709393
600	1019083	1014761	952121
700	1254555	1252037	1210510
800	1478750	1476411	1467997
900	1735634	1732521	1766422
1000	1971080	1966641	2049924
1100	2242340	2236094	2374928
1200	2515946	2507513	2707286
1300	2807071	2796063	3062423
1400	3100203	3086430	3422631
1500	3402938	3385468	3795371

2.5.2.4　中央扣及其布置范围内吊索的内力

表2-17及表2-18为设置3对及5对中央扣时中央扣自身及其布置范围内吊索的内力幅及合力的最大值和最小值。由计算结果可得,中央扣及其附近吊索在汽车荷载作用下内力幅非常大,受力最小时中央扣接近松弛状态,部分范围内吊索则完全处于松弛状态;受力最大时中央扣需承受3.9~8.0倍的恒载,吊索则需承受约1.4倍的恒载。这对于中央扣和吊索的疲劳、锚固及索夹滑移问题都非常不利。在解决中央扣及其布置范围内吊索的受力问题前,中央扣并不适合用在多塔悬索桥中。当中央扣布置对数由3对增加到5对后,对所有跨径内的吊索及大跨径内的中央扣受力均有一定的帮助,但对两者内力及内力幅的减小效果不明显。

不同中央扣个数下中央扣内力及合力　　　　　　　　表2-17

主跨跨径 (m)	3对中央扣内力幅(kN)		3对中央扣合力(kN)		5对中央扣内力幅(kN)		5对中央扣合力(kN)	
	最大值	最小值	最大值	最小值	最大值	最小值	最大值	最小值
500	3529	-1059	4682	45	3860	-963	4933	40
600	4083	-1091	5244	42	4182	-1006	5288	40
700	4652	-1109	5820	40	4505	-1044	5633	39
800	5147	-1117	6316	38	4726	-1067	5876	38
900	5644	-1125	6814	36	5038	-1083	6196	37
1000	6064	-1129	7239	35	5281	-1095	6445	37

续上表

主跨跨径 (m)	3 对中央扣内力幅(kN)		3 对中央扣合力(kN)		5 对中央扣内力幅(kN)		5 对中央扣合力(kN)	
	最大值	最小值	最大值	最小值	最大值	最小值	最大值	最小值
1100	6558	-1131	7733	34	5550	-1103	6719	36
1200	7059	-1133	8232	32	5827	-1110	6998	35
1300	7521	-1135	8693	32	6087	-1115	7260	35
1400	8008	-1135	9179	31	6358	-1120	7532	34
1500	8483	-1136	9652	30	6622	-1123	7796	33

不同中央扣个数下中央扣布置范围内吊索内力及合力　　　　表 2-18

主跨跨径 (m)	3 对中央扣内力幅(kN)		3 对中央扣合力(kN)		5 对中央扣内力幅(kN)		5 对中央扣合力(kN)	
	最大值	最小值	最大值	最小值	最大值	最小值	最大值	最小值
500	483	-676	2352	502	483	-530	2354	538
600	510	-904	2376	289	505	-582	2374	511
700	540	-1111	2403	95	529	-616	2396	499
800	561	-1216	2422	0	544	-668	2411	456
900	586	-1225	2444	0	563	-728	2428	391
1000	605	-1234	2460	0	575	-807	2439	357
1100	627	-1242	2480	0	592	-1094	2455	83
1200	650	-1250	2500	0	609	-1165	2471	25
1300	671	-1257	2519	0	624	-1201	2484	0
1400	692	-1265	2538	0	640	-1212	2498	0
1500	713	-1271	2555	0	654	-1223	2511	0

2.6　本章小结

本章首先推导了多塔悬索桥缆索结构及其支点纵向刚度的解析公式;然后基于缆索结构及其支点纵向刚度解析公式,结合能量方程和柔索计算的虚拟梁法,提出一种适用于多塔悬索桥在任意竖向荷载作用下缆索内力及位移求解的实用计算方法,并通过算例与有限元法计算结果进行了对比验证;最后对三塔四跨悬索桥不同结构体系及设计参数进行影响性分析,分析了其对结构竖向刚度、主缆与鞍座间抗滑移安全系数及中塔底弯矩等主要指标产生的影响,主要结论有：

①推导的平面缆索结构纵向刚度解析公式,计算结果精度非常高,与有限元法计算结果误差在2‰以内,考虑缆索支点的总的纵向刚度解析公式计算结果误差为3.49%,能够满足工程应用精度要求。

②利用缆索内力及位移求解的实用计算方法求解缆索结构内力及位移时,主要计算目标值能够满足工程应用精度要求,能快速得到多塔悬索桥的主要力学指标。

③针对三塔悬索桥而言,中塔纵向刚度对结构竖向刚度、主缆抗滑移安全系数、中塔底弯矩及结构颤振临界风速均有较大的影响,但随着中塔纵向刚度的提高,其影响趋于稳定。就满足《公路悬索桥设计规范》(JTG/T D65-05—2015)要求的竖向刚度而言,推荐中塔的纵向刚度控制在9MN/m以上。对于对竖向刚度要求较高的桥梁,如需使结构满足1/300的挠跨比,推荐中塔的纵向刚度控制在14MN/m以上。如需使结构满足1/400的挠跨比,推荐中塔的纵向刚度控制在40MN/m以上。中塔底弯矩虽然会随着中塔纵向刚度的提高有所增大,但增幅有限,对中塔下部结构工程量的影响较小,因此不是三塔四跨悬索桥的控制指标。

④主缆与鞍座间摩擦系数的取值对三塔四跨悬索桥主跨跨径及中塔纵向刚度的合理取值区间影响显著。当摩擦系数采用《公路悬索桥设计规范》(JTG/T D65-05—2015)推荐的0.15时,主跨跨径被限制在1000m以上,且中塔只能采用较柔性的结构(如钢塔),这在很大程度上削弱了此结构体系的竞争力。当对鞍座构造进行改进,使摩擦系数取值提高到0.25及以上时,本章所讨论的500~1500m跨径的结构均能找到合适的中塔纵向刚度取值区间。桥跨布置及中塔纵向刚度受限程度大幅度减小,为今后小跨径的三塔及以上多塔悬索桥的设计与建造提供了可能。

⑤塔梁连接形式对三塔四跨悬索桥结构竖向刚度及主缆抗滑移安全系数的影响主要体现在其是否存在纵向约束,相比于设置纵向约束的体系,不存在纵向约束的体系结构竖向刚度及主缆抗滑移安全系数显著降低。在存在纵向约束的三种体系中,结构竖向刚度及主缆抗滑移安全系数差别不明显。塔梁连接形式对中塔底弯矩影响较小。

⑥缆梁连接形式对结构竖向刚度及主缆抗滑移安全系数的影响非常明显,设置中央扣后,这两个指标显著改善,但由于中央扣自身及其布置范围内吊索的内力幅很大,在解决由此导致的中央扣和吊索疲劳、锚固及索夹滑移等问题之前,中央扣不宜应用在多塔悬索桥中。此外,缆梁连接形式对中塔底弯矩影响较小。

第3章 多塔悬索桥中塔研究

多塔悬索桥因其优雅的造型、良好的经济性、优秀的跨越能力吸引了众多桥梁设计师来探索解决中塔效应问题。多塔悬索桥的发展史,大致可分为三个阶段,分别对应如下三类多塔悬索桥:小跨径多塔悬索桥、大跨径钢或钢-混凝土组合中塔多塔悬索桥、大跨径混凝土中塔多塔悬索桥。

第一阶段:小跨径多塔悬索桥出现在19世纪和20世纪上半叶,欧洲和日本修建了大量中小跨径多塔悬索桥。这些悬索桥因为跨径较小,中塔效应并不明显。这些多塔悬索桥大多采用在中塔顶设水平纵向锚索或将主缆在中塔断开并分别锚固来解决中塔效应问题。当跨径增大后,水平纵向锚索由于垂度效应无法再发挥其约束作用,而主缆直径的增大也使得在中塔断开并分别锚固难以实现。故这一阶段的多塔悬索桥主跨跨径均未超过300m。

第二阶段:真正意义上大跨径的多塔悬索桥直到21世纪初才出现,以中国的泰州大桥、马鞍山长江大桥及鹦鹉洲长江大桥为代表。其中泰州大桥首次将多塔悬索桥的跨径提高到千米级。这三座大桥均采用钢或钢-混凝土组合中塔,通过增大中塔顶摆幅来控制主缆两侧不平衡缆力差值,并在塔梁结构体系上进行创新,使得柔性中塔较好地解决了中塔主缆抗滑移和整体刚度这一固有矛盾。

第三阶段:随着对大跨径多塔悬索桥的认识逐渐加深,以中国瓯江北口大桥、智利查考大桥为代表的新一代大跨径多塔悬索桥开始修建。这两座桥均采用了刚度很大的A形或人字形混凝土中塔,并且均采用了提高索鞍摩擦系数的设计思路,尤其是瓯江北口大桥首次系统研究了主缆与鞍座间的摩擦滑移机理,并研制了高摩擦性能索鞍,从根本上突破了多塔悬索桥的中塔效应对多塔主缆连跨悬索桥方案设计的制约,彻底解决了中塔主缆抗滑移这一局部问题对结构总体的约束,使各种跨径的多塔多跨主缆连续悬索桥设计不再受结构刚度与主缆抗滑移问题的限制。

从多塔悬索桥发展历史来看,解决中塔效应问题的方法可归纳为以下几种:

①减小中塔处两侧主缆缆力差。

这类方案包括斜拉悬索组合方案、塔顶水平缆方案等。但这两种方案构造复杂,适用于中小跨径多塔悬索桥,随着主跨跨径增大,构造复杂程度增大,附加索的等效弹性刚度急剧下降,结构有效性及经济性下降。

柔性中塔方案可以有效减小中塔处两侧主缆缆力差,实现了大跨径三塔悬索桥的技术突破,开创了大跨径多塔悬索桥新时代,但结构整体刚度相对较小,在抗风要求高的海洋环境中使用有一定的局限性。

②主缆交叉锚固。

主缆在中塔处断开,交叉锚固。如日本的小鸣门大桥,可以实现多跨连续,但主缆不连续。小跨径悬索桥中塔可以采用交叉锚固,但因锚固构造复杂,对于大跨径悬索桥基本不可能实现。

③设置防滑索鞍。

通过改善索鞍构造,增大主缆和鞍座间的摩擦力,采用适当刚度的混凝土中塔、适当的桥梁结构体系,使桥梁能同时满足结构刚度和主缆抗滑移的要求。

多种中塔效应解决方案使得多塔悬索桥有了多种形式,并在结构整体刚度、桥梁抗风性能、索鞍抗滑移要求、中塔选材、结构耐久性、适用环境以及结构体系等方面呈现不同特点。多塔悬索桥中塔结构设计需要考虑哪些因素、如何优化中塔结构、结构体系对中塔有何影响等将在本章进行探讨。

3.1 多塔悬索桥中塔设计主要控制因素

中塔顶部存在较大的不平衡缆力差是连续多跨悬索桥中塔的主要受力特点,表现为当其中一中跨加载、另外一相邻中跨空载时,主缆将在中塔索鞍两侧产生很大的不平衡缆力差,中塔需要承受很大的纵向弯矩。表 3-1 列出了世界上已经建成或在建的几座多塔悬索桥及其中塔结构形式。中塔按采用的材料划分,主要有四类,即全钢结构、钢-混凝土组合结构、混凝土结构、圬工结构。其中圬工结构只在早期小跨径多塔悬索桥中采用,随着跨径加大,对材料的受力要求更高,这种结构已经被更高性能的材料所取代。

多塔悬索桥中塔结构一览表　　　表 3-1

桥　　名	国家	主跨跨径(m)	中塔形式	建成年份
泰州大桥	中国	1080	人字形钢塔	2012 年
马鞍山长江大桥	中国	1080	I 形钢-混凝土组合塔	2013 年
鹦鹉洲长江大桥	中国	850	人字形钢-混凝土组合塔	2014 年
凤雏大桥	中国	378	I 形钢-混凝土组合塔	2020 年
瓯江北口大桥	中国	800	A 形混凝土塔	2022 年
千四大桥	韩国	650	I 形混凝土塔	2018 年
查考大桥	智利	1055;1155	人字形混凝土塔	在建
巴里托河大桥	印度尼西亚	240	I 形混凝土塔	1997 年
萨莫拉·马谢尔大桥	莫桑比克	210	I 形混凝土塔	1972 年
小鸣门大桥	日本	160	A 形混凝土塔	1961 年
卢瓦尔河博尼桥	法国	120	I 形混凝土塔	1951 年
沙蒂隆桥	法国	92	I 形圬工塔	1951 年
郎热桥	法国	88	I 形圬工塔	1849 年
新堡桥	法国	59.5	I 形钢塔	1937 年(重建)

不同中塔形式的多塔悬索桥带来的中塔效应明显不同,从而对索鞍抗滑移性能的要求也不同。中塔设计时需要考虑的主要因素如下:

①桥梁的整体刚度必须满足要求,而桥梁整体刚度很大程度上受中塔纵向刚度的影响。

这里的整体刚度要求不仅仅指《公路悬索桥设计规范》(JTG/T D65-05—2015)规定的限制，还应考虑桥梁所处的建设条件。对于大跨径桥梁来说，桥梁抗风性能是很重要的因素，刚度大的桥梁相对抗风性能更好。如瓯江北口大桥全钢中塔方案的桥梁挠跨比为1/355，颤振临界风速为88.8m/s，而混凝土中塔方案的桥梁挠跨比为1/605，颤振临界风速可达113.9m/s，表明桥梁整体刚度增大后结构的抗风性能得到大幅提升。

②索鞍抗滑移性能必须满足要求，本节以索鞍名义摩擦系数来表示索鞍抗滑移性能。从第2章的分析可知，在相同恒载集度下，桥梁整体刚度要求越高，中塔的纵向刚度就越大，中塔顶的不平衡缆力差也越大，因此索鞍必须具有更高的名义摩擦系数。如泰州大桥的挠跨比为1/321，采用全钢中塔，要求的索鞍名义摩擦系数为0.2；瓯江北口大桥的挠跨比为1/605，采用混凝土中塔，要求的索鞍名义摩擦系数为0.3。

③中塔结构必须同时满足刚度和材料受力要求，相关文献认为中塔仅存在一个狭小的合理刚度区间，中塔要设计得刚柔得当。目前国内外已建成的大跨径三塔悬索桥中塔均采用钢塔或钢-混凝土组合塔，其结构形式采用I形或人字形，塔顶可适应大变形；而瓯江北口大桥中塔采用的钢-混凝土A形塔，属于刚性塔，具备较大的抗推刚度，分叉的塔柱可使塔顶不平衡缆力转换为塔柱的轴力。不同中塔构造形式决定了不同的受力特点，I形中塔具有很强的变形适应能力，但这种单纯靠塔的弯曲来抵抗荷载的结构形式，其截面的应力水平很高，适宜采用全钢结构或混凝土下柱钢上柱的组合结构，以发挥钢材的大变形和高应力的材料性能优势。A形塔适合变形，其通过双塔柱的轴力力矩来平衡纵向弯矩，是一种平衡刚度和受力的合理选择，钢筋混凝土材料可适应这种塔形。从受力特点上看，人字形塔介于I形塔和A形塔之间，根据其刚度和应力的要求可以采用钢、钢-混凝土或混凝土结构。通常情况下，分叉低的塔采用钢结构，分叉高的塔采用混凝土结构，如泰州大桥人字形中塔的分叉点位于下1/3高度，采用钢结构，查考大桥人字形中塔的分叉点位于上1/3高度，采用混凝土结构。

3.2 中塔纵向刚度力学分析

研究中塔结构之前，先简要分析一下中塔在纵向水平荷载作用下产生的水平位移情况。众所周知，刚度与位移成反比，对于不同类型的中塔，其水平刚度的表达公式不同。下面选取实际工程中常见的几种中塔结构进行分析。

①假定纵向I形中塔由上下两节段组成，两节段的弹性模量 E、截面惯性矩 I、高度 h 如图3-1所示。

塔顶水平力 P 应满足如下关系：

$$P = K\Delta \tag{3-1}$$

式中：P——作用在塔顶的纵向水平力，N；

　　K——塔顶纵向水平刚度，N/m；

　　Δ——塔顶纵向水平位移，m。

根据虚功原理可以求得

$$\Delta = \frac{Ph_1^3}{3E_1I_1} + \frac{Ph_2^3}{3E_2I_2} + \frac{Ph_1h_2(h_1+h_2)}{E_2I_2} \tag{3-2}$$

进一步可以求得

$$K = \frac{1}{\dfrac{h_1^3}{3E_1I_1} + \dfrac{h_2^3}{3E_2I_2} + \dfrac{h_1h_2(h_1+h_2)}{E_2I_2}} \tag{3-3}$$

因 E_2I_2 上的分子数值明显大于 E_1I_1 上的分子数值,从提高综合刚度的角度应优先增加下节塔柱的 E_2I_2 值。

② 假定纵向 A 形中塔由左右两根对称塔柱组成,两塔柱的弹性模量 E、截面惯性矩 I、面积 A、高度 h、塔底张开量 a 如图 3-2 所示。

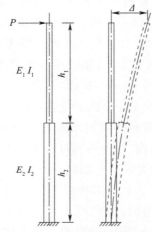

图 3-1 I 形中塔受力简化示意图

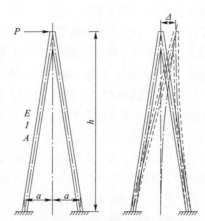

图 3-2 A 形中塔受力简化示意图

塔顶水平力 P 应满足如下关系:

$$P = K\Delta \tag{3-4}$$

式中:P——作用在塔顶的纵向水平力,N;
K——塔顶纵向水平刚度,N/m;
Δ——塔顶纵向水平位移,m。

忽略塔柱轴向压缩(拉伸)引起的二阶效应,塔顶纵向水平位移近似为

$$\Delta = \frac{P(\sqrt{h^2+a^2})^3}{2EAa^2} \tag{3-5}$$

由 $A = I/r^2$ 得

$$\Delta = \frac{r^2}{a^2} \times \frac{P(\sqrt{h^2+a^2})^3}{2EI} \tag{3-6}$$

进一步求得

$$K = \frac{1}{\dfrac{r^2}{a^2} \times \dfrac{(\sqrt{h^2+a^2})^3}{2EI}} \tag{3-7}$$

式中:r——截面回旋半径,m。

通常情况下，r^2/a^2 值明显小于1，因此A形中塔的综合刚度明显大于I形中塔。

③假定纵向人字形中塔由下节左右两根对称塔柱和上节单塔柱组成，塔柱的弹性模量 E、截面惯性矩 I、面积 A、高度 h、塔底张开量 a 如图3-3所示。

塔顶水平力 P 应满足如下关系：

$$P = K\Delta \tag{3-8}$$

式中：P——作用在塔顶的纵向水平力，N；
K——塔顶纵向水平刚度，N/m；
Δ——塔顶纵向水平位移，m。

忽略塔柱轴向压缩（拉伸）引起的二阶效应，塔顶纵向水平位移近似为

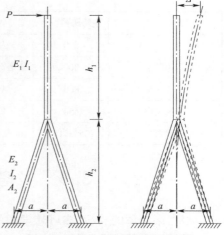

图3-3 人字形中塔受力简化示意图

$$\Delta = \frac{Ph_1^3}{3E_1I_1} + \frac{Ph_1^2\sqrt{h_2^2+a^2}}{8E_2I_2} + \frac{r^2}{a^2} \times \frac{P(\sqrt{h_2^2+a^2})^3}{2E_2I_2} \tag{3-9}$$

进一步求得

$$K = \frac{1}{\dfrac{h_1^3}{3E_1I_1} + \dfrac{h_1^2\sqrt{h_2^2+a^2}}{8E_2I_2} + \dfrac{r^2}{a^2} \times \dfrac{(\sqrt{h_2^2+a^2})^3}{2E_2I_2}} \tag{3-10}$$

式中：r——下塔柱截面回旋半径，m。

通常情况下，r^2/a^2 值明显小于1，下节三角形塔柱提供了很大的刚度，上节单塔柱刚度相对较小，是影响整体刚度的主要因素。

假定I形中塔下节由两根上塔柱合并组成，即 $E_2I_2 = 8E_1I_1$，三种类型塔柱的 E_1I_1 相同，$2a = h_1 = h_2 = h/2$，$r/a = 1/4$，则I形中塔、人字形中塔、A形中塔的纵向综合刚度之比近似为 7∶11∶100。上述分析仅从理论简化模型出发研究了三种中塔顶纵向综合刚度公式，可为优化中塔设计提供思路，实际工程中不仅要考虑中塔纵向刚度，还需要考虑中塔截面应力。

以几座实际工程中的多塔悬索桥为例，对其中塔的纵向刚度进行简化计算，详见表3-2。鹦鹉洲长江大桥中塔为上部人字形和下部I形组合结构，可以先计算上部人字形塔的刚度，将其等效为同等刚度的I形钢塔，再利用I形塔的简化公式计算总刚度。因实际中塔塔柱通常采用变截面设计，在各桥塔刚度的简化计算时取了平均刚度，对计算结果略有影响。

几座多塔悬索桥中塔纵向刚度计算结果　　　　　　表3-2

桥　名	主跨跨径(m)	中塔形式	单侧纵向刚度(MN/m)	要求最小名义摩擦系数
泰州大桥	1080	人字形钢塔	6.25	0.140
马鞍山长江大桥	1080	I形钢-混凝土组合塔	8.71	0.156
鹦鹉洲长江大桥	850	人字形钢-混凝土组合塔	17.30	0.147

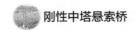

续上表

桥　名	主跨跨径(m)	中塔形式	单侧纵向刚度(MN/m)	要求最小名义摩擦系数
瓯江北口大桥	800	人字形全钢塔	26.30	0.162
	800	I形钢-混凝土组合塔	32.40	0.177
	800	A形混凝土塔	221.60	0.3
千四大桥	650	I形混凝土塔	6.30	—
查考大桥	1055;1155	人字形混凝土塔	31.50	0.2

3.3　多塔悬索桥中塔设计分析

根据第2章的分析,多塔悬索桥的中塔刚度越大,桥梁的整体刚度也越大,但同时中塔处主缆的抗滑移安全系数就越低。因此对多塔悬索桥的中塔进行设计首先需要从桥梁整体刚度和主缆抗滑移要求两方面寻求合理的中塔纵向刚度。悬索桥位于更宽阔的海湾河口时,需要设置更多的主跨以提高经济可行性,但是三塔以上的悬索桥对中塔的要求可能又会有所不同。

在第2章的基础上,本节将以四塔悬索桥中塔为例,进行中塔纵向刚度合理取值区间分析。

以三主跨跨径500~1500m为例进行分析,主缆与鞍座间名义摩擦系数μ分别取0.15、0.20、0.25及0.30,结构刚度要求为挠跨比大于或等于1/250,主缆抗滑移安全系数要求大于或等于2.0,同时满足上述两项条件的为中塔纵向刚度合理取值区间。图3-4绘出了满足桥梁整体刚度和主缆抗滑移要求的中塔纵向刚度与主跨跨径的关系图。从图中可以获得以下认知:

①由图3-4a)可以看出,当主缆与鞍座间名义摩擦系数μ取0.15时,普通六车道钢箱梁四塔悬索桥在主跨跨径500~1500m范围内无中塔纵向刚度合理取值区间,这意味着桥梁的重力刚度需要加大,即以更多的材料用量来获得更高的桥梁整体刚度和主缆抗滑移安全系数。

②由图3-4b)可以看出,当主缆与鞍座间名义摩擦系数μ取0.20时,四塔悬索桥主跨跨径大于1100m时,存在中塔纵向刚度合理取值区间。

③由图3-4c)可以看出,当主缆与鞍座间名义摩擦系数μ取0.25时,四塔悬索桥主跨跨径大于600m时,存在中塔纵向刚度合理取值区间。

④由图3-4d)可以看出,当主缆与鞍座间名义摩擦系数μ取0.30时,四塔悬索桥在主跨跨径500~1500m范围内,均存在中塔纵向刚度合理取值区间。

⑤主缆与鞍座间名义摩擦系数越大,四塔悬索桥的中塔纵向刚度合理取值区间越大,对应的主跨跨径范围也越大。因此,提高主缆与鞍座间名义摩擦系数对四塔悬索桥中塔的设计有着极为重要的意义。

在确定主缆与鞍座间名义摩擦系数后,可以根据图3-4获得中塔合理刚度区间,中塔的设计重点转向合理的塔形和塔柱截面应力设计。从3.2节的分析可知,中塔的纵向刚度主要取决于塔的形状、材料,在确定塔形和材料之后,通过调整塔柱截面纵横向尺寸和壁厚可以获得合理的塔柱截面应力。

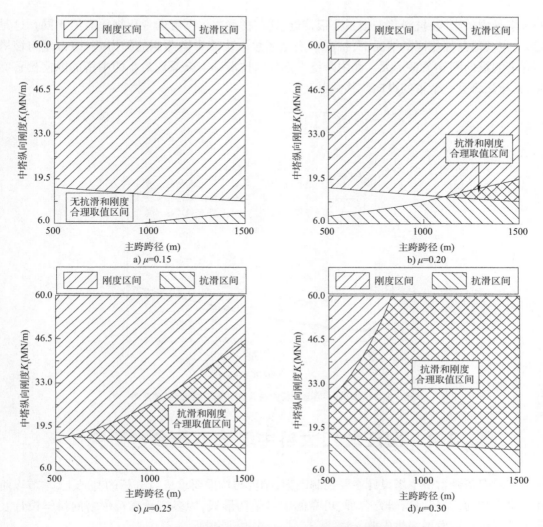

图 3-4　四塔悬索桥中塔合理纵向刚度与主跨跨径关系图

为了更好地反映中塔合理刚度区间与跨径、跨数之间的关系,以主跨跨径 500～1500m 范围内的三塔、四塔、五塔悬索桥为例进行分析,主缆与鞍座间名义摩擦系数 μ 取 0.20,将能够使结构同时满足挠跨比大于或等于 1/250、主缆抗滑移安全系数大于或等于 2.0 的刚度界线和抗滑移界线绘制在同一张图上,如图 3-5 所示。从图中可以获得以下认知:

①在满足桥梁整体刚度要求挠跨比大于或等于 1/250 的前提下,三塔悬索桥中塔纵向刚度与四塔、五塔悬索桥有明显的差异。四塔、五塔悬索桥的中塔纵向刚度要求相比三塔悬索桥有显著提高,而四塔与五塔悬索桥之间则基本相同。其原因在于随着中塔个数的增加,必然会出现中塔与另一个甚至两个中塔相邻的情况。对三塔悬索桥而言,边塔与中塔相邻,边塔有锚固主缆的强大约束,产生的塔顶水平位移明显小于中塔;对四塔悬索桥而言,中塔与另一个中塔相邻,整体刚度相比三塔悬索桥有明显降低;而五塔悬索桥的中塔与两个中塔相邻,五塔悬索桥的整体刚度比四塔略低,五塔以上的悬索桥整体刚度将趋于一致。

②三塔、四塔、五塔悬索桥的抗滑移界线基本重叠,表明同样刚度的中塔,对于不同跨数

的多塔悬索桥来说,抗滑移安全系数很接近,这与桥梁整体刚度的变化规律有所不同。这是因为,在其他条件相同的情况下,抗滑移安全系数取决于中塔两侧的缆力差,缆力差与该塔相邻塔的纵向刚度关系不大。而主跨挠度不仅与抗滑移安全系数最小的中塔的纵向位移有关,还与该跨另一个塔的纵向位移关系密切。

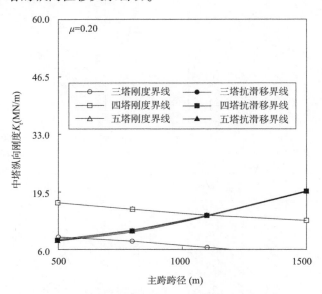

图 3-5 不同跨数多塔悬索桥中塔纵向刚度与主跨跨径关系图

3.4 瓯江北口大桥中塔选型与参数研究

在对多塔悬索桥中塔设计主要控制因素、刚度与抗滑要求进行分析的基础上,本节以瓯江北口大桥为工程背景,研究合理、可靠的中塔结构形式,为多塔悬索桥中塔的科学设计及多塔悬索桥长远发展提供借鉴。

3.4.1 工程概况

瓯江北口大桥位于温州市瓯江出海口,是甬台温高速公路复线、南金公路跨越瓯江的控制性工程,距温州大桥 15km,大桥跨越瓯江北口,连接岐头山与灵昆岛。因瓯江北口地理位置特殊,周边有机场导航塔,上游规划有修造船基地,基于节约航道资源,合理利用走廊带,提高瓯江两岸岸线资源利用率,节约建设成本,瓯江北口大桥采用两桥合建的模式,主桥采用三塔双层桥面方案,如图 3-6 所示,上层桥面为甬台温复线高速公路,下层桥面布置南金公路,主缆横桥向间距41.8m,垂跨比 1/10,主梁采用钢桁架结构,桥跨布置为 230m + 800m + 800m + 348m。

图 3-6 双层桥面设计

基于既有工程经验及实际工程特点,选择纵向 A 形、纵向 I 形及纵向人字形三种形式的混凝土塔、钢-混凝土组合塔及钢塔进行详细分析,中塔选型方案示意如图 3-7 所示。

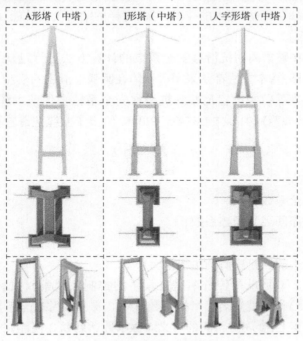

图 3-7　中塔选型方案示意

采用常用的空间有限元非线性分析程序 BNLAS 进行建模计算,该程序具有精确的索结构分析功能,能够计入结构非线性,包括空间梁单元、杆单元、膜单元、悬链线单元、单向受力单元等。计算模型中主缆及吊索采用只受拉索单元模拟,主桁杆件(上弦杆、下弦杆、竖杆、斜杆)、桥面横梁及正交异性桥面板均采用梁单元模拟,主塔采用变截面梁单元模拟。A 形中塔方案的全桥计算模型如图 3-8 所示。

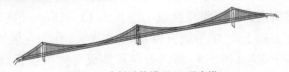

图 3-8　全桥计算模型(A 形中塔)

3.4.2　主要控制指标

中塔结构形式对全桥受力行为及主缆局部抗滑性能等具有显著影响,因此应进行全方位的参数考量,其中尤以挠跨比与主缆抗滑移安全系数为主要控制指标。

(1)挠跨比

悬索桥挠跨比是指加劲梁最大挠度与主跨跨径的比值,对容许挠跨比进行限制是为了使行车平顺,这是悬索桥正常使用性能要求,世界各国至今尚未就大跨径悬索桥的容许挠跨比达成共识,我国《公路悬索桥设计规范》(JTG/T D65-05—2015)规定悬索桥加劲梁由活载(不计冲击力)引起的最大竖向挠度值不宜大于跨径的 1/300～1/250。

基于以人为本的科学理念及未来交通的发展空间,笔者认为在工程设计阶段应重点关注挠跨比这一主要指标,因为结构刚度与行车舒适性、结构动力性能密切相关,在造价改变不大的前提下,应考虑采用刚度更大的技术方案,这样的结构使用性能、耐久性更优。

(2)抗滑移安全系数

各国学者对主缆在鞍槽内的抗滑移安全系数的计算方法进行过众多研究,各国规范中的计算公式也大同小异,基本方法都是采用柔性体在圆弧上滑动的模型进行分析,通过计算主缆与鞍座间名义摩擦系数并设置足够的抗滑移安全系数来保证主缆与鞍座间的抗滑能力。《公路悬索桥设计规范》(JTG/T D65-05—2015)给出了主缆抗滑验算方法:

$$K = \frac{\mu \alpha_s}{\ln\left(\dfrac{F_{ct}}{F_{cl}}\right)} \geq 2 \tag{3-11}$$

式中:K——抗滑移安全系数;

μ——主缆与鞍座间名义摩擦系数;

α_s——索鞍包角,rad;

F_{ct}、F_{cl}——分别为紧边侧和松边侧的主缆拉力,N。

主缆抗滑问题通常不是设计传统两塔悬索桥的控制性因素,《公路悬索桥设计规范》(JTG/T D65-05—2015)通过规定名义摩擦系数$\mu = 0.15$、抗滑移安全系数$K = 2$来充分保证主缆抗滑能力。而事实上,金属材料间的名义摩擦系数达到0.2便能保证主缆的抗滑能力,且考虑到主缆与鞍座间侧面摩擦的抗滑贡献,可知该规范在μ和K两个方面的规定值均是偏于保守的。《公路悬索桥设计规范》(JTG/T D65-05—2015)在条文说明中也指出在有条件进行抗滑试验时,应进行抗滑试验,以优化K和μ的取值,做到设计经济、合理、安全。

国内外曾就主缆抗滑移问题开展了相应的试验研究,尽管试验结果间存在一定差异,但名义摩擦系数测试值均大于0.3。瓯江北口大桥开展了主缆抗滑专项试验研究,研究表明在鞍槽内增设竖向摩擦板时名义摩擦系数达到0.3有足够可信度。为此,在设计瓯江北口大桥的中塔主鞍座时将鞍槽内的传统隔片换成了厚度为12~16mm的竖向摩擦板,从而显著提升了主缆的抗滑性能。基于此,本节研究以$\mu = 0.3$、$K = 2$作为主缆抗滑安全性要求。

瓯江北口大桥中塔主索鞍(图3-9)将所有隔片换成竖向摩擦板,使各根索股的侧面都与隔板接触,提供侧面摩擦力,从而提高了索鞍的抗滑性能。

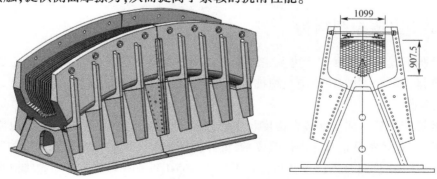

图3-9 瓯江北口大桥中塔主索鞍鞍座设计图(尺寸单位:mm)

3.4.3 计算结果分析

(1) A 形钢筋混凝土中塔

如图 3-10 所示,中塔纵向为 A 形、横向为门形,共四根塔柱,塔柱间设置上、下横梁,其中上横梁为 1 道,下横梁为 2 道,在两道下横梁之间设置两道纵向系梁,纵向系梁上设置支承加劲梁的竖向支座。塔柱采用钢筋混凝土结构,横梁及纵向系梁采用预应力混凝土结构,混凝土强度等级为 C50。以塔底处两塔柱纵向间距 D 和塔柱纵向宽度 B 为主要参数进行选型研究,计算结果见表 3-3。

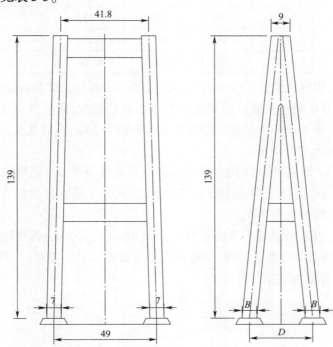

图 3-10 A 形钢筋混凝土中塔构造(尺寸单位:m)

计算结果(A 形钢筋混凝土中塔) 表 3-3

塔柱纵向间距 D(m)	下塔肢纵向宽度 B(m)	塔纵向刚度 (MN/m)	最大挠度 (m)	抗滑移安全系数 K	塔顶最大位移 (m)	塔柱最大压应力 (MPa)	塔柱最大拉应力 (MPa)
20	5	182.2	-1.648	2.343	0.338	21.59	-7.32
	6	211.5	-1.583	2.269	0.301	20.40	-6.67
	7	242.7	-1.526	2.209	0.269	19.38	-6.11
	8	276.4	-1.477	2.16	0.242	18.48	-5.58
25	5	267.9	-1.49	2.172	0.248	19.54	-5.08
	6	308.0	-1.442	2.125	0.221	18.35	-4.56
	7	350.0	-1.401	2.086	0.198	17.37	-4.14
	8	394.4	-1.366	2.055	0.178	16.52	-3.76

续上表

塔柱纵向间距 D(m)	下塔肢纵向宽度 B(m)	塔纵向刚度（MN/m）	最大挠度（m）	抗滑移安全系数 K	塔顶最大位移（m）	塔柱最大压应力（MPa）	塔柱最大拉应力（MPa）
30	5	369.2	−1.386	2.073	0.189	17.99	−3.95
	6	422.0	−1.349	2.039	0.168	16.87	−3.14
	7	476.6	−1.319	2.012	0.151	15.93	−2.56
	8	533.4	−1.292	1.99	0.136	15.13	−2.29
35	5	485.5	−1.315	2.009	0.148	16.84	−3.39
	6	552.8	−1.286	1.985	0.132	15.76	−2.69
	7	621.7	−1.262	1.965	0.118	14.87	−2.11
	8	692.7	−1.242	1.948	0.107	14.11	−1.63

计算结果显示,塔柱纵向间距为30m、纵向宽度为7m时的力学参数最为理想,此时A形钢筋混凝土中塔不仅可满足主缆抗滑移安全系数2.0的要求,而且其自身应力也控制在较合理水平。因此,在本项选择中推荐采用塔柱纵向间距为30m、纵向宽度为7m的中塔形式。

(2)I形钢-混凝土组合中塔

如图3-11所示,I形钢-混凝土组合中塔以混凝土塔柱高度H_1、钢塔柱顶纵向宽度BS_1、钢塔柱底纵向宽度BS_2、混凝土塔柱顶纵向宽度BC_1、混凝土塔柱底纵向宽度BC_2五个参数进行结构选型,计算结果见表3-4。

计算结果表明:当采用混凝土塔柱高51m、顶宽16m、底宽20m,钢结构塔柱高88m、顶宽7m、底宽10m时的塔型受力性能较好,抗滑移安全系数能够满足要求。因此,在本项选择中以该参数组合下的塔型为推荐方案。

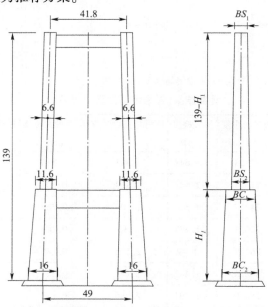

图3-11 I形钢-混凝土组合中塔构造(尺寸单位:m)

计算结果（I形钢-混凝土组合中塔） 表3-4

结合点高度 H_1 (m)	钢塔柱 (m)		混凝土塔柱 (m)		塔纵向刚度 (MN/m)	最大挠度 (m)	抗滑移安全系数 K	塔顶最大位移 (m)	钢塔柱最大应力 (MPa)		混凝土塔柱最大应力 (MPa)	
	塔顶纵向宽度 BS_1	结合面纵向宽度 BS_2	结合面纵向宽度 BC_1	塔底纵向宽度 BC_2					压应力	拉应力	压应力	拉应力
59	5	8	14	18	43.4	-2.578	4.353	0.850	292.53	-132.98	9.20	-1.68
	6	9	15	19	61.0	-2.338	3.564	0.719	275.04	-129.47	9.63	-2.26
	7	10	16	20	81.0	-2.142	3.107	0.612	255.74	-123.04	9.79	-2.56
	8	11	17	21	103.9	-1.981	2.808	0.522	237.36	-114.36	9.87	-2.69
	9	12	18	22	129.5	-1.849	2.604	0.449	220.48	-104.95	9.84	-2.70
51	5	8	14	18	34.6	-2.714	4.980	0.931	276.76	-121.43	8.84	-1.32
	6	9	15	19	49.1	-2.475	3.978	0.800	263.03	-124.29	9.34	-2.01
	7	10	16	20	65.8	-2.272	3.398	0.687	246.99	-121.74	9.58	-2.43
	8	11	17	21	84.9	-2.101	3.024	0.592	231.02	-115.77	9.64	-2.66
	9	12	18	22	106.5	-1.957	2.769	0.512	215.95	-108.15	9.57	-2.75
43	5	8	14	18	27.8	-2.835	5.715	1.004	260.27	-109.36	8.68	-0.73
	6	9	15	19	39.7	-2.604	4.466	0.876	249.7	-116.59	9.23	-1.46
	7	10	16	20	53.7	-2.399	3.740	0.762	236.7	-117.75	9.53	-1.98
	8	11	17	21	69.7	-2.222	3.279	0.663	223.76	-114.64	9.64	-2.31
	9	12	18	22	87.9	-2.069	2.966	0.577	215.53	-109.26	9.62	-2.48

（3）人字形钢结构中塔

如图3-12所示，人字形钢结构塔柱从下到上共分为3段：下端斜腿段、交点附近的过渡段、上端直线段。直线段与斜腿段按圆曲线过渡。人字形钢结构中塔以塔底处塔柱纵向间距D、分叉点高度H_1、钢塔柱塔顶纵向宽度B为主要参数进行结构选型，计算结果见表3-5。

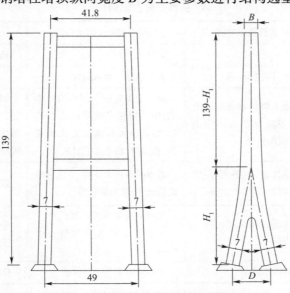

图3-12 人字形钢结构中塔构造（尺寸单位：m）

计算结果(人字形钢结构中塔) 表3-5

塔柱纵向间距D(m)	分叉点高度H_1(m)	塔顶纵向宽度B(m)	塔纵向刚度(MN/m)	最大挠度(m)	抗滑移安全系数K	塔顶最大位移(m)	塔柱最大压应力(MPa)	塔柱最大拉应力(MPa)
20	45	5	29.5	−2.769	5.293	0.976	239.60	−123.00
	50	6	40.8	−2.564	4.302	0.860	217.50	−108.33
	55	7	53.3	−2.385	3.698	0.759	205.88	−96.83
	60	8	67.3	−2.23	3.297	0.671	195.29	−85.88
25	45	5	31.6	−2.733	5.087	0.954	249.56	−132.23
	50	6	44.6	−2.512	4.106	0.829	226.20	−116.93
	55	7	59.6	−2.318	3.512	0.719	210.80	−104.43
	60	8	76.8	−2.15	3.122	0.624	200.11	−91.93
30	45	5	35.5	−2.666	4.741	0.913	256.49	−136.82
	50	6	48.9	−2.455	3.913	0.795	235.88	−125.90
	55	7	66.1	−2.253	3.351	0.681	216.29	−111.90
	60	8	86.5	−2.079	2.982	0.582	204.31	−97.85

计算结果表明:塔柱纵向间距20m、分叉点高度55m、塔顶纵向宽度7m的塔型受力性能较好,抗滑移安全系数能够满足要求。因此,在本项选择中以该参数组合下的塔型为推荐方案。

(4)三种设计方案比选

国内已建成的三座三塔悬索桥中塔采用了钢结构塔或钢-混凝土组合塔,在主缆与鞍座间的名义摩擦系数取0.20的基础上,寻找中塔纵向刚度的一个平衡点(合理值),以此来满足抗滑移、桥塔应力及全桥刚度要求。在结构选型过程中,应在既有工程实践基础上结合实际工程特点,通过系统研究确定合理的中塔设计方案,三种设计方案综合对比结果见表3-6。

三种设计方案对比 表3-6

方案	A形钢筋混凝土中塔	I形钢-混凝土组合中塔	人字形钢结构中塔
刚度比较	挠跨比1/605	挠跨比1/352	挠跨比1/355
抗风性能	颤振临界风速114m/s	颤振临界风速88m/s	
施工难度	钢筋混凝土塔柱截面形式简单,采用爬模法施工,工法常规简单,施工风险较低	混凝土下塔柱采用爬模法施工,钢上塔柱采用塔吊进行施工,结合面处理施工要求精度高、质量严,施工工艺复杂	钢塔柱节段采用塔吊进行吊装,节段之间需焊接或栓接,钢塔柱底节段需精确定位,用锚固螺杆进行连接,施工较复杂
景观效果	塔身线条简洁、流畅,空间立体感强,具有挺拔、秀丽之美	塔身线条不太流畅,下塔柱略显粗壮,景观效果稍差	塔身线条流畅,景观效果尚可
工程造价	中塔+基础:54960万元 工程造价低	中塔+基础:60480万元 工程造价较A形混凝土中塔高	中塔+基础:67959万元 工程造价最高
后期维修养护	后期养护维修量小	钢塔表面需要涂装养护	钢塔表面需要涂装养护

结果表明:由于本工程处于海口区域,耐久性要求高,采用钢塔有维护成本高、施工难度

大、造价高等缺点。在工程造价方面,相对于混凝土中塔而言,采用钢结构中塔将使主桥总建安费增加约3.6%;采用钢筋混凝土中塔方案可使桥梁整体刚度从挠跨比1/355变化为挠跨比1/605,从而显著提高行车舒适性,使得本桥可更好地适应未来的交通发展。同时,采用偏刚性的中塔形式,有利于提高抗风性能,能更好地适应海洋气候环境。

由此可见,相对于钢结构中塔而言,钢筋混凝土中塔结构具有一定的优势,积极开展针对钢筋混凝土中塔结构体系的研究对桥梁的创新性和经济性发展具有重要意义。最终确定的瓯江北口大桥设计图如图3-13所示,目前该桥已于2022年5月建成通车。

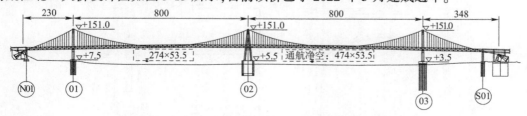

图3-13 瓯江北口大桥设计方案(尺寸单位:m;高程单位:m)

瓯江北口大桥中塔(图3-14)采用四柱式钢筋混凝土A形塔,纵向为A形,分叉点高程+113.7m,分叉点以上为单箱双室截面,分叉点以下为单箱单室截面;横向为门形,+55.8m以上横向为等宽,+55.8m以下横向为变宽。塔柱间设置上、下横梁,其中上横梁1道,下横梁2道,在2道下横梁之间设置2道纵梁,纵梁上设置支承加劲梁单排竖向支座。塔顶高程+147.5m,设6m厚实心段,塔顶塔柱中心线纵向间距为2.0m,横向间距为41.8m;塔底设置塔座,塔座底面高程为+5.5m,塔柱高139.0m,塔底塔柱中心线纵向间距为30m,横向间距加大至49.0m。

塔柱采用箱形截面,为了改善塔柱涡振性能,将塔柱四角进行切角,将截面钝化,切角尺寸为0.6m×0.6m。塔柱高度在+147.5~+55.8m之间横向宽度为7m,在+55.8~+5.5m之间横向宽度为9m;塔顶结合段纵向宽度由塔顶(+147.5m)9.0m渐变至塔柱分叉点(+113.7m)15.809m,分叉处设3m厚实心段,分叉点以下塔柱纵向宽度为7.0m。塔顶结合段单箱双室箱形截面壁板厚1.4m,中间隔板厚1.8m,分叉点以下塔柱单箱单室截面壁板厚1.4m。为满足塔柱受力和横梁预应力锚固需要,上、下横梁处塔柱截面壁板厚局部加厚至1.7m。

上横梁梁高7~13m,底缘为半径29.331m的圆曲线,考虑景观与检修需要,上缘设置一道1.5m高的女儿墙,下缘设置2级凹槽,凹槽尺寸为0.6m×0.6m。上横梁采用单箱单室梯形截面,顶宽8.102m,底宽9.271~10.479m,顶底板及腹板厚度均为1.0m;下横梁为单箱平行四边形截面,宽5.8m,高9.0m,壁板厚1.0m;下纵梁为单箱矩形截面,高9.0m,宽5.0m,顶板厚1.0m,腹板厚0.8m。

上横梁装饰件和塔柱装饰件为景观需要而设置,上横梁装饰件两层分别高7.9m和8.5m,塔柱装饰件两层分别高6m和10m。为方便施工,在上横梁和塔柱施工时先预埋装饰件钢筋连接套筒,待主体部分混凝土浇筑完毕后再进行装饰件的施工。

中塔采用C50混凝土,塔柱竖向主筋采用两排直径32mm的HRB400钢筋(一排束筋+一排单筋),标准间距20cm。计算结果显示:中塔塔柱在最不利荷载组合下,最大名义压应力 17.1MPa,最大名义拉应力 4.5MPa,最大裂缝宽度为 0.03mm。为提高混凝土结构在海洋环境下的耐久性,设计要求塔身氯离子扩散系数小于 1.5×10^{-12} m²/s,同时对索塔外表面进行混凝土涂装防腐:底层采用 1 道环氧树脂封闭漆,厚度 40μm;中间层采用 2 道环氧树脂漆,厚度 2×120μm;面层采用 1 道氟碳面漆,厚度 70μm。

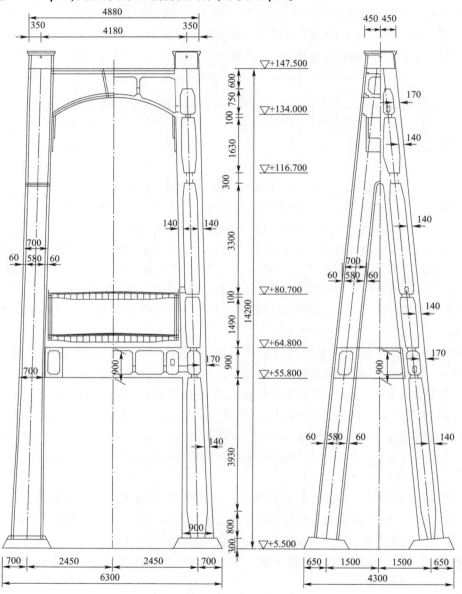

图 3-14 瓯江北口大桥中塔结构布置(尺寸单位:cm;高程单位:m)

3.5 查考大桥中塔选型

查考大桥的中塔设计同样考虑了桥梁整体刚度和中塔处主缆抗滑移问题,该桥中塔为钢筋混凝土结构。在最初的设计中，中塔采用倒 V 形设计，后期调整为人字形，如图 3-15 所示。根据本章第 2 节的力学分析，倒 V 形（或 A 形）中塔结构的刚度显著大于人字形中塔结构，但是多塔悬索桥中塔设计必须同时考虑桥梁整体刚度、主缆抗滑移性能、塔柱应力等因素。笔者对查考大桥中塔刚度与中塔顶两侧缆力差、主跨挠度关系进行了分析，如图 3-16 所示，缆力差随着中塔刚度增加而增加，主跨挠度随着中塔刚度增加而减小。查考大桥正是因为倒 V 形中塔主缆抗滑移问题突出，当时无法精确计算索鞍结构主缆钢丝侧向压力对摩擦力的贡献，而将中塔设计由倒 V 形调整为人字形，从而兼顾了桥梁整体刚度和主缆抗滑移安全性问题。

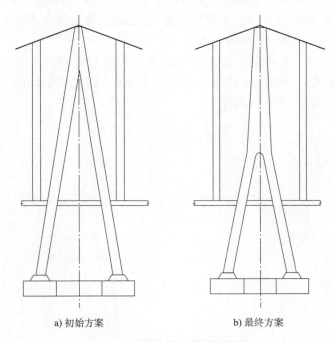

a) 初始方案　　　　　b) 最终方案

图 3-15　查考大桥中塔设计的演变

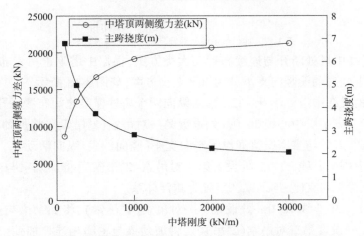

图 3-16　查考大桥中塔刚度与中塔顶两侧缆力差、主跨挠度关系图

3.6 中塔处加劲梁约束体系对中塔设计的影响

3.6.1 塔梁竖向支承体系研究

根据第 2 章的分析,我们知道多塔悬索桥中塔与主梁间的连接形式对中塔处主缆抗滑移性能、塔柱内力有影响,除此之外还对中塔附近的吊索拉力、加劲梁杆件应力、支承反力有影响。其中对中塔的影响分析主要检验主缆抗滑移安全系数、塔柱应力指标,要求主缆抗滑移安全系数大于 2.0,塔柱最大压应力控制值为 16.2MPa,最大拉应力控制值为 3.0MPa,并对各种支承体系下的 2 个指标作对比分析。

加劲梁在中塔处的竖向约束体系研究方案,可分为两大类:第一类为加劲梁在中塔处断开,为多跨简支体系;第二类为加劲梁在中塔处连续,为多跨连续梁体系。加劲梁中塔处连续及断开简支体系方案如图 3-17 所示。

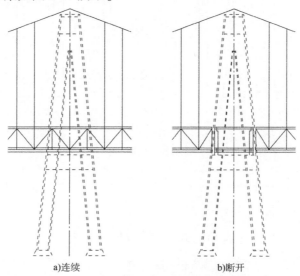

a)连续 b)断开

图 3-17 加劲梁中塔处连续及断开简支体系方案

针对加劲梁在中塔处断开与连续布置两大类方案,根据中塔附近吊索布设及竖向支座的布置形式,中塔处加劲梁竖向支承分为以下 7 种方案,如图 3-18 所示。

方案一:加劲梁在中塔处断开,在 A 形塔纵向两个塔柱横梁之间布置一孔简支梁来联系两侧钢桁加劲梁。离中塔中心线 20.0m 处设置第一对吊索(2#吊索),将加劲梁与主缆相连,加劲梁端部下弦节点处与主塔横梁间设置竖向支座(竖向约束、纵向活动)。

方案二:离中塔中心线 20.0m 处设置第一对吊索(2#吊索),将加劲梁与主缆相连,加劲梁与主塔间不设置竖向支座,加劲梁在该处为飘浮体系。

方案三:离中塔中心线 10.0m 处设置第一对吊索(1#吊索),将加劲梁与主塔相连;离中塔中心线 20.0m 处设置第二对吊索(2#吊索),将加劲梁与主缆相连。加劲梁与主塔间不设置竖向支座,加劲梁在该处为飘浮体系。

方案四：在主塔中心处设置一对 0# 吊索，与主塔横梁连接；离中塔中心线 10.0m 处设置第一对吊索（1# 吊索），将加劲梁与主塔相连，离中塔中心线 20.0m 处设置第二对吊索（2# 吊索），将加劲梁与主缆相连。加劲梁与主塔间不设置竖向支座，加劲梁在该处为飘浮体系。

方案五：在主塔中心处设置一对 0# 吊索，与主塔横梁连接；离中塔中心线 20.0m 处设置第二对吊索（2# 吊索），将加劲梁与主缆相连。加劲梁与主塔间不设置竖向支座，加劲梁在该处为飘浮体系。

方案六：离中塔中心线 20.0m 处设置第一对吊索（2# 吊索），将加劲梁与主缆相连，在两主塔柱横梁对应下弦节点处设置竖向支座（纵向两排支座）（竖向约束、纵向活动）。

方案七：离中塔中心线 20.0m 处设置第一对吊索（2# 吊索），将加劲梁与主缆相连，在两主塔柱横梁之间设置系梁，在塔柱中心线对应的下弦节点处设置竖向支座（纵向一排支座）（竖向约束、纵向活动）。

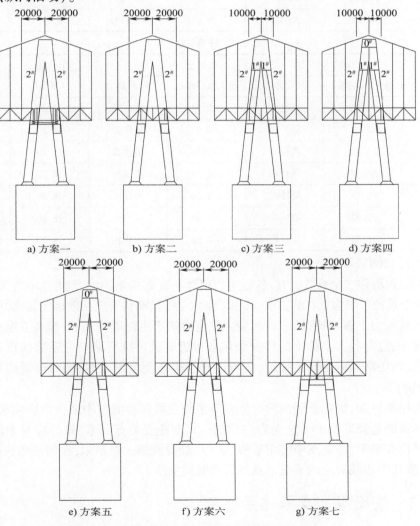

图 3-18 加劲梁中塔处竖向约束体系布置图（尺寸单位：mm）

利用非线性有限元分析程序建立结构整体分析模型,对上述7个方案进行总体计算分析,现将主缆抗滑移安全系数、塔柱应力等主要计算结果列于表3-7、表3-8。

主缆拉力与中塔主缆抗滑移安全系数　　　表3-7

方案	一侧单主缆拉力 T_1(kN)	另一侧单主缆拉力 T_2(kN)	摩擦系数	包角(°)	抗滑移安全系数	抗滑移安全系数限值
一	340839	305472	0.3	42.4266	2.028	2.0
二	342838	306806	0.3	43.5894	2.055	2.0
三	339610	304175	0.3	42.4266	2.016	2.0
四	339736	304131	0.3	42.4266	2.007	2.0
五	340522	304642	0.3	42.8192	2.014	2.0
六	338310	305207	0.3	42.4266	2.157	2.0
七	340343	304471	0.3	42.8192	2.013	2.0

塔柱应力　　　表3-8

方案	压应力最大值(MPa)	压应力所在部位	拉应力最大值(MPa)	拉应力所在部位	压应力限值(MPa)	拉应力限值(MPa)
一	15.82	塔柱底	-2.54	塔柱底	16.20	-3.00
二	15.97	塔柱底	-2.57	塔柱底	16.20	-3.00
三	15.83	塔柱底	-2.54	塔柱底	16.20	-3.00
四	15.87	塔柱底	-2.55	塔柱底	16.20	-3.00
五	15.93	塔柱底	-2.56	塔柱底	16.20	-3.00
六	15.32	塔柱底	-2.46	塔柱底	16.20	-3.00
七	15.93	塔柱底	-2.56	塔柱底	16.20	-3.00

从以上计算结果可知:

①从主缆抗滑移安全系数上看,各竖向约束体系方案相差不大,均在2.0左右,能满足最小抗滑移安全系数下限为2.0的要求,其中方案六主缆抗滑移安全系数相比其他方案稍大。

②从塔柱应力上看,最大压应力和最大拉应力均产生在塔柱底部,但各方案的中塔塔柱应力差异很小,这与各方案的抗滑移安全系数接近有关。抗滑移安全系数接近意味着缆力差较为接近,对中塔的弯矩较为接近,也可以看出中塔刚度很大时,加劲梁竖向约束体系对中塔受力影响很小。

从分析结果可知,加劲梁竖向约束体系对主缆抗滑移性能与中塔应力影响很小,加劲梁竖向约束体系的选择取决于吊索受力、主梁受力、支座受力等因素,最终推荐中塔处的竖向约束体系采用方案七,即在离中塔中心线20.0m处设置第一对吊索,在两主塔柱横梁之间设置系梁,在塔柱中心线对应的下弦节点处设置竖向支座。

3.6.2 塔梁纵向支承体系研究

多塔悬索桥中塔与主梁间的纵向连接形式不仅对中塔处主缆抗滑移性能、塔柱应力有影响,还对主梁位移、支承反力有影响,其中对中塔的影响分析主要检验主缆抗滑移安全系数、塔柱应力指标,要求主缆抗滑移安全系数大于2.0,塔柱最大压应力控制值为16.2MPa,最大拉应力控制值为3.0MPa,并对各种支承体系下的2个指标作对比分析。

本书研究了加劲梁与中塔间纵向无约束(半飘浮体系)、纵向弹性约束、纵向刚性约束三种支承方案,针对以上三种方案,分别对主缆抗滑移安全系数、中塔应力等进行分析,结果列于表3-9及表3-10。

主缆抗滑移安全系数 表3-9

纵向约束形式	一侧单主缆拉力 T_1(kN)	另一侧单主缆拉力 T_2(kN)	摩擦系数	包角(°)	抗滑移安全系数	抗滑移安全系数限值
无约束	340353	304472	0.3	42.8182	2.012	2.0
弹性约束	340439	304458	0.3	42.8182	2.007	2.0
刚性约束	340419	304418	0.3	42.8182	2.006	2.0

中塔应力 表3-10

纵向约束形式	压应力 最大值(MPa)	压应力 所在部位	拉应力 最大值(MPa)	拉应力 所在部位	压应力限值(MPa)	拉应力限值(MPa)
无约束	15.93	塔柱底	−2.56	塔柱底	16.20	−3.00
弹性约束	15.85	塔柱底	−2.60	塔柱底	16.20	−3.00
刚性约束	15.83	塔柱底	−2.60	塔柱底	16.20	−3.00

根据以上计算分析可知:

①加劲梁与中塔间是否设置纵向约束,对主缆与中塔鞍座间抗滑移安全系数影响不大,弹性约束、刚性约束方案基本相当,半飘浮体系稍大。

②从塔柱应力上看,最大压应力和最大拉应力均产生在塔柱底部,但三种约束方式对中塔的受力影响不大。

从分析结果可知,加劲梁纵向约束体系对主缆抗滑移性能与中塔应力影响很小,加劲梁纵向约束体系的选择取决于吊索受力、支座受力等因素,最终推荐中塔处纵向约束采用半飘浮体系。

3.7 本章小结

本章针对多塔悬索桥中塔选型及设计问题,开展了多塔悬索桥中塔主要设计控制因素分析与合理刚度取值区间研究,以瓯江北口大桥和查考大桥中塔设计为案例,展开了选型和参数研究工作,此外,还研究了中塔处加劲梁不同约束条件对中塔设计的影响,得到的主要结论如下:

①不同类型中塔的纵向刚度有着显著的差异,其合理型式的选择不仅要考虑自身纵向刚度,还需考虑塔柱应力、主缆抗滑移安全系数、经济性等因素。

②中塔结构形式对于多塔悬索桥结构刚度、受力行为及主缆抗滑移等问题均有显著影

响,在设计阶段应对其进行深入分析,以确定合理的结构形式,这项工作具有重要的工程价值。

③主塔数超过三塔后,多塔悬索桥对中塔纵向刚度要求相较于普通悬索桥有显著区别。当主缆与鞍座间名义摩擦系数取 0.15 时,需要加大重力刚度方能获得符合规范的桥梁整体刚度和主缆抗滑移安全系数。当主缆与鞍座间名义摩擦系数取 0.30 时,在 500~1500m 跨径范围内均存在中塔纵向刚度合理取值区间,跨径不再制约主缆抗滑移要求。提高主缆与鞍座间名义摩擦系数对四塔悬索桥中塔的设计有着极为重要的意义。

④满足桥梁整体刚度要求挠跨比大于或等于 1/250 的中塔纵向刚度在三塔悬索桥与四塔悬索桥、五塔悬索桥之间有明显的差异,四塔悬索桥、五塔悬索桥对中塔刚度要求相比三塔悬索桥显著提高,而四塔悬索桥与五塔悬索桥之间基本相同,五塔悬索桥要求的中塔刚度略高。同等刚度的中塔对于三塔悬索桥、四塔悬索桥、五塔悬索桥而言,抗滑移安全系数很接近,对于荷载和主跨跨径一致的多塔悬索桥,满足抗滑要求的中塔刚度随着塔数的增加基本保持不变。

⑤以瓯江北口大桥中塔选型为例,对三种可能的中塔结构形式进行比选,同时对每种结构参数进行分析,A 形混凝土中塔、I 形钢-混凝土组合中塔及人字形钢结构中塔均能通过不同的参量组合取得较合理的设计方案,但基于桥位环境特点及耐久性考虑,瓯江北口大桥最终采用了 A 形钢筋混凝土中塔,这也是该工程最重要的研究突破之一。

⑥瓯江北口大桥创新地采用了纵向 A 形钢筋混凝土中塔三塔悬索桥,防滑索鞍的研制从根本上解决了中塔顶主缆钢丝与鞍槽之间的抗滑移技术难题,打破了三塔悬索桥仅限于采用柔性中塔的传统观念,纵向 A 形钢筋混凝土中塔的采用大幅提高了结构的整体刚度和抗风稳定性。

⑦对于刚性中塔多塔悬索桥来说,不同的塔梁间约束体系基本对主缆抗滑移安全系数、中塔应力无影响,约束体系不再是中塔设计的控制因素。

第4章 高摩擦性能索鞍试验与理论研究

4.1 主缆抗滑研究概述

悬索桥主缆与中塔主鞍座间的抗滑问题是多塔多跨主缆连续悬索桥设计面临的核心问题之一。由于问题本身的复杂性,仅通过理论计算无法获得主缆与鞍座间真实的摩擦系数,目前确定悬索桥主缆与中塔主鞍座间摩擦系数最有效的途径是试验测定,但由于结构体量过大,且出于主缆丝股防护的考虑,难以在实桥中通过主缆临界滑移直接测定摩擦系数,目前模型试验仍是确定主缆与鞍座间摩擦系数的主要方式。

国内已建成三座主跨跨径超过800m的三塔悬索桥,它们分别是泰州大桥、马鞍山长江大桥和鹦鹉洲长江大桥(图4-1~图4-3),中塔的结构设计以及中塔主鞍座与主缆的摩擦特性也是这三座桥的关键技术问题之一。这三座桥为满足中塔主鞍座与主缆间的抗滑要求,采取了以下措施:一是中塔均采用了钢塔或钢-混凝土组合中塔,适当降低了中塔的纵向刚度,有效减小了中塔两侧主缆的不平衡力;二是在中塔主鞍座中设置两块竖隔板以增大侧向摩擦面,从而增大主缆与中塔主鞍座间的摩擦力;三是在1000m以下跨径的鹦鹉洲长江大桥中采用了钢-混凝土组合梁的加劲梁结构,增大了结构自重和恒活比。对于上述三座桥,通过采取以上主要措施并配合其他的构造措施(如泰州大桥在中塔处加劲梁上设置纵向弹性索、马鞍山长江大桥在中塔处采用塔梁固结体系等),满足了主缆与中塔主鞍座间抗滑移安全系数要求。

处于海口区域的大跨径桥梁结构,其耐久性要求高,采用钢塔存在维护成本高、施工难度大、造价高等缺点。以瓯江北口大桥工程为例,相对于混凝土中塔而言,采用钢结构中塔,中塔建安费将增加约22%;设计中通过比较钢结构中塔与混凝土中塔方案,得出采用混凝土中塔方案可使桥梁整体刚度从挠跨比1/355变化为挠跨比1/605,有利于提高结构抗风性能。相对于钢结构中塔而言,混凝土中塔结构具有一定的优势,积极开展针对混凝土中塔结构体系的研究对桥梁的创新性和经济性发展具有重要意义,而其首要研究内容就是寻求解决主缆与中塔主鞍座间的抗滑问题的方法。与结构整体刚度相比,主缆在鞍槽中的抗滑问题属于局部问题,解决该问题的关键在于使主缆与鞍座间摩擦力大于鞍座两侧的缆力差并有足够的安全储备。如果能够通过试验和理论的研究,提高主缆与鞍座间摩擦力,使局部问题得到解决,结构整体的设计空间将大幅拓宽。

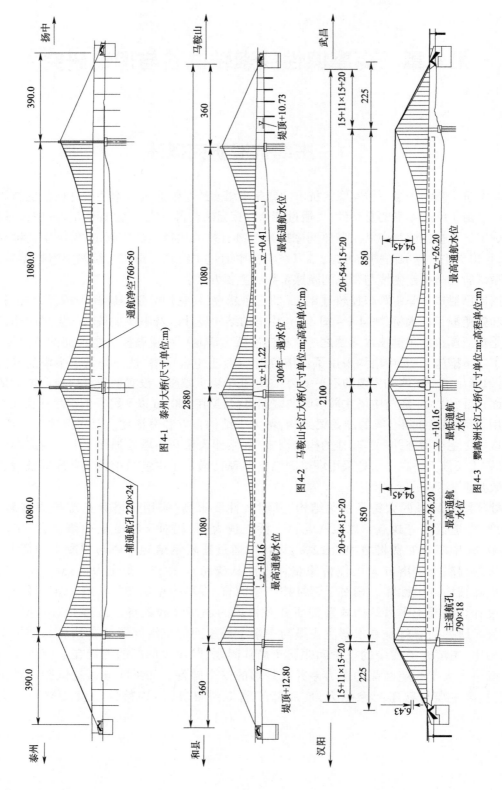

图 4-1 泰州大桥(尺寸单位:m)

图 4-2 马鞍山长江大桥(尺寸单位:m;高程单位:m)

图 4-3 鹦鹉洲长江大桥(尺寸单位:m;高程单位:m)

4.1.1 国内外试验研究现状

国内外对主缆与主鞍座间的摩擦系数开展了一些测试研究。相关资料显示,美国对乔治·华盛顿大桥(George Washington Bridge)和福斯公路桥(Forth Road Bridge)进行了鞍座摩擦系数的测定。测试结果显示,两座桥鞍座与主缆间的摩擦系数值为 0.30。而德拉瓦河桥的摩擦系数测试值为 0.19~0.21;日本小鸣门大桥为 0.15~0.21,本州—四国联络线桥为 0.16~0.44。这些试验由于采用的模型差异大,所得的结果也相差较大。此后 Koei Takena 等对东京港大桥鞍座摩擦系数进行了测试,并进行了增加摩擦系数(对索股径向加压)的试验,结果表明改善的效果不显著。

国内中交公路规划设计院有限公司和清华大学就阳逻大桥的一组设计方案,开展了模拟试验,以测定悬索桥塔顶主鞍座与主缆索股间的摩擦系数,得到在鞍槽内进行不同工艺处理时摩擦系数为 0.142~0.328,由于上述试验模型及加载量级较小,丝股与鞍座间接触方式、接触应力与实际情况可能存在较大差异。西南交通大学针对泰州大桥和鹦鹉洲长江大桥三塔悬索桥主缆与中塔鞍座间的抗滑移问题进行了试验研究,分别对 10 束索股和 1 束索股的摩擦系数进行了试验研究,测得 10 束索股试验中索股滑移时的摩擦系数约为 0.53,1 束索股试验中索股滑移时的摩擦系数约为 0.32。同时,泰州大桥主缆与中塔鞍座间的抗滑移试验研究表明:多索股试验的应力状态更接近实际桥梁,试验模型能够反映实桥鞍座和主缆之间的主要受力和变形特征,两次试验的结果也基本接近。试验结果表明,主缆与鞍座间的名义摩擦系数与索股数量有关,分析其原因可能是多索股时鞍座侧面也提供了摩擦力,使名义摩擦系数有一定提高。

从上述研究结果得到的启示是,模型试验应以实桥上相同的钢丝与鞍座的实际接触应力为研究对象;明确钢丝与鞍座的摩擦系数、摩擦面与摩擦力的关系,是分析各种鞍座与主缆间的名义摩擦系数的关键。基于此,本书开展了悬索桥主缆与鞍座间摩擦机理及提高抗滑能力的试验研究。

4.1.2 试验研究的关键技术

为了获得符合桥梁结构实际受力特性的试验结果,试验中主要有如下关键技术问题需要解决:
①试验模型的合理设计;
②试验加载及索力测试方案的设计;
③索股滑移起始时刻的准确判定;
④主缆与鞍座间摩擦力的主要影响因素及其效应的分析;
⑤模型试验结果用于实际的检验。

4.1.3 试验研究的目标

试验研究的主要目标:

①研究主缆与鞍座顶面和侧面、索股与竖向及水平隔板间摩擦力的作用机理；
②确定结构设计方案中摩擦力的计算公式并通过模型试验验证；
③检验实际设计鞍座的主缆与鞍座间摩擦力。

4.2 主缆抗滑试验研究方案及仪器设备

建立主缆在鞍座中抗滑移分析的计算方法，需要研究主缆在鞍座中的滑移机理。主缆钢丝在鞍座中传递给鞍槽顶面的径向压力和各层钢丝之间的压力是相对明确的，可根据径向压力与钢丝张力和鞍座曲率之间的关系直接计算；圆形的平行钢丝在径向压力下，将产生侧向压力，侧向压力传递到钢丝的侧向支承面，目前没有可靠的方法计算其大小，需要开展理论和试验研究。鉴于此，本书开展了两个方面的试验与理论研究：第一是研究在鞍槽中平行排列的钢丝，在张拉力作用下产生径向压力时，主缆在鞍槽中产生的侧向力；第二是测试不同结构形式下鞍槽中主缆钢丝的滑移模式，为主缆滑移计算方法的建立提供依据。本书首先开展了侧向力的试验研究，得到主缆侧向力的分布规律及其主要影响因素，并在此基础上设置试验工况，开展索股滑移模式的模型试验研究。具体研究过程如下：
①开展丝股侧向力试验，建立相应的计算方法；
②通过主缆抗滑移试验，探明主缆与鞍座间的摩擦滑移机理；
③建立主缆在主鞍座中的滑移分析模式，并通过试验验证；
④对实桥设计主缆及鞍座结构的抗滑移能力进行评估。

4.2.1 主缆侧向力试验研究方案

(1)索股制作

试验用主缆钢丝采用直径5.2mm、抗拉极限强度1670MPa的镀锌钢丝，试验钢丝的表面光洁度、不圆度与实桥钢丝相同。

试验模型的钢丝索股数的确定应满足以下要求：能够模拟钢丝束与鞍槽直接接触以及索股之间的接触，反映索股受到径向压力的不同，兼顾加载的可实施性。为控制试验规模，试验选用37丝的索股，钢丝采用镀锌高强钢丝，索股在鞍槽内的排列形式因工况设置而异。

(2)试验鞍座

为适应不同工况的索股排列需求，设计了一种钢板拼装式鞍座，可灵活进行组装改造，如图4-4所示。

(3)加载方式

鉴于摩擦接触的敏感性，试验应尽可能与实桥主缆受力模式保持一致。采用两端张拉索股的方式，使索股钢丝在鞍座中产生径向压力，从而产生侧向力。试验在钢结构加载台座上进行，如图4-5所示，在鞍座底部增加制动块，并在鞍座两侧增加制动撑，以保证试验中塔主鞍座不发生转动。

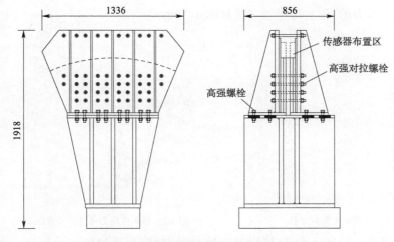

图 4-4 钢板拼装式鞍座设计图(尺寸单位：cm)

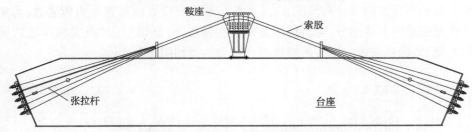

图 4-5 加载方式示意图

（4）试验工况

为从机理上弄清楚索股在鞍槽中的侧向力分布情况，需要针对可能对侧向力产生影响的主要参数开展研究。本次试验主要从索股拉力及鞍槽中索股排列形状两方面设置参数，形成多工况的对比试验。

①索股拉力。

在鞍槽中，钢丝的径向力是产生侧向力的原因，其取值大小会直接影响侧向力的大小和分布，本试验通过张拉索股使钢丝产生径向力。为充分反映张拉力的影响，并考虑加载的规模限制，共设置12级索力状态，即自150kN分级张拉索股至700kN，加载增量为50kN。

②索股排列形状。

在鞍槽中，不同的索股排列形状（宽度和高度）可能会对索股侧向力产生影响，为此，本试验设置三种不同的索股排列形状，如图4-6所示。各种排列形状均采用185根钢丝，其中图4-6a）横向按7丝依次叠放，简称7丝排列；图4-6b）横向按6丝依次叠放，简称6丝排列；图4-6c）横向按5丝依次叠放，简称5丝排列。

（5）测点布置

基于试验目的，进行试验数据的测试方案设计，测试内容主要包括索股张拉力测试、侧向力测试两项。

①利用80t压力传感器及配套的采集仪，在各根索股两锚固端下布置测点，测量各级加

载下各根索股的压力值,压力传感器布置如图 4-7 所示。

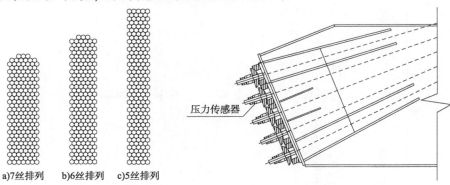

a)7丝排列　b)6丝排列　c)5丝排列

图 4-6　不同索股排列形状　　　　图 4-7　锚固端压力传感器布置图

②基于研究问题的复杂性,需要根据试验情况,制定适用的侧向力测试设备布置方案。为研究侧向力沿列高方向的分布情况,应尽可能多地沿高度方向布置压力传感器;为便于在试验中准确地布置压力传感器,应将传感器固定在垫板上,从而形成"点式测压板",保障试验中可较方便、准确地测试。压力传感器测点布置示意如图 4-8 所示。

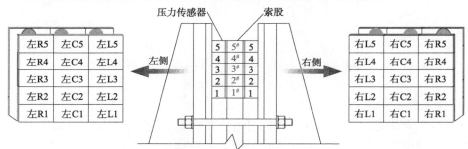

图 4-8　侧向压力传感器测点布置图

(6)加载步骤

对于上述每一种工况,按照下列顺序进行试验:

①按照工况要求组装鞍座,布置侧向压力传感器;

②将索股依次放入鞍槽中,并保证钢丝排列形状与工况要求一致;

③在加载模型的两端进行单根索股同时张拉,自下而上依次进行,并调整至对应压力值;

④每级加载稳定 10min 后,开始测试索股侧向力。

4.2.2　主缆抗滑移机理试验方案

(1)模型制作

试验采用直径 5.25mm、抗拉极限强度 1670MPa 的镀锌钢丝,试验钢丝的表面光洁度、不圆度与实桥钢丝基本相同。

试验模型的钢丝索股数的确定应满足以下要求:不仅要模拟钢丝束与鞍槽直接接触以及索股之间的接触,反映索股受到径向压力的不同,而且要反映索股是由多根钢丝构成的规则截面,兼顾加载的可实施性,使加载值在可接受范围之内。为控制试验规模,试验选用37丝镀锌高强钢丝索股。在鞍槽中,索股分3列布置,各列索股数目依试验工况而定,如图4-9所示。

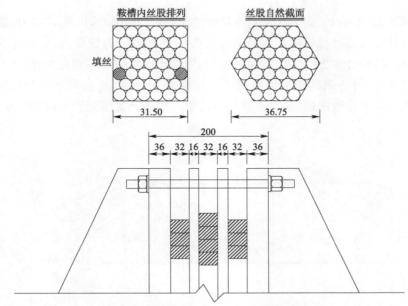

图4-9 索股及索股布置方式图(尺寸单位:mm)

试验的目的是测定主缆与中塔主鞍座之间存在的摩擦力,观测索股滑移状态,为主缆与鞍座间抗滑计算方法的建立提供依据。为此,试验研究设计了三种鞍座形式,如图4-10所示,第一种是传统形式上的鞍座,第二种是中间有竖向摩擦板的鞍座,第三种是有水平摩擦板的鞍座。为节省材料与便于安装,将鞍座设计成拼版形式:第一种在各列索股之间加较薄、较柔的隔片,模拟传统的主鞍座;第二种在各列索股之间加较厚、较硬的隔板,模拟中间有竖向摩擦板的鞍座;第三种在两排索股之间加水平隔板,模拟加水平摩擦板的鞍座。

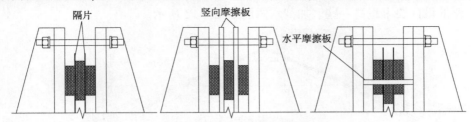

图4-10 三种鞍座模型示意图

试验鞍座的槽口等的设计尽量与实际鞍座接近,包角接近实际设计值。鞍槽为圆曲线,模型鞍座鞍槽光洁度、圆度与实桥相同。理想情况下,模型鞍座的圆曲线半径应按模型一列索股对鞍槽底面的平均径向压力与实桥主缆各索股对鞍槽底面的平均接触应力基本相同的原则进行控制,鞍座半径设计为1.5m。为明确主缆与鞍座侧面摩擦力大小及计算方法,试验时还开展改变侧面摩擦的工况试验,通过在鞍座侧面设置聚四氟乙烯板,可减小侧面摩擦系数,从而与不设置聚四氟乙烯板的工况进行对比分析。

(2) 加载方式

与抗滑移安全系数 K 相关的 $\dfrac{1}{\ln\dfrac{T_1}{T_2}}$，对 $\dfrac{T_1}{T_2}$ 量值很敏感。试验研究需要模拟实桥上理论的极端工况：一个主跨满载、另一个主跨不加载的不对称加载工况。模型试验可采用三种加载方式：

第一种加载方式是推拉鞍座。将鞍座与支架的连接设计为铰接，试验时先将索股两端张拉到恒载对应的设计索力后进行锚固；然后利用千斤顶对鞍座一侧施加推力，这样鞍座一侧的索股力将增大，另一侧的索股力将减小。逐级增大顶推力，直到索股与鞍座间产生滑移。这种方式作用力比较明确，加力方式相对简单。加载示意图如图 4-11 所示。

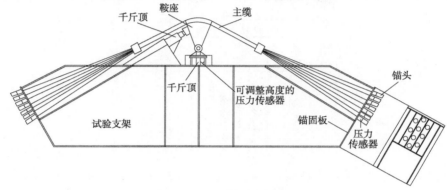

图 4-11　推拉鞍座加载示意图

第二种加载方式是鞍座与试验台固定。试验时先将索股两端张拉至恒载对应的设计索力后进行锚固，然后在索股张拉端的锚头下安置千斤顶，加载时多台千斤顶同时张拉，以实现多束索股的同步张拉。由于鞍座与试验台固定，随着张拉端索力逐级增大，张拉侧索力增大，另一端索力近乎不变，一直到索股与鞍座间产生滑移为止。这种加载方式比较符合三塔两主跨悬索桥一个主跨满载、另一个主跨空载时，刚性中塔的鞍座两侧主缆索力变化的工况。同时分别张拉多束索股所需的千斤顶吨位较小，但索股总的张拉力会比第一种加载方式大，台座的设计要求也高一些。加载示意图如图 4-12 所示。

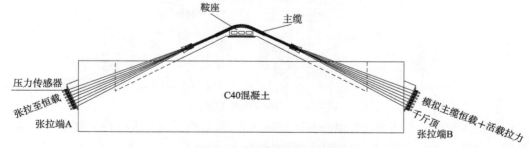

图 4-12　单端张拉加载示意图

第三种加载方式是自平衡，即采用重物作用方式加载。加载示意如图 4-13 所示。该加载方式通过滑轮组将重力放大，实现张拉索股的目的。该加载方式的优点是能保持索力较小一侧的索力基本不变，且滑移不受约束，加载方式相对简单，而且张拉力稳定。缺点是构造过于复杂，加载操作难度大。

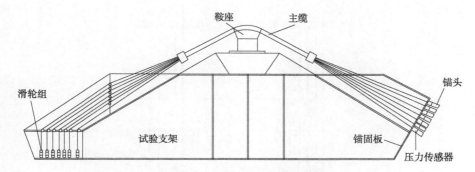

图 4-13 采用重物加载示意图

泰州大桥和鹦鹉洲长江大桥模型试验时采用第二种加载方式。这种加载方式下鞍座是不动的,当索股滑移时,锚固端的索力将很快增大,从而阻止索股继续滑移,不利于进行滑移测试观测和滑移状态判断。

经过分析比较,最终确定瓯江北口大桥模型试验的加载方式为第一种。考虑经济、制造方便和可重复利用的原则,台座采用钢板梁形式,设计模型如图 4-14 所示。

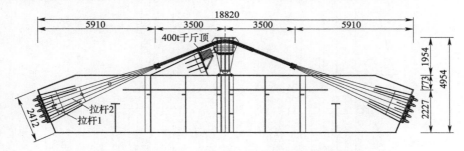

图 4-14 瓯江北口大桥设计模型示意图(尺寸单位:mm)

(3)试验工况

根据图 4-15~图 4-20 所示的索股、鞍座、摩擦板、摩擦面的不同工况,进行了多工况的加载试验。

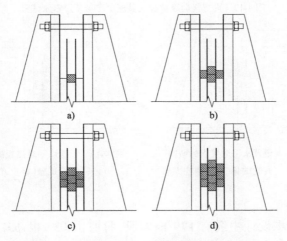

图 4-15 普通鞍座单层与多层索股试验(基准状态)

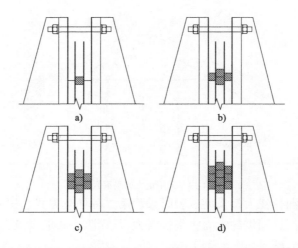

图4-16 减小摩擦系数的普通鞍座单层与多层索股试验(隔片及鞍座侧壁贴聚四氟乙烯板)

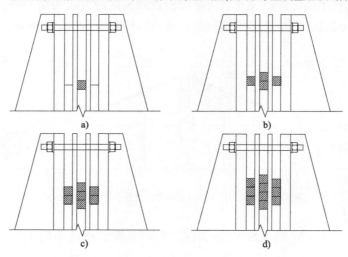

图4-17 设置竖向摩擦板的鞍座单层与多层索股试验

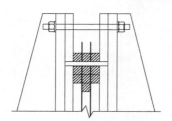
图4-18 设置水平摩擦板的鞍座索股试验(板上单层索股)

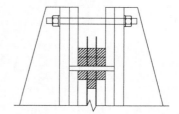
图4-19 设置水平摩擦板的鞍座索股试验(板上双层索股)

(4) 试验荷载

瓯江北口大桥初步设计主缆有179根索股,每股由127根 $\phi 5.25 mm$ 镀锌高强钢丝组成,主缆恒载力296800kN,中塔鞍座主缆中心线半径8m,鞍座内最外侧鞍槽顶面半径

8.75m。鞍槽内最外侧一列索股有 11 根,该列索股对鞍座顶面的径向压力最小。鞍座模型最外侧鞍槽顶面半径为 1.451m,试验索股中心线对鞍座模型的包角为 43.5°。根据模型索股对鞍槽底面的挤压接触应力与实桥主缆索股对鞍槽底面的挤压接触应力相等的原则,确定基准状态条件下试验模型每束索股的加载值。挤压接触应力按下式计算:

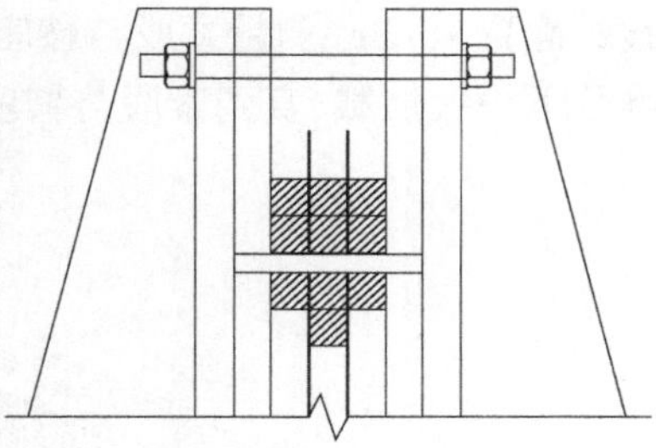

$$\sigma_a = \frac{T_s}{BH} \ln \frac{R+H}{R} \tag{4-1}$$

图 4-20 减小摩擦系数且设置水平摩擦板的鞍座索股试验(板上双层索股,板底贴聚四氟乙烯板)

式中:σ_a——索股对鞍座顶面的挤压接触应力;

T_s——实桥鞍座(或模型)最外侧一列索股总的拉力;

B——实桥鞍座(或模型)槽内一列索股的宽度;

H——实桥鞍座(或模型)最外侧一列索股总高度;

R——实桥鞍座(或模型)最外侧一槽顶面半径。

根据式(4-1)可求出基准状态(试验的恒载状态)下试验模型每束索股的加载值为 548.5kN,10 束索股总的加载量为 5485kN。为进行模型设计及结构验算,参照既有试验研究结果,偏于保守地取索股与鞍座间名义摩擦系数为 0.15,则由式(4-2)可以得出滑移时顶推侧的索股张拉力为 6811kN。根据上述计算结果进行试验模型设计验算。

$$T + \Delta T = (T - \Delta T) e^{\mu \theta} \tag{4-2}$$

式中:T——基准状态下索股张拉力;

ΔT——顶推至滑移时索股拉力增量;

μ——假定的名义摩擦系数;

θ——鞍座模型包角。

(5)测点布置

试验测试内容主要包括索股张拉力测试、位移测试以及顶推力测试三项。

①每根索股锚头螺帽前端安装压力传感器,用以测试股索的张拉力。

②在鞍座两侧的上下层索股及鞍座上布置位移测点,通过百分表测试索股与鞍座间的相对位移,以判别索股是否滑移。由于试验设置多个工况,以布置 10 根索股时分别设置竖向摩擦板和水平摩擦板的情况为例,按图 4-21 ~ 图 4-23 进行说明,其他工况测点与此相似。

③在顶推千斤顶的后端布置压力传感器,以实时测试施加于鞍座上的顶推力。

(6)加载步骤

对于上述各种工况,分两个阶段进行加载试验。

第一阶段是完成相当于恒载状态的加载:在模型的两端进行同步对称张拉,直到索股总拉力达到恒载相应值后,将索股锚固,达到初始平衡状态。

第二阶段是试验加载:利用鞍座一侧位置的千斤顶,对鞍座逐级施加顶推力,每作用一级荷载,静置10min,测量索股与鞍座间的相对位移量,及时判断是否产生滑移,若未产生滑移,继续下一级加载,直到索股与鞍座间产生滑移。

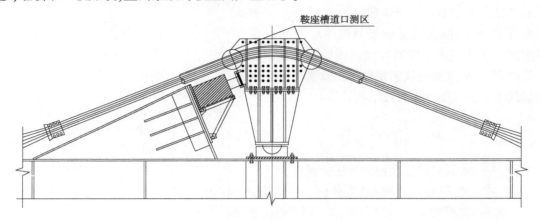

图 4-21 测点布置示意图

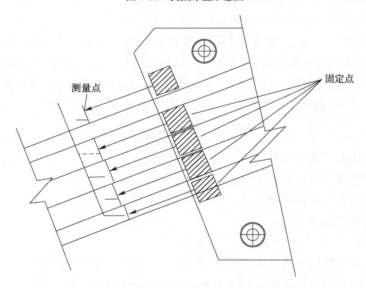

图 4-22 鞍座槽道口测点大样图

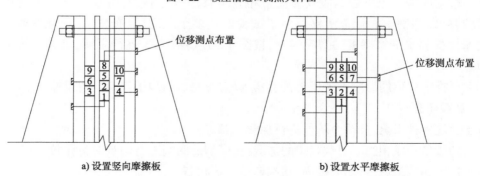

a) 设置竖向摩擦板　　　　　　b) 设置水平摩擦板

图 4-23 设置竖向摩擦板和水平摩擦板工况下的位移测点布置断面图

4.2.3　试验测试仪器设备

(1)主缆侧向力试验研究

①在各根索股两锚固端下布置压力传感器,测量各级加载下各根索股索力值;

②沿高度方向布置压力传感器,且为了方便试验布置,将压力传感器预先固定在垫板上,从而形成"点式测压板"。

(2)主缆抗滑移试验研究

①在每根索股锚头螺帽前端安装压力传感器,测试索股张拉力;

②在顶推千斤顶后端安装压力传感器,测试顶推力;

③在鞍座两侧布置位移测点,通过百分表测试索股与鞍座间的相对位移,以判别索股是否滑移。

4.3　试验研究结果分析

4.3.1　普通鞍座抗滑模型试验与分析

(1)普通鞍座

普通鞍座索股滑移试验结果汇总见表4-1,从试验结果可以看出:

①索股表现为分层滑移,且最上层中间索股最先滑移;

②以最初滑移(首次出现索股滑移)为评判标准,各工况对应的名义摩擦系数接近;

③以全部滑移作为评判标准,10根试验索股整体滑移时的名义摩擦系数为0.469。

普通鞍座索股滑移试验结果汇总　　　　表4-1

鞍座设置	索股数目	索股编号	名义摩擦系数
普通鞍座	1根	1	0.311
	4根	2	0.292
		4	0.334
		1	0.356
	7根	5	0.316
		6	0.352
		4	0.442
		1	0.442
	10根	8	0.285
		10	0.331
		6	0.362
		4	0.469
		1	0.462

(2) 隔片及侧壁贴聚四氟乙烯板鞍座

隔片及侧壁贴聚四氟乙烯板鞍座抗滑试验结果汇总见表4-2,从试验结果可以看出:

①索股与索股之间名义摩擦系数在0.20左右,取0.15有一定的安全储备;

②设置聚四氟乙烯板减小了侧壁摩擦系数,试验结果表明,各滑移阶段对应的名义摩擦系数均有明显降低;

③少索股试验得到的名义摩擦系数受侧壁及隔片的影响大,不能直接应用。

隔片及侧壁贴聚四氟乙烯板鞍座抗滑试验结果汇总　　表4-2

鞍座设置	索股数目	索股编号	名义摩擦系数	相对普通鞍座减小量（%）
隔片及侧壁贴聚四氟乙烯板鞍座	1根	1	0.293	5.79
	4根	2	0.232	20.55
		4	0.238	28.74
		1	0.281	21.07
	7根	5	0.246	22.15
		6	0.264	25.00
		4	0.283	35.97
		1	0.298	32.58
	10根	8	0.227	20.35
		10	0.258	22.05
		6	0.271	25.14
		4	0.278	40.72
		1	0.284	38.53

4.3.2　设置竖向摩擦板的鞍座抗滑模型试验与分析

设置竖向摩擦板的鞍座抗滑试验结果汇总见表4-3,从试验结果可以看出:

①设置竖向摩擦板,对提高名义摩擦系数非常有效,初始及最终滑移时刻均得以延后;

②从初始滑移与最终滑移结果来看,设置竖向摩擦板的鞍座与普通鞍座的差异较为明显,特别是对于索股数目更多的工况,这种差异更为明显。

设置竖向摩擦板的鞍座抗滑试验结果汇总　　表4-3

鞍座设置	索股数目	索股编号	名义摩擦系数
设置竖向摩擦板的鞍座	1根	1	0.371
	4根	2	0.331
		4	0.458
		1	0.486
	7根	5	0.337
		6	0.337
		4	0.548
		1	0.591

续上表

鞍座设置	索股数目	索股编号	名义摩擦系数
设置竖向摩擦板的鞍座	10根	8	0.312
		10	0.360
		6	0.495
		4	0.618
		1	0.639

4.3.3 设置水平摩擦板的鞍座抗滑模型试验与分析

设置水平摩擦板的鞍座抗滑试验结果汇总见表4-4,从试验结果可以看出:

①设置水平摩擦板后,索股间表现出明显的以水平摩擦板为界的分层滑移现象;

②水平摩擦板上下层的索股滑移时的名义摩擦系数差异非常显著,表明设置水平摩擦板将显著提升底层索股的抗滑能力;

③板上单层索股对应的最大名义摩擦系数明显低于板上多层索股的最大名义摩擦系数,即板上索股数目越多,其最大名义摩擦系数也越大;

④通过在板底设置聚四氟乙烯板,降低了索股与水平摩擦板底面的摩擦力,对应的板底索股名义摩擦系数也相应减小。

设置水平摩擦板的鞍座抗滑试验结果汇总　　　　表4-4

鞍座设置	索股数目	索股编号	名义摩擦系数
设置水平摩擦板鞍座（板上单层索股）	10根	10	0.241
		8	0.241
		6	0.494
		1	0.494
		4	0.494
设置水平摩擦板鞍座（板上双层索股）	10根	10	0.242
		8	0.242
		6	0.242
		1	0.570
		4	0.654
设置水平摩擦板鞍座（板上双层索股,板底贴聚四氟乙烯板）	10根	10	0.267
		8	0.267
		6	0.267
		1	0.458
		4	0.538

4.3.4 钢丝侧向力试验结果

(1)工况 A(7 丝排列)

试验鞍座设置索股编号及侧向元件布置情况如图 4-24 所示。

以同层侧向传感器的测试均值为代表,得到的试验结果如图 4-25~图 4-27 所示。其中,图 4-25 为各层侧向力随索股张拉力的变化情况,图 4-26 和图 4-27 为各级索股张拉力下侧向力的分布情况。

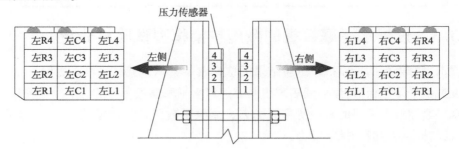

图 4-24 工况 A 索股编号及测向元件布置图

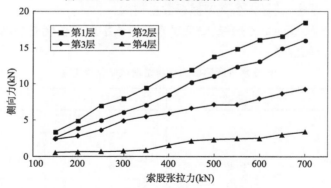

图 4-25 工况 A 各层侧向力随索股张拉力的变化图

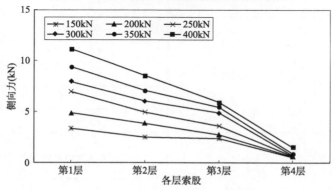

图 4-26 工况 A 各级索股张拉力下侧向力的分布图 1

(2)工况 B(6 丝排列)

试验鞍座设置索股编号及侧向元件布置情况如图 4-28 所示。

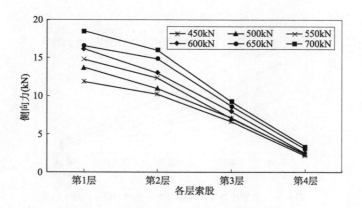

图 4-27　工况 A 各级索股张拉力下侧向力的分布图 2

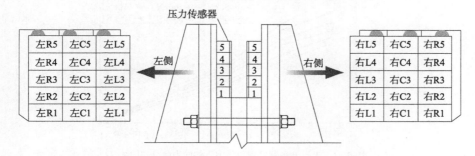

图 4-28　工况 B 索股编号及侧向元件布置图

以同层侧向传感器的测试均值为代表,得到的试验结果如图 4-29 ~ 图 4-31 所示。其中,图 4-29 为各层侧向力随索股张拉力的变化情况,图 4-30 和图 4-31 为各级索股张拉力下侧向力的分布情况。

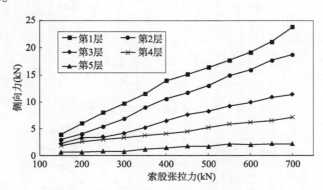

图 4-29　工况 B 各层侧向力随索股张拉力的变化图

(3) 工况 C (5 丝排列)

试验鞍座设置索股编号及侧向元件布置情况如图 4-32 所示。

以同层侧向传感器的测试均值为代表,得到的试验结果如图 4-33 ~ 图 4-35 所示。其中,图 4-33 为各层侧向力随索股张拉力的变化情况,图 4-34 和图 4-35 为各级索股张拉力下侧向力的分布情况。

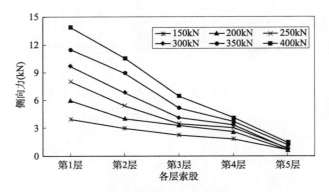

图 4-30　工况 B 各级索股张拉力下侧向力的分布图 1

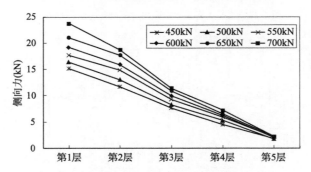

图 4-31　工况 B 各级索股张拉力下侧向力的分布图 2

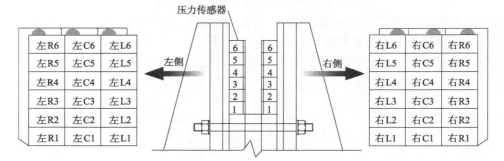

图 4-32　工况 C 索股编号及侧向元件布置图

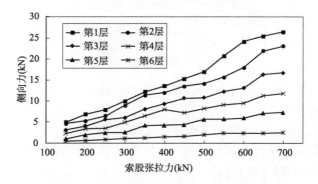

图 4-33　工况 C 各层侧向力随索股张拉力的变化图

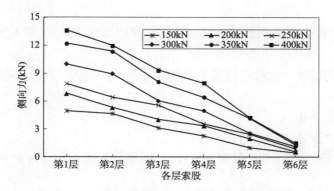

图 4-34　工况 C 各级索股张拉力下侧向力的分布图 1

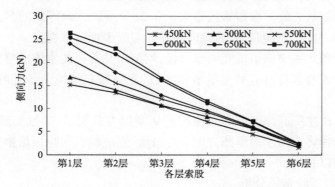

图 4-35　工况 C 各级索股张拉力下侧向力的分布图 2

4.3.5　试验结果分析与认识

(1) 三种鞍座的对比

三种不同试验鞍座对应的名义摩擦系数测试值对比结果如图 4-36 所示。

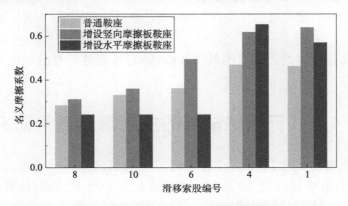

图 4-36　三种鞍座对应的名义摩擦系数测试值

从三种鞍座试验结果对比可以看出：
① 与普通鞍座相比，设置竖向摩擦板或水平摩擦板均可明显提高名义摩擦系数；
② 设置水平摩擦板时，板上索股滑移时的名义摩擦系数较低，这是因为板上索股缺少有

效侧面摩擦力；

③设置水平摩擦板时，要提高鞍座整体的名义摩擦系数，需要提高水平摩擦板上索股的名义摩擦系数；

④设置竖向摩擦板时，索股各级滑移状态的名义摩擦系数均有所提高，整体抗滑性能更好。

(2) 滑移规律的认识

根据多组多工况的模型试验，得到以下认识：

①鞍槽中的索股（钢丝）是分层逐渐滑移的，即钢丝的滑移次序与其所在位置有明显的相关关系；

②索股滑移后鞍座两侧的索力差保持不变或有小幅增加；

③索股钢丝与钢丝之间的摩擦系数略大于0.2，少索股试验得到的名义摩擦系数较大，实际是与侧壁摩擦占比比较高有关，为此应在实际工程中加以重视；

④在鞍槽内设置水平摩擦板或竖向摩擦板，均可以显著提高主缆的整体抗滑移能力，但两种不同的设置方式有各自对应的主缆滑移特点，实际鞍座结构设计时可结合滑移特征进行选择；

⑤主缆摩擦力由主缆底面摩擦力及主缆侧面摩擦力共同组成，过去通常由于侧向力计算方法不明确而选择将主缆侧面摩擦力作为富余量，但试验表明侧面摩擦较大，实际主缆抗滑设计时可考虑加以利用。

(3) 主缆侧向力试验结果分析

根据模型试验结果得到以下认识：

①从各工况侧向力总体发展趋势来看，随着索股张拉力的增大，各层压力传感器测得的索股侧向力也逐级增加，发展曲线符合力学常理；

②从各工况侧向力总体分布特征来看，随着鞍槽内索股层数的增加，所产生的侧向力也逐渐增加，但增加幅度并非简单的线性关系；

③由于摩擦接触问题本身的复杂性，个别测点存在一定离散，但并不影响总体趋势的判断；

④利用模型试验所得的测试数据及规律性认知，可为进一步的侧向力理论研究提供依据。

4.4 基于模型试验的主缆滑移理论研究

4.3节介绍的模型试验，提供了主缆在鞍座中的侧向力分布状态，本节将通过研究主缆平行钢丝间力的传递过程，建立侧向力计算的理论模型，编制计算程序，计算钢丝按不同形式排列时对鞍座产生的侧向力，并利用试验结果验证所建侧向力计算方法的可靠性。

通过主缆与鞍座间抗滑移试验研究结果的分析，认识到主鞍座中的钢丝是分层滑移的，在可清楚计算各位置钢丝侧向力和上下面的摩擦力的基础上，可以建立实际主鞍座抗滑计算的理论计算方法,从而为计算不同设计鞍座的抗滑能力提供可靠方法。

4.4.1 侧向力计算的理论模型

(1)理论研究思路

为分析鞍槽内平行排列钢丝的传力途径和作用力大小,作如下假定:

①鞍槽中上下层钢丝按照60°依次排列;

②同层相邻钢丝间无接触力;

③考虑到钢丝所受挤压力较大,认为钢丝各接触面间的摩擦力达到最大值。

(2)理论研究结果

钢丝间作用力与反作用力的传力简图如图4-37所示,由此可计算各分区钢丝的力学表达式:

①顶层钢丝。

$$f_{cl} = f_{cr} = \frac{f}{2 \times (\cos\alpha + \mu_2 \sin\alpha)} \tag{4-3}$$

②内部钢丝。

$$f_{cl}(2,2) = f_{cl}(1,1) + \frac{f}{2 \times (\cos\alpha + \mu_2 \sin\alpha)} \tag{4-4}$$

$$f_{cr}(2,2) = f_{cr}(1,2) + \frac{f}{2 \times (\cos\alpha + \mu_2 \sin\alpha)} \tag{4-5}$$

③边列钢丝。

$$f_{cl}(2,1) = \frac{f_{cr}(1,1) \times [(\cos\alpha + u_2\sin\alpha) - \mu_1 \times (\sin\alpha - u_2\cos\alpha)] + f}{(\cos\alpha + u_2\sin\alpha) + \mu_1 \times (\sin\alpha - u_2\cos\alpha)} \tag{4-6}$$

$$f_s(2) = (\sin\alpha - \mu_2\cos\alpha) \times [f_{cl}(2,1) + f_{cr}(1,1)] \tag{4-7}$$

④底层钢丝。

该处钢丝底面及侧面均由鞍槽平面约束,钢丝与鞍槽无相对滑移趋势,不计两者间的摩擦力,可得到底层两边列处钢丝的竖向力及侧向力为:

$$f_v(n,1) = f + (\cos\alpha + \mu_2\sin\alpha) \times f_{cr}(n-1,1) \tag{4-8-1}$$

$$f_s(n) = (\sin\alpha - \mu_2\cos\alpha) \times f_v(n-1,1) \tag{4-8-2}$$

式中:$f_v(n,1)$——底层钢丝受到槽底面的竖直反力;

f——钢丝径向压力;

f_{cl}、f_{cr}——分别为钢丝受到的左、右侧的切向接触反力;

f_s——边列钢丝的侧向力;

α——钢丝中心与其所接触的下层钢丝中心的连线与垂线所成的角度,(°),理论最小值为30°;

μ_1——钢丝与鞍座侧壁间的摩擦系数;

μ_2——钢丝与钢丝间的摩擦系数。

基于上述公式,包括侧向力在内的各相互作用力均得以明确,这可为后续深入研究主缆与鞍座间的摩擦机理奠定理论基础。

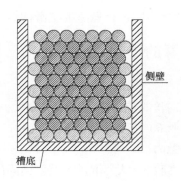

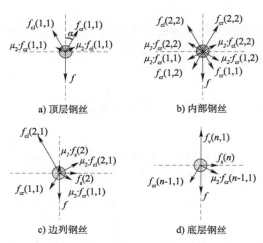

图 4-37　侧向力理论计算简图

《公路悬索桥设计规范》(JTG/T D65-05—2015)给出了验算鞍座强度的侧向力计算公式,其侧向力分布见图4-38,计算公式为:

$$f_s(x) = \frac{f_v \cdot b \cdot \left(1 - e^{-\frac{2\mu x}{b}}\right)}{2\mu} \tag{4-9}$$

式中:$f_s(x)$——最高索股顶至计算高度 x 处的侧向力;

f_v——中央列索股单位体积竖向力;

b——承缆槽槽路宽度;

μ——钢丝间及钢丝与鞍槽间的摩擦系数。

利用上述公式,沿高度积分并作差,可以得到对应单元高度处的单位纵向长度的侧向力,从而计算出对应位置的单位长度的侧向力。用此公式验算鞍座强度偏保守,但用于计算主缆抗滑移安全系数,则不太保守。

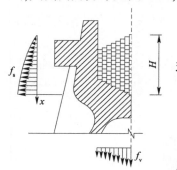

图 4-38　侧向力分布图

为说明问题,根据式(4-3)~式(4-8),编制计算程序逐层分析钢丝受力,并将计算结果与《公路悬索桥设计规范》(JTG/T D65-05—2015)给出的公式计算的结果进行对比,计算中采用的参数取值情况为:

单丝拉力:$f_t = 10\text{kN}$;

钢丝直径:$d = 5.25\text{mm}$;

鞍座半径:$r = 8\text{m}$;

钢丝排列:10列、100层;

摩擦系数:推导公式中的钢丝与鞍座侧壁间的摩擦系数μ_1、钢丝与钢丝间的摩擦系数μ_2以及《公路悬索桥设计规范》(JTG/T D65-05—2015)公式中的摩擦系数μ均取0.05。

用推导公式与规范公式进行计算得出的结果见图4-39,由图可见两者计算结果非常接近,证明了理论方法的合理性。将所有接触摩擦系数统一取0.15时,两者的计算结果对比情况如图4-40所示,可见两者差异较显著,且由《公路悬索桥设计规范》(JTG/T D65-05—2015)公式计算得出的侧向力明显偏大,这对于鞍座结构设计是偏于保守的。同时根据上述两种不同摩擦系数取值下的计算结果可以看出,摩擦系数的增大会使侧向力变小。

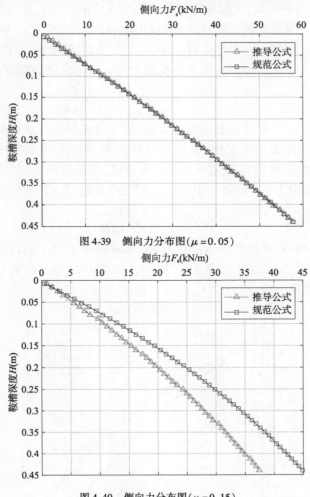

图4-39 侧向力分布图($\mu = 0.05$)

图4-40 侧向力分布图($\mu = 0.15$)

(3)误差分析

上述分析是在钢丝理想排列情况下得到的,而实际情况可能存在一定的偏差,为此需分析可能误差的影响。

①钢丝弹性收缩影响。

均质弹性体钢丝在轴向力作用下将发生弹性伸长,由于泊松效应,钢丝将沿直径方向发生收缩变形,因此有必要分析该变形对钢丝排列关系的影响。

取钢丝直径 $d = 5.2\text{mm}$、弹性模量 $E = 210\text{GPa}$、泊松比 $\nu = 0.31$,钢丝轴向力取偏大值 $T = 15\text{kN}$,则钢丝沿其径向的收缩应变为:

$$\varepsilon_d = \frac{4T\nu}{E\pi d^2} = 0.001 \tag{4-10}$$

由此可见,对于一般实际工程,主缆钢丝在轴向力作用下,其收缩变形量非常微小,故在理论计算时可忽略其对钢丝排列关系的影响。

②间隙影响。

由于鞍座加工制造等误差,实际鞍槽宽度可能与设计值存在差异,所以应该考虑这种误差的影响。钢丝的排列如图 4-41 所示,其中 D 为钢丝直径,d 为初始间隙。在其他条件均不变的情况下,钢丝的力学关系主要是由间隙影响的接触角度的变化控制的。图示的接触角度为:

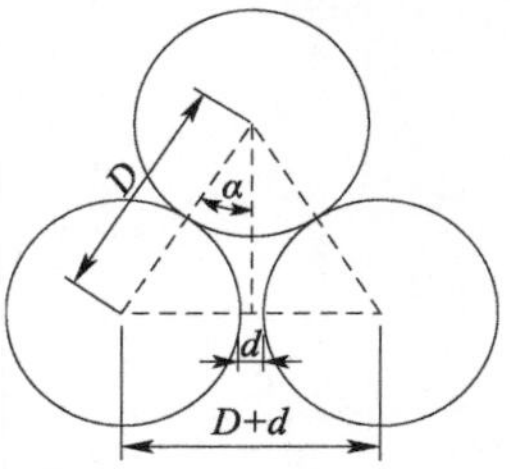

$$\alpha = \arcsin \frac{D+d}{2D} \tag{4-11}$$

图 4-41 钢丝的排列

在已知初始间隙 d 后,便可由式(4-11)求得接触角度,继而代入前面的公式中,就可以分析侧向力。通常,这种初始间隙是比较小的,在采用特殊措施时,这种误差会更小。为简化计算,本研究假定初始间隙由同层钢丝均摊,即钢丝间的横向间隙为 $d/(n-1)$,其中 n 为同层钢丝数,此时,钢丝间的接触角度为:

$$\alpha = \arcsin \frac{(n-1)D+d}{2(n-1)D} \tag{4-12}$$

为说明间隙的影响,将理想状况与存在 1mm、2mm 间隙情况下的计算结果进行对比,其余参数与前面保持一致,计算结果如图 4-42 所示。从图 4-43 中可以看出,间隙对侧向力大小存在一定影响,从数值上看,间隙越大,侧向力越大。

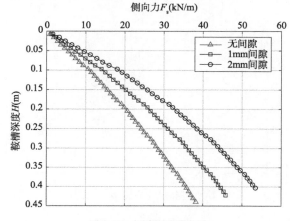

图 4-42 间隙影响分布图

(4)实用计算公式

为便于实际工程应用,在上述理论计算基础上,参照既有公式,考虑关键参数的影响,利用最小二乘法进行分区间多元非线性回归分析,建立的主缆与鞍座间侧向力的实用计算公式为:

$$f_h^{\text{fit}} = (K_1 + K_2)\frac{f_v b}{\mu_{\text{co}}}\left(1 - e^{-\frac{h\mu_{\text{co}}}{2b}}\right) \tag{4-13}$$

式中:μ_{co}——反映钢丝与鞍座间摩擦系数 μ_s 及钢丝与钢丝之间摩擦系数 μ_w 两种摩擦系数影响的综合表征值;

$$\mu_{\text{co}} = \sqrt{\mu_s \mu_w} \tag{4-14}$$

K_1、K_2——考虑参数影响的附加函数,表达式分别为:

$$K_1 = \alpha_1 + \frac{\alpha_2}{\mu_s} + \frac{\alpha_3}{\mu_w} + \alpha_4 \cdot \frac{H}{b} \tag{4-15}$$

$$K_2 = \beta \cdot \frac{h}{H} \tag{4-16}$$

对于距顶点高度为 H_r 范围内的侧向合力,可直接利用实用计算公式沿高度积分得到,具体如下:

$$\begin{aligned} F_{H_r}^{\text{fit}} &= \int_0^{H_r} f_h^{\text{fit}} \mathrm{d}h \\ &= K_1\left[\frac{f_v b H_r}{\mu_{\text{co}}} - \frac{2f_v b^2(1-e^{-\frac{H_r\mu_{\text{co}}}{2b}})}{\mu_{\text{co}}^2}\right] + \frac{2\beta f_v b^2}{H\mu_{\text{co}}^2} \\ &\quad \left[\frac{H_r^2 \mu_{\text{co}}}{4b} + H_r e^{-\frac{H_r\mu_{\text{co}}}{2b}} - \frac{2b}{\mu_{\text{co}}}\left(1-e^{-\frac{H_r\mu_{\text{co}}}{2b}}\right)\right] \end{aligned} \tag{4-17}$$

任意高度区段 $\Delta H = H_b - H_t$(H_t、H_b 分别为计算区段上、下端距顶点的高度)内的侧向合力为:

$$F_{\Delta H}^{\text{fit}} = \int_{H_t}^{H_b} f_h^{\text{fit}} \mathrm{d}h = F_{H_b}^{\text{fit}} - F_{H_t}^{\text{fit}} \tag{4-18}$$

式(4-15)和式(4-16)中的分项系数 α_1、α_2、α_3、α_4、β 分别反映了不同参数的影响程度。由于侧向力的影响参数较多且各参数敏感性不一,因此采用了分区间的回归分析方法以保证拟合精度。其中,参数最值是在常规工程情况的基础上进行一定的拓展而取定:$n \in [100, 200]$,$m \in [5, 200]$,$\mu_s \in [0.15, 0.2]$,$\mu_w \in [0.15, 0.2]$;区间划分及区间长度则基于多次迭代计算、优化而确定。不同区间范围内的分项系数见表4-5,表中括号内数值依次对应于 α_1、α_2、α_3、α_4、β。

分项系数　　　　　　　　　　　　　表4-5

m	n	
	$[100, 130)$	$[130, 160)$
$[5, 7)$	$(0.340, 0.024, -0.003, 0.001, 0.017)$	$(0.354, 0.027, -0.011, 0.001, 0.025)$
$[7, 12)$	$(0.260, 0.014, 0.012, 0.003, 0.027)$	$(0.272, 0.016, 0.005, 0.003, 0.035)$

续上表

m	n	
	[100,130)	[130,160)
[12,20)	(0.220,0.007,0.023,0.004,0.029)	(0.225,0.009,0.018,0.004,0.035)
[20,50)	(0.197,0.003,0.030,0.006,0.020)	(0.190,0.004,0.028,0.006,0.030)
[50,100)	(0.153,0.002,0.033,0.016,0.034)	(0.163,0.002,0.032,0.011,0.033)
[100,200]	(0.159,0.003,0.033,0.015,0.023)	(0.152,0.003,0.032,0.015,0.030)

m	n	
	[160,180)	[180,200]
[5,7)	(0.356,0.030,−0.017,0.001,0.033)	(0.346,0.031,−0.020,0.001,0.039)
[7,12)	(0.278,0.019,0.001,0.002,0.041)	(0.285,0.020,−0.003,0.002,0.047)
[12,20)	(0.227,0.010,0.015,0.004,0.040)	(0.229,0.011,0.013,0.003,0.046)
[20,50)	(0.189,0.005,0.026,0.005,0.037)	(0.191,0.005,0.025,0.004,0.039)
[50,100)	(0.174,0.002,0.031,0.006,0.032)	(0.180,0.002,0.031,0.004,0.031)
[100,200]	(0.145,0.003,0.032,0.016,0.036)	(0.141,0.003,0.032,0.016,0.040)

注:m 表示钢丝的列数,n 表示钢丝的层数。

4.4.2 主缆抗滑移分析的理论模型

根据以上试验及理论研究成果,可以建立主缆与主鞍座间抗滑移计算模型。建立计算模型时,采用了如下基本假定:

①初始时鞍座内处于张力平衡状态的钢丝索股各索力差基本相等,随着两侧整体索力差的增大,各索股的索力差相应增大;

②鞍座两侧整体索力差的继续增大,将使极限摩擦力小的索股最先进入滑移状态;

③索股达到滑移状态后两侧索力差保持不变,后续增大的鞍座两侧索力差由尚未产生滑移的索股分担,直至所有索股产生滑移;

④索股周边的摩擦系数不因索股是否滑移发生变化(与过去对静摩擦、动摩擦系数的认识不同)。

一般情况下,鞍座两侧主缆有索力差,因此沿长度方向,索股侧压力是变化的,其底面径向压力也是变化的,计算中可根据等效原则,以鞍座纵向中间截面为控制截面,由此可计算得到单根索股总的抗滑力 $F_{r(i)}$。由各根索股抗滑力 $F_{r(i)}$,可以组建主缆的抗滑力矩阵:

$$\boldsymbol{F}_r = \begin{bmatrix} F_{r(1)} & \cdots & F_{r(i)} & \cdots & F_{r(n)} \end{bmatrix}^T \tag{4-19}$$

各根索股滑移力因索股滑移状态而定。如果索股未发生滑移,则与其余未滑移索股均分不平衡力;如果索股发生滑移,则其失去继续承担新增不平衡力的能力,即

$$F_{s(i)} = \begin{cases} \Delta T/N, & \text{索股未滑移} \\ 0, & \text{索股已滑移} \end{cases} \tag{4-20}$$

式中：$F_{s(i)}$——第 i 根索股的滑移力；
　　　ΔT——鞍座两侧主缆缆力差；
　　　N——主缆未滑移索股根数。

由各根索股滑移力 $F_{s(i)}$，可以组建主缆的滑移力矩阵：

$$\boldsymbol{F}_s = \begin{bmatrix} F_{s(1)} & \cdots & F_{s(i)} & \cdots & F_{s(n)} \end{bmatrix}^T \tag{4-21}$$

基于上述假定及滑移力与抗滑力矩阵间的对比，利用 MATLAB 编制计算机程序，针对普通鞍座、设置竖向摩擦板鞍座和设置水平摩擦板鞍座，分别建立三种计算模型，可用于对不同索股根数、索股排列、摩擦板数量及布设位置下的主缆与鞍座间的滑移全过程进行分析。

4.4.3　理论分析与试验结果对比

（1）普通鞍座

试验鞍座设置及索股编号情况如图 4-43 所示。

计算值与试验值的对比情况见图 4-44 ~ 图 4-46，计算中钢丝与钢丝间摩擦系数取多次测试均值 0.2，钢丝与隔片间摩擦系数为 0.221，钢丝与鞍槽间摩擦系数按单根索股试验值 0.293 取定。

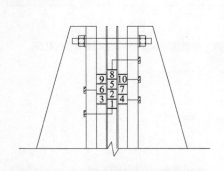

图 4-43　普通鞍座的设置及索股编号图

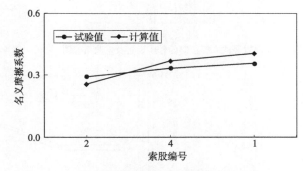

图 4-44　普通鞍座的 4 根索股对比图

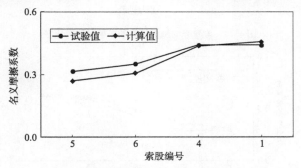

图 4-45　普通鞍座的 7 根索股对比图

（2）设置竖向摩擦板

试验鞍座设置及索股编号情况如图 4-47 所示。

计算值与试验值的对比情况见图 4-48 ~ 图 4-50，计算中钢丝与钢丝间摩擦系数和普通鞍座一致,取 0.2,钢丝与索鞍及竖向摩擦板间的摩擦系数按单根索股试验值 0.371 取用。

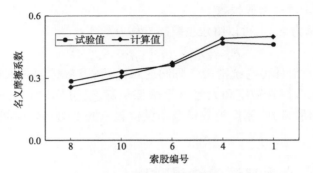

图 4-46 普通鞍座的 10 根索股对比图

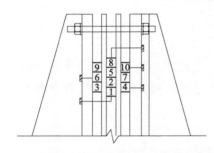

图 4-47 设置竖向摩擦板时的鞍座设置及索股编号图

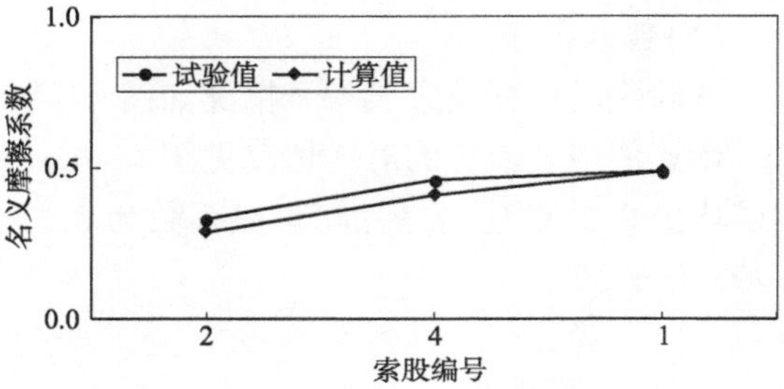

图 4-48 设置竖向摩擦板时的 4 根索股对比图

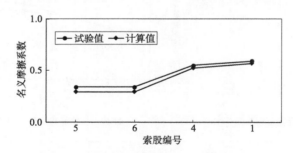

图 4-49 设置竖向摩擦板时的 7 根索股对比图

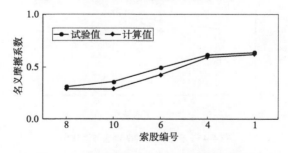

图 4-50 设置竖向摩擦板时的 10 根索股对比图

(3) 设置水平摩擦板

试验鞍座设置及索股编号情况如图 4-51 所示。

设置水平摩擦板时名义摩擦系数的计算值与试验值的对比情况如图4-52和图4-53所示,计算中钢丝与钢丝间摩擦系数和普通鞍座一致,取0.2,其他摩擦系数根据附加试验工况取定,包括钢丝与水平摩擦板及隔片间摩擦系数为0.221,钢丝与索鞍间摩擦系数为0.288。

(4) 三种模型对比结果分析

从上述三种模型对比情况可以看出:

①从整体变化趋势情况来看,计算值与试验值是基本一致的;

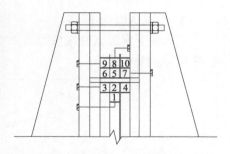

图4-51 设置水平摩擦板时的鞍座设置及索股编号图

②从计算值与试验值对应的数值上来看,除了个别工况的上层索股由于试验中容易受到扰动而存在一定偏差外,其余计算值与试验值吻合良好;

③理论分析得到的索股滑移次序与对应的试验结果是一致的,表明理论分析可以较好地模拟主缆分批滑移的过程,也说明理论分析较真实地反映了索股的摩擦滑移机理。

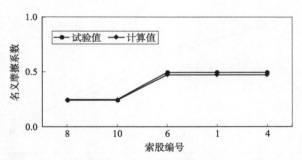

图4-52 设置水平摩擦板时的板上单层索股对比图

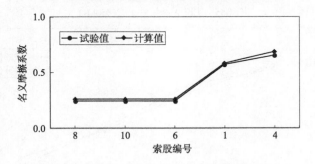

图4-53 设置水平摩擦板时的板上双层索股对比图

4.4.4 侧向力理论计算与试验值对比

利用所建立的侧向力计算公式,可计算出4.4.3节各个试验工况侧向力的理论值,并与试验测试值进行对比,从而可以验证理论推导的合理性。在理论计算中,钢丝与钢丝间摩擦系数根据前面多次滑移试验结果统一取为0.2。

(1)工况 A(7 丝排列)

工况 A 下索股试验张拉力为 200kN、450kN、700kN 时的试验值与理论计算值对比情况见图 4-54~图 4-56。

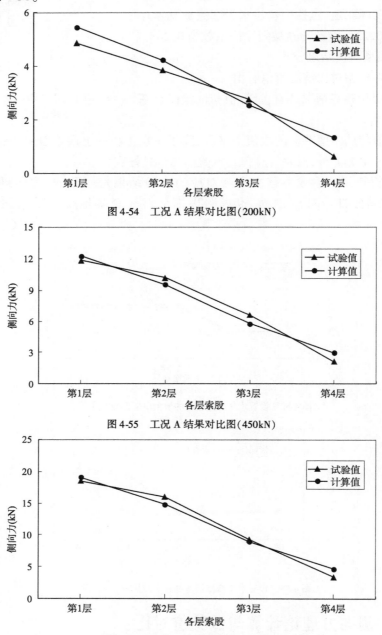

图 4-54　工况 A 结果对比图(200kN)

图 4-55　工况 A 结果对比图(450kN)

图 4-56　工况 A 结果对比图(700kN)

(2)工况 B(6 丝排列)

工况 B 下索股张拉力为 200kN、450kN、700kN 时的试验值与理论计算值对比情况见图 4-57~图 4-59。

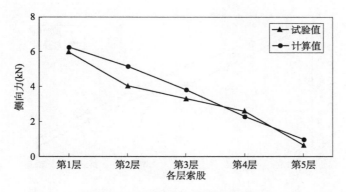

图 4-57　工况 B 结果对比图(200kN)

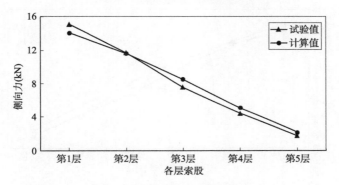

图 4-58　工况 B 结果对比图(450kN)

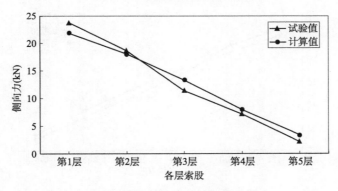

图 4-59　工况 B 结果对比图(700kN)

(3)工况 C(5 丝排列)

工况 C 下索股张拉力为 200kN、450kN、700kN 时的试验值与理论计算值对比情况见图 4-60～图 4-62。

(4)对比结果分析

通过上述对比分析可以看出,各个工况对应的理论计算值与试验值在侧向力分布及变化趋势上基本是一致的,且两者间的差异较小,说明理论计算值可以较好地反映侧向力的传递及分布规律,由此表明本书所建立的侧向力理论计算方法及在其基础上得到的相关理论研究成果是有效的,可用于指导工程实践。

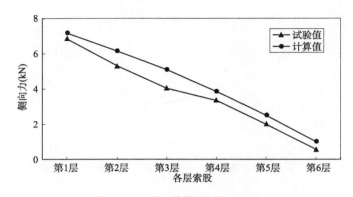

图 4-60 工况 C 结果对比图(200kN)

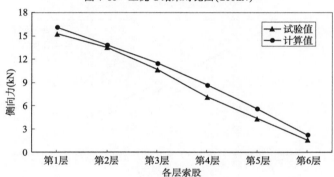

图 4-61 工况 C 结果对比图(450kN)

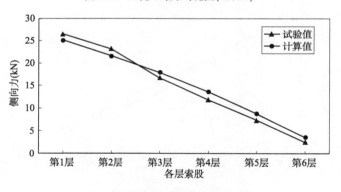

图 4-62 工况 C 结果对比图(700kN)

4.4.5 鞍座抗滑能力设计与评估

根据前面的分析和建立的理论计算模型,可以分析在不同钢丝排列情况下实际设计主缆的抗滑移能力,并通过多个指标进行综合比较,从而为设计方案提供理论依据。

以下以瓯江北口大桥为例展开分析。该桥中塔主鞍座设计方案如图 4-63 所示。

拟采用的主缆相关参数如下:

①索股根数:169 根。其中,单根丝数:127 丝;单丝直径:5.4mm。

②钢丝排列:$7 \times 11 + 5 \times 10 = 127$(丝)。

③索股排列:$8+9+\cdots+14+15+14+\cdots+9+8$,共 15 列。
④索股宽度:59.40mm;索股高度:57.57mm。
⑤基准缆力:304765kN。
⑥鞍座包角:0.7465rad;鞍座设计半径:8m。

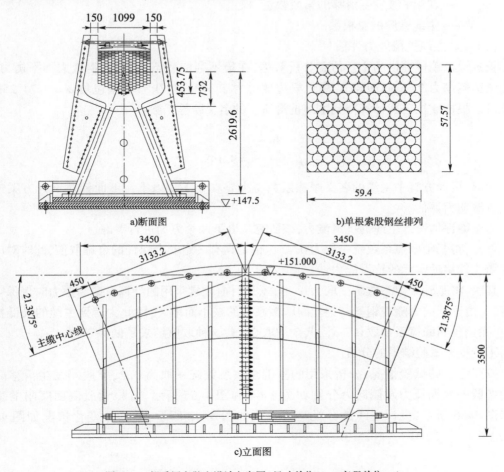

图 4-63 拟采用主鞍座设计方案图(尺寸单位:mm;高程单位:m)

为建立合理的滑移判别标准,除考虑各层索股滑移时刻对应的名义摩擦系数外,提出索力不均匀系数 ζ 和滑移索股数目比 η 两个实用控制指标来全面分析主缆在各滑移阶段的力学状态。

主缆索股间的分层滑移,会导致索力存在一定程度的不均匀性,为表征这一现象,定义索力不均匀系数 ζ:

$$\zeta = \frac{F_{(g)} - F_{a(g)}}{F_{a(g)}} \times 100\% \tag{4-22}$$

式中:$F_{(g)}$——在第 g 级滑移状态下,在该级发生滑移的索股索力值;

$F_{a(g)}$——在第 g 级滑移状态下,索力的平均值。

同时,为详细了解主缆的各级滑移状态,定义滑移索股数目比 η:

$$\eta_{(g)} = \frac{\sum_{i=1}^{i=g} n_{(i)}}{N} \times 100\% \tag{4-23}$$

式中：$\eta_{(g)}$——在第 g 级时，滑移索股数目比；

$n_{(i)}$——在第 i 级发生滑移的索股数量，根；

N——主缆索股的总根数。

(1) 设计主缆抗滑能力评估

根据设计单位提供的全桥仿真分析数据，在最不利加载条件下，发生最大不平衡力时，主缆紧边侧缆力 $T_1 = 340308$ kN，主缆松边侧缆力 $T_2 = 304497$ kN，鞍座包角 $\alpha = 0.74725$ rad，由此可以根据欧拉公式计算得到主缆抗滑所需的名义摩擦系数：

$$\mu = \frac{\ln \frac{T_1}{T_2}}{\alpha} = 0.149$$

所以，设计方案中主缆的名义摩擦系数至少要在 0.149 以上。下面针对设计方案进行主缆抗滑能力评估。

为全面评估设计主缆的抗滑能力，该研究从以下两个方面进行考虑。

首先，将基础摩擦系数统一取为 0.2，这也是具有一定安全保证的合理取值，此时对应的是主缆比较接近实际的抗滑能力。

其次，将基础摩擦系数统一取为 0.15，这是目前较常采用的计算主缆摩擦力时偏保守的取值，又由于侧向力随着钢丝与钢丝间摩擦系数的减小而增大，因此为得到主缆的最低抗滑能力，除钢丝间摩擦系数取 0.2 外，其余均取 0.15，这种取值结果是偏保守的。

① 较接近试验结果的分析。

按照已有的试验情况，分析采用的基础摩擦系数统一取为 0.2，索股均发生滑移时对应的各股的底面压力及侧向力分别如图 4-64 和图 4-65 所示，各根索股侧面摩阻的贡献率如图 4-66 所示，设计主缆的分批滑移情况如图 4-67 所示，各参数变化情况如图 4-68 所示。

						中央列	
					246.8	246.8	246.8
				246.8	499.8	499.8	499.8
			246.8	499.8	759.1	759.1	759.1
	246.8	246.8	499.8	759.1	1024.2	1024.2	1024.2
246.8	499.8	499.8	759.1	1024.2	1295.1	1295.1	1295.1
499.8	759.1	759.1	1024.2	1295.1	1571.3	1571.3	1571.3
759.1	1024.2	1024.2	1295.1	1571.3	1852.9	1852.9	1852.9
1024.2	1295.1	1295.1	1571.3	1852.9	2139.3	2139.3	2139.3
1295.1	1571.3	1571.3	1852.9	2139.3	2430.8	2430.8	2430.8
1571.3	1852.9	1852.9	2139.3	2430.8	2726.8	2726.8	2726.8
1852.9	2139.3	2139.3	2430.8	2726.8	3027.4	3027.4	3027.4
2139.2	2430.7	2430.8	2726.8	3027.4	3332.1	3332.1	3332.1
		2726.7	3027.2	3332.1	3640.9	3641.4	3641.4
						3954.8	3954.8
							4274.1

图 4-64 滑移终态各索股的底面压力 1（单位：kN/延米）

可计算得到主缆整体名义摩擦系数 $U = 0.503$，从而得到在极端加载条件下，主缆的抗滑移安全系数：

$$K = \frac{U}{\mu} = \frac{0.503}{0.149} = 3.38$$

					中央列		
				39.2	39.2	39.2	
			39.2	39.2	115.7	115.7	115.7
		39.2	115.7	115.7	194.5	194.5	194.5
39.2	115.7	115.7	194.5	194.5	265.2	265.2	265.2
115.7	194.5	194.5	265.2	265.2	337.8	337.8	337.8
194.5	265.2	265.2	337.8	337.8	403.1	403.1	403.1
265.2	337.8	337.8	403.1	403.1	470.0	470.0	470.0
337.8	403.1	403.1	470.0	470.0	530.3	530.3	530.3
403.1	470.0	470.0	530.3	530.3	591.9	591.9	591.9
470.0	530.3	530.3	591.9	591.9	647.7	647.7	647.7
529.3	590.8	591.9	647.7	647.7	704.4	704.4	704.4
		646.4	703.1	704.4	755.9	755.9	755.9
				754.5	806.7	808.3	808.3
						854.4	856.0
							902.9

图 4-65 滑移终态各索股的侧向力 1(单位:kN/延米)

					中央列		
				15.9	15.9	15.9	
			15.9	15.9	31.4	31.4	31.4
		15.9	31.4	31.4	42.9	42.9	42.9
15.9	31.4	31.4	42.9	42.9	50.0	50.0	50.0
31.4	42.9	42.9	50.0	50.0	55.5	55.5	55.5
42.9	50.0	50.0	55.5	55.5	59.3	59.3	59.3
50.0	55.5	55.5	59.3	59.3	62.5	62.5	62.5
55.5	59.3	59.3	62.5	62.5	64.9	64.9	64.9
59.3	62.5	62.5	64.9	64.9	67.0	67.0	67.0
62.5	64.9	64.9	67.0	67.0	68.6	68.6	68.6
64.9	67.0	67.0	68.6	68.6	70.1	70.1	70.1
		68.6	70.1	70.1	71.3	71.3	71.3
				71.2	72.3	72.3	72.3
						73.2	73.2
							73.9

图 4-66 滑移终态各索股侧面摩阻的贡献率 1(单位:%)

				1	1	1		
			1	2	2	2		
		1	2	3	3	3	1	
	1	2	3	4	4	4	2	1
1	2	3	4	5	5	5	3	2
2	3	4	5	6	6	6	4	3
3	4	5	6	7	7	7	5	4
4	5	6	7	8	8	8	6	5
5	6	7	8	9	9	7	6	
6	7	8	10	10	10	8	7	
7	8	10	11	11	11	10	8	
8	9	10	11	12	12	12	10	9	8
	11	12	13	13	13	12	11	
		13	14	14	14	13		
				15	15	15		
					16			

图 4-67 索股滑移情况 1

由此表明,在接近实际情况时,设计主缆具有足够的抗滑能力。

由图 4-68 可知,发生第一批滑移时对应的名义摩擦系数 $U = 0.232$,此时的主缆抗滑移安全系数为:

$$K = \frac{U}{\mu} = \frac{0.232}{0.149} = 1.56$$

由此说明，实桥主缆即使在极端加载条件下也不会有索股发生滑移。

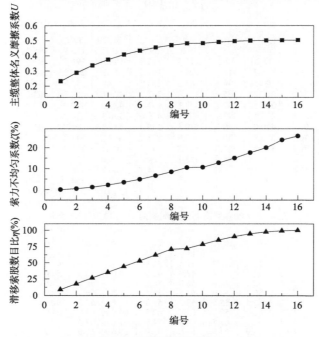

图 4-68　各参数变化情况 1

② 较保守的分析。

分析采用的基础摩擦系数除钢丝与钢丝间的摩擦系数取 0.2 外，其余统一取为 0.15，这种情况是更偏保守的考虑。索股均发生滑移时对应的各股的底面压力及侧向力分别见图 4-69 和图 4-70，各根索股侧面摩阻的贡献率见图 4-71，设计主缆的分批滑移情况见图 4-72，各参数变化情况见图 4-73。

						中央列		
				241.2	241.2	241.2	241.2	241.2
				486.8	486.8	486.8	486.8	486.8
	241.2	241.2	486.8	737.1	737.1	737.1	737.1	737.1
241.2	486.8	486.8	737.1	991.7	991.7	991.7	991.7	991.7
486.8	737.1	737.1	991.7	1250.6	1250.6	1250.6	1250.6	1250.6
737.1	991.7	991.7	1250.6	1513.5	1513.5	1513.5	1513.5	1513.5
991.7	1250.6	1250.6	1513.5	1780.5	1780.5	1780.5	1780.5	1780.5
1250.6	1513.5	1513.5	1780.5	2051.4	2051.4	2051.4	2051.4	2051.4
1513.5	1780.5	1780.5	2051.4	2326.1	2326.1	2326.1	2326.1	2326.1
1780.5	2051.4	2051.4	2326.1	2604.6	2604.6	2604.6	2604.6	2604.6
2051.9	2326.8	2326.1	2604.6	2886.6	2886.6	2886.6	2886.6	2886.6
		2605.1	2887.3	3172.4	3172.4	3172.4	3172.4	3172.4
				3173.5	3462.1	3462.1	3462.1	3462.1
						3754.9	3754.9	3754.9
								4060.2

图 4-69　滑移终态各索股的底面压力 2（单位：kN/延米）

可以计算得到主缆整体名义摩擦系数 $U = 0.392$，从而得到在极端加载条件下，主缆的抗滑移安全系数：

$$K = \frac{U}{\mu} = \frac{0.392}{0.149} = 2.63$$

由此表明，即便在更偏保守下分析时，设计主缆仍具有足够的抗滑能力。

						中央列		
					38.9	38.9	38.9	
				38.9	114.5	114.5	114.5	
	38.9	38.9	114.5	114.5	193.3	193.3	193.3	
38.9	114.5	114.5	193.3	193.3	264.5	264.5	264.5	
114.5	193.3	193.3	264.5	264.5	338.5	338.5	338.5	
193.3	264.5	264.5	338.5	338.5	405.6	405.6	405.6	
264.5	338.5	338.5	405.6	405.6	475.0	475.0	475.0	
338.5	405.6	405.6	475.0	475.0	538.2	538.2	538.2	
405.6	475.0	475.0	538.2	538.2	603.5	603.5	603.5	
475.0	538.2	538.2	603.5	603.5	663.1	663.1	663.1	
547.0	613.2	603.5	663.1	663.1	724.5	724.5	724.5	
		673.7	736.0	724.5	780.6	780.6	780.6	
				793.1	851.6	838.5	838.5	
						905.5	891.6	
							962.2	

图 4-70　滑移终态各索股的侧向力 2(单位:kN/延米)

						中央列		
					16.1	16.1	16.1	
				16.1	31.8	31.8	31.8	
	16.1	16.1	31.8	31.8	43.6	43.6	43.6	
16.1	31.8	31.8	43.6	43.6	51.0	51.0	51.0	
31.8	43.6	43.6	51.0	51.0	56.7	56.7	56.7	
43.6	51.0	51.0	56.7	56.7	60.7	60.7	60.7	
51.0	56.7	56.7	60.7	60.7	64.0	64.0	64.0	
56.7	60.7	60.7	64.0	64.0	66.5	66.5	66.5	
60.7	64.0	64.0	66.5	66.5	68.7	68.7	68.7	
64.0	66.5	66.5	68.7	68.7	70.4	70.4	70.4	
66.8	69.0	68.7	70.4	70.4	72.0	72.0	72.0	
		70.7	72.3	72.0	73.2	73.2	73.2	
				73.4	74.6	74.3	74.3	
						75.6	75.3	
							75.9	

图 4-71　滑移终态各索股侧面摩阻的贡献率 2(单位:%)

			1	1	1	1			
		1	2	2	2	2	1		
	1	2	3	3	3	3	2	1	
1	2	3	4	4	4	4	3	2	1
2	3	4	5	5	5	5	4	3	2
3	4	5	6	6	6	6	5	4	3
4	5	6	7	7	7	7	6	5	4
5	6	7	8	8	8	8	7	6	5
6	7	8	10	10	10	10	8	7	6
7	8	10	12	12	12	12	10	8	7
9	11	12	14	14	14	14	12	11	9
	13	15	16	16	16	16	14	13	
		17	18	18	18	18	17		
			19	19	19	19			
				20					

图 4-72　索股滑移情况 2

由图 4-73 可知,发生第一批滑移时对应的名义摩擦系数 $U=0.174$,此时的主缆抗滑移安全系数为:

$$K = \frac{U}{\mu} = \frac{0.174}{0.149} = 1.17$$

由此说明,在更偏保守的情况下,实桥主缆即使在极端加载条件下也不会有索股发生滑移。

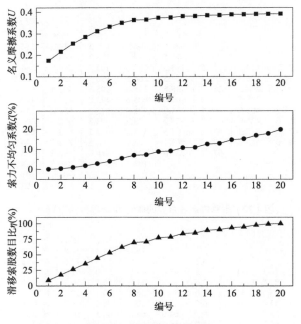

图 4-73　各参数变化情况 2

综合上述两种分析,可以看出实桥主缆具有足够的抗滑能力。

(2)推算基础摩擦系数

根据实桥的鞍座设置情况,按照主缆抗滑移安全系数 $K=2$,可以推算基础摩擦系数的取值情况。此时,实桥主缆应具有的名义摩擦系数:

$$U = K \times \mu = 2 \times 0.149 = 0.298$$

将所有接触面间的基础摩擦系数取统一值,利用名义摩擦系数为 0.298 反推各接触面的基础摩擦系数值。索股分批滑移的情况如图 4-74 所示,各参数计算结果汇总见表 4-6。

						1	1	1					
					1	2	2	2	1	1			
				1	2	3	3	3	2	2	1		
			1	2	3	4	4	4	3	3	2	1	
1	1	1	2	3	4	5	5	5	4	4	3	2	1
2	2	3	4	4	5	6	6	6	5	4	4	3	2
3	4	4	5	5	6	7	7	7	6	5	5	4	3
4	5	5	6	6	7	8	8	8	7	6	6	5	4
5	6	6	7	7	8	9	9	9	8	7	7	6	5
6	7	7	8	8	9	10	10	10	9	8	7	7	6
7	8	8	9	9	10	11	11	11	10	9	8	8	7
8	9	9	10	10	11	12	12	12	11	10	9	9	8
	10	11	11	12	12	13	13	12	11	10			
		12	13	13	13	14	14	13	12				
				14	14	15							

图 4-74　索股滑移情况 3

索股滑移计算结果汇总 1　　表 4-6

编号	1	2	3	4	5	6	7	8
名义摩擦系数	0.113	0.149	0.181	0.207	0.230	0.248	0.263	0.274
索力不均匀系数(%)	0.00	0.25	0.76	1.44	2.35	3.39	4.65	5.99
滑移索股数目比(%)	8.88	17.75	26.63	35.50	44.38	53.25	62.13	71.01
编号	9	10	11	12	13	14	15	—
名义摩擦系数	0.283	0.289	0.294	0.296	0.298	0.298	0.298	—
索力不均匀系数(%)	7.58	9.21	11.00	12.86	14.72	16.88	17.42	—
滑移索股数目比(%)	78.70	85.21	90.53	94.67	97.63	99.41	100.00	—

根据计算结果,当主缆满足 2 倍抗滑移安全系数时,即主缆名义摩擦系数为 0.298 时,推算得到的各接触面的摩擦系数为 0.0914。一般认为这个取值在正常情况下是可以满足的,即主缆的实际抗滑移安全系数 $K>2$ 是有保证的。

(3)少竖向摩擦板的分析

通过上述分析可知,在列间均置竖向摩擦板可以使实桥主缆具有足够的抗滑移能力,下面分析布置少量的竖向摩擦板时主缆的抗滑性能。

对于没有设置竖向摩擦板的位置,设置常规的竖向隔片,考虑到隔片结构的抗滑可靠性不确定,其摩阻作用不能与竖向摩擦板等同考虑,故本次分析将索股与隔片间的摩擦系数取为 0.05,其他接触面的摩擦系数除钢丝与钢丝间取 0.2 外,其余均取 0.15,这种情况也是偏保守的分析。

①中间少 4 块竖向摩擦板。

分析在鞍座中间 4 列不设置竖向摩擦板的情况,计算结果如下。其中,索股分批滑移的情况如图 4-75 所示,各参数计算结果汇总如表 4-7 所示。

					2	1	1	1	2					
			4	4	6	3	3	3	6	4	4			
	4	4	9	9	10	5	5	5	10	9	9	4	4	
4	9	9	16	16	14	7	7	7	14	16	16	9	9	4
9	16	16	22	22	18	8	8	8	18	22	22	16	16	9
16	22	22	28	28	23	11	11	11	23	28	28	22	22	16
22	28	28	31	31	27	12	12	12	27	31	31	28	28	22
28	31	31	34	34	29	13	13	13	29	34	34	31	31	28
31	34	34	36	36	30	15	15	15	30	36	36	34	34	31
34	36	36	38	38	32	17	17	17	32	38	38	36	36	34
37	39	38	40	40	33	19	19	19	33	40	40	38	39	37
		40	41	41	35	20	20	20	35	41	41	40		
				42	37	21	21	21	37	42				
						25	24	25						
							26							

图 4-75　索股滑移情况 4

索股滑移计算结果汇总 2　　表 4-7

编号	1	2	3	4	5	6
名义摩擦系数	0.158	0.166	0.173	0.174	0.187	0.194
索力不均匀系数(%)	0.00	0.01	0.03	0.03	0.15	0.22
滑移索股数目比(%)	1.78	2.96	4.73	10.65	12.43	13.61

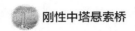

续上表

编号	7	8	9	10	11	12
名义摩擦系数	0.200	0.212	0.214	0.220	0.221	0.231
索力不均匀系数(%)	0.28	0.44	0.48	0.61	0.64	0.89
滑移索股数目比(%)	15.38	17.16	23.08	24.26	26.04	27.81
编号	13	14	15	16	17	18
名义摩擦系数	0.239	0.241	0.247	0.248	0.253	0.258
索力不均匀系数(%)	1.12	1.16	1.38	1.40	1.63	1.88
滑移索股数目比(%)	29.59	30.77	32.54	38.46	40.24	41.42
编号	19	20	21	22	23	24
名义摩擦系数	0.259	0.265	0.270	0.272	0.272	0.275
索力不均匀系数(%)	1.96	2.24	2.58	2.67	2.71	2.90
滑移索股数目比(%)	43.20	44.97	46.75	52.66	53.85	54.44
编号	25	26	27	28	29	30
名义摩擦系数	0.275	0.280	0.284	0.290	0.293	0.301
索力不均匀系数(%)	2.96	3.35	3.75	4.37	4.72	5.84
滑移索股数目比(%)	55.62	56.21	57.40	63.31	64.50	65.68
编号	31	32	33	34	35	36
名义摩擦系数	0.304	0.308	0.313	0.315	0.318	0.322
索力不均匀系数(%)	6.22	6.86	7.95	8.23	9.24	10.32
滑移索股数目比(%)	71.60	72.78	73.96	79.88	81.07	85.80
编号	37	38	39	40	41	42
名义摩擦系数	0.322	0.326	0.327	0.329	0.331	0.331
索力不均匀系数(%)	10.54	12.80	13.18	15.17	17.94	19.32
滑移索股数目比(%)	88.17	91.72	92.90	96.45	98.82	100.00

采用与前相同的计算分析方法,可以求得主缆整体名义摩擦系数 $U=0.331$,从而得到在极端加载条件下,主缆的抗滑移安全系数:

$$K = \frac{U}{\mu} = \frac{0.331}{0.149} = 2.22$$

由此表明,在这种鞍座构造下,设计主缆同样具有足够的抗滑能力。

按照发生首批滑移时刻对应的名义摩擦系数 $U=0.158$,求得此时的主缆抗滑移安全系数为:

$$K = \frac{U}{\mu} = \frac{0.158}{0.149} = 1.06$$

由此说明,理论上实桥主缆在极端加载条件下也不会有索股发生滑移,但抗滑移安全系数接近1,说明首批滑移时刻对应的主缆名义摩擦系数较低。

②列间布置6块竖向摩擦板。

分析在列间布置6块竖向摩擦板的情况,计算结果如下。其中,索股分批滑移的情况如图4-76所示,各参数计算结果汇总见表4-8。

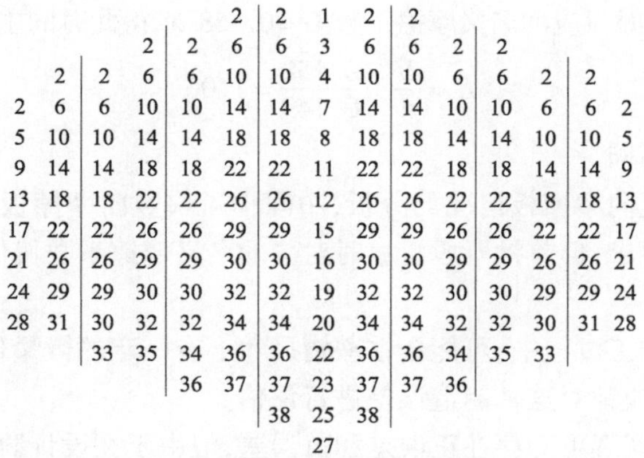
2 2 1 2 2
2 2 6 6 3 6 6 2 2
2 2 6 6 10 10 4 10 10 6 6 2 2
2 6 6 10 10 14 14 7 14 14 10 10 6 6 2
5 10 10 14 14 18 18 8 18 18 14 14 10 10 5
9 14 14 18 18 22 22 11 22 22 18 18 14 14 9
13 18 18 22 22 26 26 12 26 26 22 22 18 18 13
17 22 22 26 26 29 29 15 29 29 26 26 22 22 17
21 26 26 29 29 30 30 16 30 30 29 29 26 26 21
24 29 29 30 30 32 32 19 32 32 30 30 29 29 24
28 31 30 32 32 34 34 20 34 34 32 32 30 31 28
33 35 34 36 36 22 36 36 34 35 33
36 37 37 23 37 37 36
38 25 38
27

图 4-76　索股滑移情况 5

索股滑移计算结果汇总 3　　表 4-8

编号	1	2	3	4	5	6	7
名义摩擦系数	0.158	0.159	0.164	0.179	0.184	0.185	0.192
索力不均匀系数(%)	0.00	0.04	0.16	0.19	0.21	0.31	0.52
滑移索股数目比(%)	0.59	8.88	9.47	10.06	11.24	18.34	18.93
编号	8	9	10	11	12	13	14
名义摩擦系数	0.204	0.209	0.211	0.215	0.225	0.229	0.231
索力不均匀系数(%)	0.62	0.65	0.75	1.06	1.17	1.24	1.37
滑移索股数目比(%)	19.53	20.71	27.81	28.40	28.99	30.18	37.28
编号	15	16	17	18	19	20	21
名义摩擦系数	0.234	0.243	0.247	0.250	0.251	0.259	0.261
索力不均匀系数(%)	1.77	1.94	2.11	2.16	2.64	2.79	3.04
滑移索股数目比(%)	37.87	38.46	39.64	46.75	47.34	47.93	49.11
编号	22	23	24	25	26	27	28
名义摩擦系数	0.264	0.270	0.273	0.275	0.278	0.281	0.283
索力不均匀系数(%)	3.60	3.88	4.11	4.34	4.85	5.17	5.62
滑移索股数目比(%)	56.80	57.40	58.58	59.17	66.27	66.86	68.05
编号	29	30	31	32	33	34	35
名义摩擦系数	0.286	0.293	0.294	0.298	0.299	0.302	0.303
索力不均匀系数(%)	7.20	7.43	8.88	9.23	10.80	11.38	12.75
滑移索股数目比(%)	75.15	81.07	82.25	86.98	88.17	91.72	92.90
编号	36	37	38	—	—	—	—
名义摩擦系数	0.304	0.306	0.306	—	—	—	—
索力不均匀系数(%)	15.62	20.02	22.03	—	—	—	—
滑移索股数目比(%)	96.45	98.82	100.00	—	—	—	—

可计算得到主缆整体名义摩擦系数 $U=0.306$，从而得到在极端加载条件下，主缆的抗滑移安全系数：

$$K=\frac{U}{\mu}=\frac{0.306}{0.149}=2.05$$

由此表明，在这种鞍座构造下，设计主缆同样具有足够的抗滑能力。

按照发生首批滑移时对应的名义摩擦系数 $U=0.158$，求得此时的主缆抗滑移安全系数为：

$$K = \frac{U}{\mu} = \frac{0.158}{0.149} = 1.06$$

此时结果与前面相同。

综合上述两种少竖向摩擦板情况的分析，中间少 4 块竖向摩擦板或列间设置 6 块竖向摩擦板均可满足抗滑要求，但首批索股滑移时对应的名义摩擦系数偏低。

(4) 制造误差分析

由于鞍座在制造加工过程中，可能会在鞍槽尺寸上有一定的微量偏差，会对主缆侧向力产生一定的影响，所以应针对这种制造误差进行评估。

理论上，鞍座槽路宽度可能存在正误差和负误差，但由于在设计阶段会通过累积钢丝正公差的方式适当放大安装宽度，因此实际中仅可能存在正误差的情况。正误差会引起一定的初始间隙，前面已就这种间隙影响进行了分析，已建立的主缆滑移分析程序也可以考虑间隙影响。按照现有技术水平，单个鞍槽误差可以控制在 1mm，本次分析误差取 +2mm，摩擦系数统一取 0.15，其余分析参数与设计值一致，计算结果见表 4-9。

制造误差计算结果汇总　　　　表 4-9

误差值	+2mm	0
名义摩擦系数	0.432	0.423

从计算结果来看，存在一定制造误差的计算结果比无误差得出的结果稍大，表示存在一定的误差并不会削弱主缆的抗滑能力。但是，需要特别指出的是，上述分析仅针对主缆的抗滑能力而言，并不是放宽鞍座加工精度要求的理由。事实上，制造误差会对鞍座内部钢丝的接触状态产生一定影响，并会产生较大的空隙率，对主缆的耐久性也是不利的。因此，在鞍座加工制造过程中，一定要提高工艺水平，尽可能地减小误差。

(5) 竖向摩擦板摩阻效应分析

按照库仑摩擦定律，主缆的抗滑摩阻力是由径向摩阻力和侧向摩阻力组成的。为研究竖向摩擦板对主缆抗滑的贡献程度，现调整基准摩擦系数，不考虑竖向隔板的摩擦贡献，但考虑鞍槽侧壁的摩阻作用，为此使索股与竖向隔板间的摩擦系数取 0，其余均取 0.2，分析参数与前面保持一致，计算结果如下。其中，索股分批滑移的情况如图 4-77 所示，各参数计算结果汇总见表 4-10。

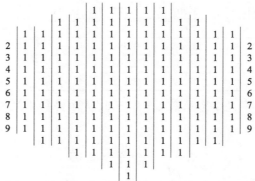

图 4-77　索股滑移情况 6

索股滑移计算结果汇总 4 表 4-10

编号	1	2	3	4	5	6	7	8	9
名义摩擦系数	0.200	0.202	0.204	0.207	0.209	0.210	0.212	0.212	0.213
索力不均匀系数(%)	0.00	1.08	3.26	5.83	8.05	10.30	12.57	14.88	16.03
滑移索股数目比(%)	90.53	91.72	92.90	94.08	95.27	96.45	97.63	98.82	100.00

由上述结果可见,在不考虑设计竖向摩擦板的情况下,主缆的整体名义摩擦系数 $U = 0.213$,其抗滑移安全系数为:

$$K = \frac{U}{\mu} = \frac{0.213}{0.149} = 1.43$$

由此表明,在不考虑竖向摩擦板的贡献时,主缆在极端条件下也不会完全滑移。

此外,结合以上计算结果,可以得到竖向摩擦板提供的侧面摩阻对主缆抗滑的贡献率:

$$C = \frac{0.503 - 0.213}{0.503} \times 100\% = 57.65\%$$

由此可知,列间均置竖向摩擦板,可以显著提高主缆的抗滑能力,且能改善主缆的整体抗滑性能。

4.4.6 查考大桥索鞍计算

收集到的查考大桥设计资料如下:索股根数 60 根,其中单根丝数 127 丝,单丝直径 5.4mm;鞍座设计半径 6m;主缆包角 45.4°;内设 8 块厚度 60mm 的竖向摩擦板 + 顶压板。据此采用前述方法对其主缆与索鞍之间抗滑移进行计算分析,暂不考虑顶压板的影响,索股分批滑移的情况如图 4-78 所示,各参数计算结果汇总见表 4-11。

			1	1	1			
	1	1	2	2	2	1	1	
1	2	2	3	3	3	2	2	1
2	3	3	4	4	4	3	3	2
3	4	4	5	5	5	4	4	3
4	5	5	6	6	6	5	5	4
5	6	6	7	7	7	6	6	5
		7	8	8	8	7		

图 4-78 索股滑移情况 7

索股滑移计算结果汇总 5 表 4-11

编号	1	2	3	4	5	6	7	8
名义摩擦系数	0.182	0.228	0.263	0.290	0.308	0.319	0.325	0.327
索力不均匀系数(%)	0.00	0.62	1.79	3.44	5.56	8.12	11.01	14.12
滑移索股数目比(%)	15.00	30.00	45.00	60.00	75.00	86.67	95.00	100.00

索股均发生滑移时对应的各股的侧向力如图 4-79 所示,各根索股侧面摩阻的贡献率如图 4-80 所示。

			33.90	33.90
	33.90	33.90	93.58	93.58
33.90	93.58	93.58	151.66	151.66
93.58	151.66	151.66	208.22	208.22
151.66	208.22	208.22	263.29	263.29
208.22	263.29	263.29	316.93	316.93
263.29	316.93	316.93	369.16	369.16
		369.16	420.06	420.06

图 4-79 滑移终态各索股的侧向力 3(单位:kN/延米)

			17.71	17.71
	17.71	17.71	37.89	37.89
17.71	37.89	37.89	50.40	50.40
37.89	50.40	50.40	58.89	58.89
50.40	58.89	58.89	65.04	65.04
58.89	65.04	65.04	69.69	69.69
65.04	69.69	69.69	73.33	73.33
		73.33	76.25	76.25

图 4-80 滑移终态各索股侧面摩阻的贡献率 3(单位:%)

从计算结果来看,查考大桥采用在鞍座列间增加竖向摩擦板的措施,显著提升了各索股的抗滑能力,滑移终态名义摩擦系数达到0.327。而从图4-80可以看出,滑移终态顶层索股的侧面摩阻贡献率达到17.71%,底层索股的侧面摩阻贡献率达到76.25%,表明抗滑能力提升主要来源于侧面摩阻贡献比重的提高。

4.4.7　名义摩擦系数参考表

上文介绍了名义摩擦系数的理论计算模型和实用计算公式,但实际应用起来可能较为烦琐,为方便工程人员使用,通过收集调查500~2000m跨径悬索桥主缆型号之后,归纳总结出常用的127股、169股、217股、271股等4种类型(以169股为例,布置如图4-81所示)的索股布置方式。考虑到各索股和索鞍设计参数相差不大,而影响名义摩擦系数的参数较多,为简化计算,参考瓯江北口大桥参数取值如下:索股宽度,59.40mm;索股高度,57.57mm;基准缆力,304765kN;鞍座包角,0.74725rad;鞍座设计半径,8m。

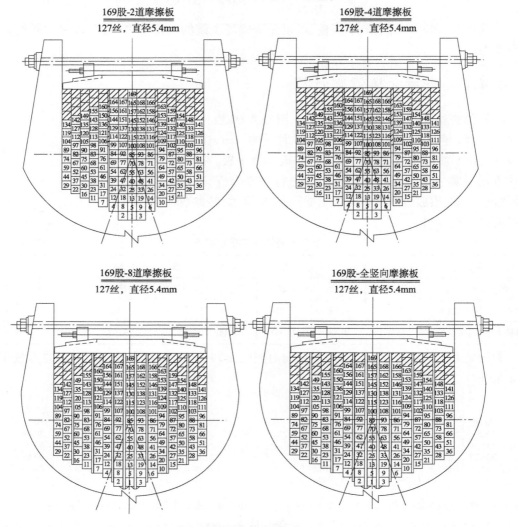

图4-81　索股布置示意

为方便摩擦板索鞍设计,索鞍摩擦板按 2 道、4 道、8 道、全竖向摩擦板等 4 种布设方式制成表格(表 4-12),工程人员可根据实际需要的型号查表 4-12 后得到较为准确的名义摩擦系数值,从而达到快速进行摩擦板索鞍选型的目的。

从表 4-12 可以看出:影响名义摩擦系数的最主要因素是索股排列与摩擦板的相对位置关系,摩擦板数量设置越多,名义摩擦系数越大(当然索鞍制造加工难度也越大)。在摩擦板索鞍设计选型时,首先需确定主缆截面的理论面积,然后计算需要的最小摩擦系数;其次拟定主缆索股型号以及布置形式,根据相近原则查表 4-12 得到需要设置的摩擦板数量。名义摩擦系数还受到主缆包角、索股张力、丝股直径、索鞍半径等参数差异带来的有限影响(与表 4-12 计算选择的参数值相差不大),根据表 4-12 给出的参数值基本能够满足初步设计需要,准确的名义摩擦系数可根据前述的计算理论和方法最终计算确定。

名义摩擦系数参考表　　　　　　　　　　　　　表 4-12

索股数目	索股型号	索股列数	摩擦板数目	名义摩擦系数
127	127 - φ5.4	13	2	0.210
			4	0.251
			8	0.343
			12	0.396
169	127 - φ5.4	15	2	0.211
			4	0.249
			8	0.336
			14	0.422
217	127 - φ5.4	17	2	0.207
			4	0.241
			8	0.324
			16	0.454
271	127 - φ5.4	19	2	0.207
			4	0.248
			8	0.307
			18	0.482

4.5　本章小结

本章以瓯江北口大桥为工程背景,通过模型试验与理论研究相结合的方式,针对主缆与鞍座间的摩擦滑移问题,开展了高摩擦性能索鞍试验与理论研究工作。首先,从力的平衡条件出发建立了侧向力的计算模型,并基于模型试验,验证了其准确性。其次,在得到侧向力计算模型的基础上,建立了主缆抗滑移的理论分析模型,通过与试验结果的对比,证明了理论计算模型的合理性。最后,利用已确立的主缆抗滑移分析模型和计算方法,对瓯江北口大

桥实桥进行了比较全面的抗滑移分析,得到的主要结论有:

①为全面认识主缆的滑移规律及不同鞍座构造的抗滑移效果,开展了普通鞍座、设置竖向摩擦板鞍座和设置水平摩擦板鞍座三种鞍座构造下的主缆抗滑移试验,并研究了不同索股数目和不同边界条件的影响,从而较准确地获得了主缆在鞍座内的滑移特征,为理论分析奠定了基础。

②研发了主缆侧向力测试方法,通过对钢丝不同排列工况的试验,获得了主缆在鞍座中的侧向力大小及分布特征,可为相应的理论研究提供支撑;通过理论推导建立了侧向力计算方法,并通过与试验值进行对比,验证了理论公式的可靠性,同时也可为同类研究提供参考。

③根据两项专题试验研究结果,通过理论分析,建立了以索股为研究对象的主缆抗滑移分析模型,并通过与试验结果对比,验证了主缆抗滑移分析模型的准确性;此模型可用于分析不同鞍座构造、不同索股数量的情况。

④利用建立的理论分析模型,对瓯江北口大桥实桥的设计主缆进行了较为全面的抗滑安全评估,分别采用较合理的基础摩擦系数 0.2 和偏保守的基础摩擦系数 0.15(钢丝间取 0.2),对设计主缆的抗滑能力进行了评估。结果表明:在较接近通常试验情况时,主缆的抗滑移安全系数为 3.38;在偏保守取值时,主缆的抗滑移安全系数为 2.63。因此,设计的主鞍座具有足够的抗滑能力。

⑤通过对比考虑和不考虑竖向摩擦板的摩阻效应,可知列间全置竖向摩擦板的构造措施对于主缆抗滑能力的贡献率达到 57.65%,表明鞍座中间设置竖向摩擦板可显著提高主缆的抗滑能力。通过分析中间少设置 4 块竖向摩擦板及列间仅布置 6 块竖向摩擦板的情况,可以看出主缆仍具有较大的抗滑移安全系数,但首批索股滑移时对应的名义摩擦系数偏低。

⑥针对设计鞍座可能存在的制造误差进行了计算分析。结果表明:一定范围的制造误差并不会削弱主缆的抗滑能力。

⑦针对查考大桥索鞍设计情况,在不考虑顶压板影响的前提下,其滑移终态名义摩擦系数达到 0.327,滑移终态顶层索股的侧面摩阻贡献率达到 17.71%,底层索股的侧面摩阻贡献率达到 76.25%,表明其抗滑能力提升主要来源于侧面摩阻贡献比重的提高,进一步证实设置竖向摩擦板是提高索鞍抗滑能力的有效手段。

第5章 高摩擦性能索鞍构造研究

高摩擦性能索鞍是解决多塔悬索桥主缆抗滑移问题的关键,在中国瓯江北口大桥建设之前,由于国内外对主缆钢丝与索鞍间摩擦机理的研究尚未深入,主缆钢丝在鞍座中的侧向力分布还无法精确计算,因此无法对索鞍抗滑性能进行准确评估。国内外通过构造措施来提高索鞍摩擦性能的工程案例也仅限于几座悬索桥,如日本的彩虹悬索桥采用分层设计的索鞍构造,其本质是通过增加水平摩擦面来提高索鞍抗滑性能;韩国的千四大桥采用加顶盖板的索鞍构造,其本质是通过增加主缆与鞍槽间的竖向压力来提高索鞍抗滑性能;中国的泰州大桥和马鞍山长江大桥采用带两道竖隔墙的索鞍构造,其本质是通过增加竖向摩擦面来提高索鞍抗滑性能。但上述几座桥并未对索鞍的抗滑性能进行准确评估,本书第4章对设置水平摩擦板、竖向摩擦板的索鞍及索股钢丝对索鞍侧壁的侧向力的试验和理论研究建立了索股与鞍槽间的摩擦力计算方法,可获得各种类型索鞍的名义摩擦系数,为高摩擦性能索鞍构造研究提供了理论基础。

本章从增加主缆与索鞍的摩擦面出发,研究不同构造的索鞍防滑性能、受力性能以及施工可行性,从而优选出综合性能优越的高摩擦性能索鞍。

5.1 高摩擦性能索鞍构造措施

经典摩擦理论认为,物体间的摩擦力与它们之间的表面正压力成正比,因此提高主缆在索鞍鞍槽中的抗滑移能力可以从增加主缆钢丝与索鞍鞍槽间的正压力和增加摩擦面着手,需要指出的是这里的正压力指钢丝对鞍槽底的径向压力和钢丝对索鞍侧壁的侧向压力总和。对于规模确定的桥梁,增加径向压力的代价可能比较大,而增加摩擦面的技术方案主要有以下三种:方案一是在鞍槽内增设水平摩擦板;方案二是在鞍槽内增设竖向摩擦板;方案三是在鞍槽内增设水平摩擦板+竖向摩擦板。

5.1.1 增设水平摩擦板的索鞍

为了提高索鞍抗滑移性能,可以采用在鞍槽内增设水平摩擦板的方式。这种水平摩擦板具有以下特征:径向完全自由传递压力,顺桥向约束,索股对水平摩擦板的摩擦力直接传递至鞍槽侧壁,而索股对鞍槽底和侧壁的压力与普通索鞍一致,提供了额外的中间摩擦面,可最终实现提高索鞍抗滑移性能的目的。

水平摩擦板能够提供的最大摩擦力取决于水平摩擦板所受的索股的表面正压力。水平摩擦板可分多层设置,设置方案根据摩擦力要求和具体的索股排列情况而定。方案一拟设置两层水平摩擦板,材料采用Q355C,两层的位置分别在距主缆索股顶部约1/4和1/2处。

为使水平摩擦板竖向完全自由,方案一考虑采用非连续的水平摩擦板来实现。水平摩擦板顺桥向是不连续的,且设有微小间隙,一旦发生径向压缩,其将追随变形而不会限制径向滑动。对于纵桥向约束问题,方案一针对每块独立的水平摩擦板研究其约束方案,根据每块水平摩擦板的受力特点,其与索鞍连接可考虑两种构造方案。

一种连接构造是在索鞍侧壁设置径向滑槽,在摩擦板端部设置榫头,这样摩擦板径向可以自由滑动,而顺桥向与索鞍形成整体。榫头尺寸根据受力要求确定,方案一上层水平板榫头竖向高度60mm,纵桥向长200mm,横桥向深60mm;下层水平板榫头竖向高度120mm,纵桥向长200mm,横桥向深60mm。摩擦板纵向分开10块,分块纵向长度约600mm。构造如图5-1~图5-3所示。

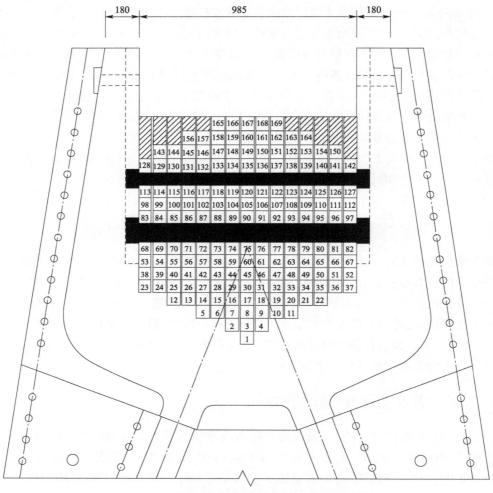

图5-1 榫头式水平摩擦板索鞍(尺寸单位:mm)

另一种连接构造是在索鞍侧壁开长圆孔,长度方向为径向,在摩擦板端部开圆孔,两者通过剪力销连接,为释放摩擦板径向位移及架梁过程中鞍槽内主缆伸长带动摩擦板移动所产生的位移,剪力销需要在成桥后打入。为达到这种效果,将索鞍侧壁的长圆孔内装入带偏心圆孔的塞子,偏心位置成桥后现场测量,塞子与长圆孔间顺桥向贴紧,径向留有间隙。这样摩擦板可以径向自由滑动,而顺桥向与索鞍形成约束。方案一上层摩擦板板厚60mm,销孔直径44mm,剪力销材料采用40Cr,对应索鞍侧壁长圆孔76mm(切向)×92mm(径向),下层摩擦板板厚80mm,销孔直径60mm,销孔深150mm,对应索鞍侧壁长圆孔110mm(切向)×116mm(径向),塞子与长圆孔上下各留有8mm间隙。摩擦板纵向分开10块,分块纵向长度约600mm。构造如图5-4~图5-6所示。

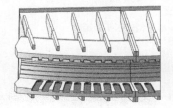

图5-2 索鞍侧壁径向滑槽构造示意

图5-3 榫头式水平摩擦板

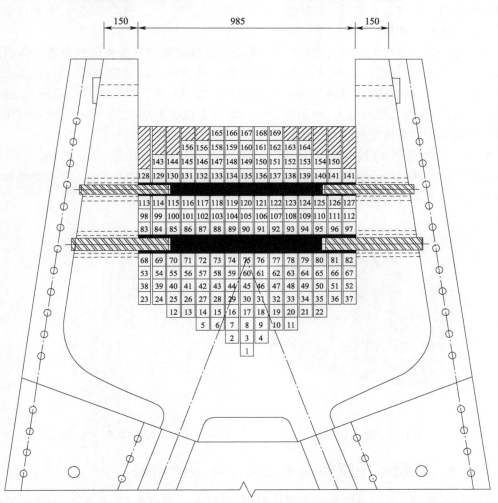

图5-4 剪力销式水平摩擦板索鞍(尺寸单位:mm)

图 5-5 剪力销构造示意

图 5-6 剪力销式水平摩擦板

5.1.2 增设竖向摩擦板的索鞍

普通索鞍鞍槽内设置隔片,采用分层结构,隔片采用 5mm 薄钢板,底层隔板与鞍槽底部设计为非熔透型的坡口焊接,上下层之间通过凹凸齿嵌接高,以利于索股定位及安装,但普通隔片由于自身结构及连接强度的缺陷,无法对索股提供有效的侧向摩阻力,因此在索鞍抗滑计算时不考虑其作用。

为了提升索股的侧向摩阻力,方案二将索鞍的普通隔片调整为竖向摩擦板。竖向摩擦板具有以下特点:一是厚度较厚,具有较高的强度;二是高度方向为整体不分层;三是底部与鞍槽为等强连接,确保连接处具有足够的抗剪强度。索股对竖向摩擦板产生侧压力,随着索股高度的增加,侧压力逐步增大,侧压力产生的摩擦力也逐步增大,从而可以充分利用侧向摩擦力提高索鞍的抗滑性能。

方案二索鞍(图 5-7)鞍槽内设 14 道竖向摩擦板(图 5-8),板厚 12~16mm(①号板厚 16mm,②、③号板厚 14mm,④、⑤、⑥、⑦号板厚 12mm),高 726~907.5mm,竖向摩擦板横向净距 61mm,材料采用 Q355C。

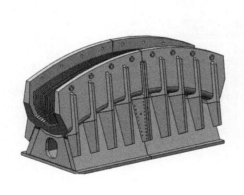

图 5-7 索鞍三维示意图

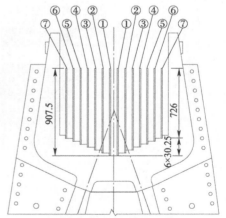

图 5-8 竖向摩擦板布置图(尺寸单位:mm)

5.1.3 增设水平摩擦板+竖向摩擦板的索鞍

水平摩擦板可以提供高效率的抗滑作用,但顶层水平摩擦板(图 5-9)之上的索股最容易滑动。为解决顶层索股易滑的问题,在顶层水平摩擦板上设置竖向摩擦板(图 5-10),通过改变索股高、宽尺寸,缩减索股宽度,获得摩擦板竖向设置空间(因为竖向摩擦板比隔片更厚)。

顶层水平摩擦板以上的索股钢丝排列需要进行调整,索股槽路宽×高由 61mm×60.5mm 调整为 55.8mm×65.5mm,如图 5-11 所示。这样可以在不改变索鞍整体宽度的条件下设置竖向摩擦板,从而提高顶层索股的抗滑性能。

图 5-9 顶层水平摩擦板

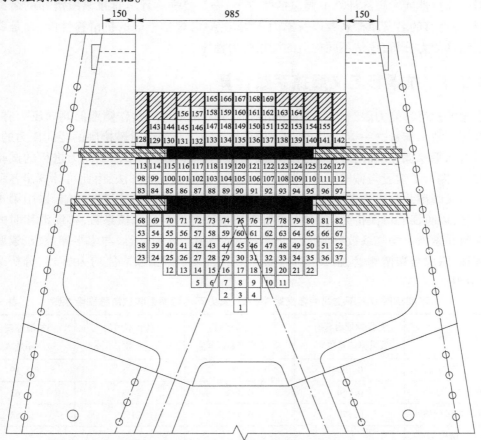

图 5-10 顶层水平摩擦板+竖向摩擦板索鞍(尺寸单位:mm)

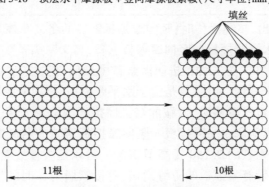

图 5-11 索股钢丝排列调整

方案三共设 14 道顶层隔板，板高 260mm，长 600mm，中间 4 道厚 12mm，其他板厚 10mm，采用 Q355C 钢材，竖向摩擦板与顶层水平摩擦板于厂内焊接，现场安装。

5.2 索鞍的抗滑移计算及结构受力分析

对高摩擦性能索鞍的计算主要包括两方面：一是要准确计算首批索股滑移的名义摩擦系数、整缆滑移的名义摩擦系数以及索力不均匀系数，评估索鞍的抗滑移性能；二是要对索鞍进行结构受力分析，评估不同构造的结构受力性能。

5.2.1 抗滑移名义摩擦系数计算

索鞍的抗滑移能力跟钢丝对鞍槽底的径向压力和钢丝对索鞍侧壁的侧向压力有关，以名义摩擦系数来衡量这一指标，其值为主缆总体摩擦力与主缆对鞍槽底的径向压力的比值。在对带有水平摩擦板、竖向摩擦板的索鞍及索股钢丝对索鞍侧壁的侧向力进行的试验和理论研究中，揭示了索股与鞍槽间的摩擦作用机理及摩擦力计算方法，由此可计算出各种类型索鞍的名义摩擦系数。为进一步比较三类带有摩擦板的索鞍的抗滑移性能，采用第 4 章的计算方法，以瓯江北口大桥为例，引入首批索股滑移时的名义摩擦系数、整缆滑移时的名义摩擦系数和索力不均匀系数等指标。分析采用的索股与索股、索股与水平摩擦板、索股与竖向摩擦板、索股与鞍槽侧壁、索股与鞍槽底面间的名义摩擦系数取值均为 0.15，分析结果列入表 5-1 中。

不同抗滑方案下主缆的名义摩擦系数、索力不均匀系数和抗滑移安全系数　　表 5-1

方　案	首批索股滑移时名义摩擦系数 μ_{n1}	整缆滑移时名义摩擦系数 μ_{n2}	索力不均匀系数 ζ	抗滑移安全系数 K
普通索鞍	0.150	0.177	25%	1.19
水平摩擦板索鞍	0.150	0.392	24%	2.63
竖向摩擦板索鞍	0.179	0.422	21%	2.83
水平摩擦板+竖向摩擦板索鞍	0.179	0.412	22%	2.76

从表 5-1 中可以看出，整缆滑移时，竖向摩擦板索鞍的名义摩擦系数为 0.422，在三类改进索鞍中最高，其次是水平摩擦板+竖向摩擦板索鞍，名义摩擦系数为 0.412，水平摩擦板索鞍的名义摩擦系数为 0.392，为三种改进防滑索鞍中最低，但这三种防滑索鞍相对于普通索鞍抗滑移能力都提高了一倍以上，主要是由于水平摩擦板、竖向摩擦板对抗滑移性能具有较显著的提高作用。首批索股滑移时，索鞍的名义摩擦系数取决于最上层索股与周围接触的边界条件，竖向摩擦板索鞍和水平摩擦板+竖向摩擦板索鞍的名义摩擦系数均为 0.179，比普通索鞍和水平摩擦板索鞍的 0.150 提高了 0.029，可以延缓首批索股滑移过程。实际上无论是普通索鞍还是三种带有摩擦板的防滑索鞍，首批索股滑移时的抗滑移安全系数 K 均大于 1.0，不会出现滑移现象。普通索鞍和三种防滑索鞍的索力不均匀系数均在 21%～25%

之间，差异不大。

5.2.2 结构受力分析

瓯江北口大桥中塔处恒载主缆力304765kN，最不利工况下主缆紧边侧拉力340308kN，松边侧拉力304497kN。主缆规格为169股，单股127丝，钢丝直径5.4mm。

(1) 水平摩擦板

水平摩擦板与索鞍的连接构造方案有榫头式和剪力销式两种。

第一种连接构造方案为榫头式。成桥后，在活载作用下，中塔两侧主缆产生不平衡力，由于这个力不足以引起主缆滑移，每根索股承担的不平衡力相等，索股的不平衡力就近传递给水平板和鞍槽底。所以不平衡力由纵向上层10块摩擦板、下层10块摩擦板和鞍槽底根据接触面两侧的索股数按比例分摊，按不计侧壁摩阻力考虑，即上层水平板、下层水平板、鞍槽底分担的不平衡力比例为64.5:63.5:41，同层水平板的受力相同，因此上、下层单块水平板承担的最大不平衡力分别为1367kN、1345kN。

而在主缆架设过程中，带榫头的水平摩擦板已经同时装入滑槽，之后在架梁过程中，由于主缆索力逐渐增加，鞍槽内的索股产生应变而伸长，最大伸长量约10mm，因此水平摩擦板在架梁过程中与索股间会发生滑移。此时，水平摩擦板所受的纵向力为最大摩擦力，假定钢丝与水平摩擦板间的摩擦系数为0.20，按不计侧壁摩阻力考虑，水平摩擦板上摩擦力等于其所受的正压力乘摩擦系数。因此上、下层单块水平板能承担的最大摩擦力分别为2537kN、5256kN。

第二种连接构造方案为剪力销式。在主缆架设过程中，水平摩擦板已经同时装入鞍槽，但剪力销此时未插入，因此水平摩擦板在架梁过程中会与索股一起移动。成桥后，水平摩擦板随主缆移动到位，再插入剪力销。在活载作用下，索鞍两侧主缆产生不平衡力，剪力销此时发挥作用，限制了水平摩擦板移动。所以剪力销只承担活载作用下的主缆不平衡力，且与榫头承受的主缆不平衡力相同。

(2) 竖向摩擦板

瓯江北口大桥中塔主索鞍竖向摩擦板在主缆抗滑移中起到至关重要的作用，其受力主要为顺桥向的剪切力，横桥向的挤压力为两侧钢丝的侧向力，由于板两侧的挤压力基本平衡，最外侧又受索鞍侧壁的约束，因此分析主要针对竖向摩擦板的抗剪进行。

竖向摩擦板受力主要是主缆不平衡水平力通过摩擦力传递给竖向摩擦板，再传给鞍座底部。考虑到架缆和架梁过程中主缆逐步伸长，存在着一定恒载残余摩擦力，所以按极限摩擦力和主缆不平衡水平力两种工况来验算。

不平衡力不足以引起主缆滑移，每根索股承担的不平衡力相等，索股的不平衡力就近传递给竖向摩擦板。竖向摩擦板所受的剪力根据该摩擦板两侧的索股数按比例分配。竖向摩擦板极限摩擦力是其侧压力总和乘摩擦系数计算所得。

(3) 受力分析结果

对三种类型的防滑索鞍进行结构受力分析，其连接构造及摩擦板本身的应力分布情况如图5-12所示，表5-2列出了三种类型的防滑索鞍受力分析结果。从分析结果来看，无论何种方案,其应力结果均能满足设计要求,但不同方案的应力结果差异较大。在工况一不平衡力作用下,剪力销式水平摩擦板方案的剪力销和索鞍销孔的 mises 应力和剪应力在四个方案中最大,全竖向摩擦板方案的 mises 应力和剪应力最小;在工况二极限摩擦力作用下,全竖向摩擦板方案的 mises 应力和剪应力比榫头式水平摩擦板方案小。全竖向摩擦板方案由于连接构造均匀顺畅,较好地避免了局部应力集中;而水平摩擦板的榫头或销轴连接难以避免应力集中,导致应力相对较大。

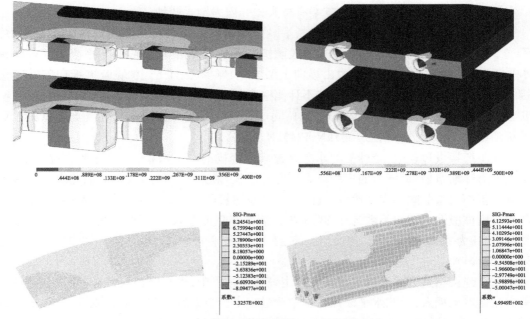

图 5-12 三种防滑索鞍的连接构造及摩擦板应力分布图

不同抗滑方案下应力分析结果　　　　表 5-2

索鞍方案	受力部位	工况一(不平衡力)		工况二(极限摩擦力)	
		mises 应力(MPa)	剪应力(MPa)	mises 应力(MPa)	剪应力(MPa)
榫头式水平摩擦板方案	水平摩擦板	175	79	330	149
	榫头	156	70	295	133
	索鞍侧壁	143	65	270	128
剪力销式水平摩擦板方案	水平摩擦板	152	65	—	—
	剪力销	233	99	—	—
	索鞍销孔	198	81	—	—
全竖向摩擦板方案	竖向摩擦板	82	25	287	84
顶层水平摩擦板+竖向摩擦板方案	水平摩擦板	183	76	—	—
	竖向摩擦板	61	26	—	—

5.3 高摩擦性能索鞍构造方案比选

不同防滑索鞍构造方案,其在抗滑移性能、滑移状态下索力不均匀系数、索鞍构造自身受力、加工工艺、施工难度等方面存在差异(表5-3)。增设水平摩擦板的索鞍,出现首批索股滑移时的名义摩擦系数较小,与普通索鞍一致,无论采用榫头式连接还是剪力销式连接,都存在应力集中现象,在加工工艺要求上,榫头与滑槽的匹配、剪力销与销孔的匹配都要求很高的精度,否则各块水平摩擦板及连接构造的受力就会很不均匀,在实际施工中很难实现精密匹配。增设全竖向摩擦板的索鞍,相对于增设水平摩擦板方案和普通索鞍,提高了首批索股滑移时的名义摩擦系数,整缆滑移时的名义摩擦系数也相对较大,各块板构造受力较为均匀,加工难点在于要在狭小空间内使竖向摩擦板与鞍槽底部的焊接质量达到设计要求。为此瓯江北口大桥进行了相关焊接工艺试验和焊缝质量检验,达到了较为理想的效果。综合各方案的优缺点,推荐采用全竖向摩擦板索鞍方案。

不同防滑索鞍构造方案比较 表5-3

防滑构造形式	水平摩擦板	全竖向摩擦板	顶层水平摩擦板+竖向摩擦板
构造要求	上下两层,距顶部1/4和1/2处,纵向分10块,可采用剪力销或榫头与索鞍侧壁连接	将所有隔片都换成竖向摩擦板,厚度12~16mm,沿高度方向为整体结构,底部等强连接	上下两层,距顶部约1/4和1/2处,将上层水平板上所有隔片都换成竖向摩擦板,厚度10~12mm,并焊接在摩擦板上,可采用剪力销或榫头与索鞍侧壁连接
防滑性能	对上层水平板以上的索股来说,与普通索鞍无区别;其余索股的抗滑能力明显提高,整缆滑移时的名义摩擦系数为0.392。对应瓯江北口大桥抗滑移安全系数2.63	顶面第一层索股最易滑移,但与普通索鞍相比也有所提高,整缆滑移时的名义摩擦系数为0.422。对应瓯江北口大桥抗滑移安全系数2.83	顶面第一层索股最易滑移,但与普通索鞍相比也有所提高,与全竖向摩擦板索鞍相同,整缆滑移时的名义摩擦系数为0.412。对应瓯江北口大桥抗滑移安全系数2.76
主缆索力不均匀系数	24%	21%	22%
连接构造的受力	能满足设计要求,存在局部应力集中,应力相对较大	能满足设计要求,应力较为均匀	能满足设计要求,存在局部应力集中,应力相对较大
加工工艺、施工难度	榫头与滑槽的匹配、剪力销与销孔的匹配都要求很高的精度,施工难度较大	最后焊接的几块竖向摩擦板焊接操作空间局部受限,经相关焊接工艺试验研究,较好地解决了焊接质量问题	榫头与滑槽的匹配、剪力销与销孔的匹配都要求很高的精度,施工难度较大
比选结论	比较方案	推荐方案	比较方案

5.4 全竖向摩擦板索鞍结构

5.4.1 瓯江北口大桥中塔索鞍构造

瓯江北口大桥中塔主索鞍将所有隔片设计成竖向摩擦板,使各根索股的侧面都与竖向摩擦板接触,提供侧面摩擦力,从而提高索鞍的抗滑性能。

中塔主索鞍顺桥向长 6900mm,高 3500mm,横桥向鞍槽宽 1099mm,鞍槽内索股总高度 907.5mm。中塔主索鞍构造如图 5-13 所示。

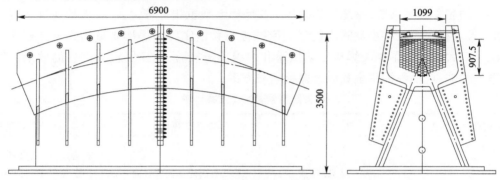

图 5-13 中塔主索鞍构造(尺寸单位:mm)

鞍槽内设 14 道竖向摩擦板(图 5-14),板厚 12~16mm(①号板厚 16mm,②、③号板厚 14mm,④、⑤、⑥、⑦号板厚 12mm),高 726~907.5mm,纵向长 6700mm,竖向摩擦板横向净距 61mm,材料采用 Q355C。

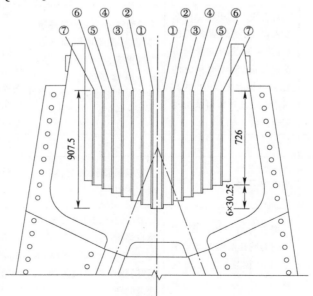

图 5-14 竖向摩擦板构造图(尺寸单位:mm)

瓯江北口大桥中塔主索鞍竖向摩擦板沿高度方向为整体结构(图5-15),沿顺桥向分为对称的两块,底部与索鞍鞍槽焊接,是主缆抗滑中的重要受力构件,其受力特点主要为顺桥向抗剪。

②、③、④、⑤、⑥、⑦号竖向摩擦板焊缝采用熔透型,板底端与鞍槽底部间隙为5mm,竖向摩擦板底部开坡口,坡口角度45°,摩擦板背侧采用角焊缝定位;①号竖向摩擦板采用两侧对称角焊缝与鞍槽底部连接。竖向摩擦板焊缝构造如图5-16所示。

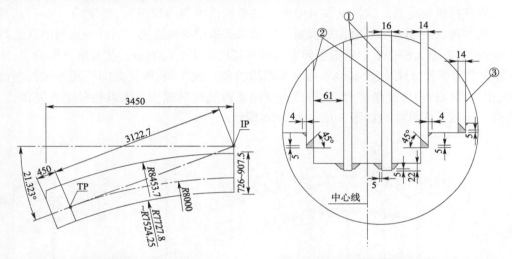

图5-15 竖向摩擦板构造图(尺寸单位:mm)　　图5-16 竖向摩擦板焊缝构造(尺寸单位:mm)

主索鞍鞍槽需要根据竖向摩擦板焊接构造的要求设计,对其台阶制作,坡口、倒角的处理详见图5-17。

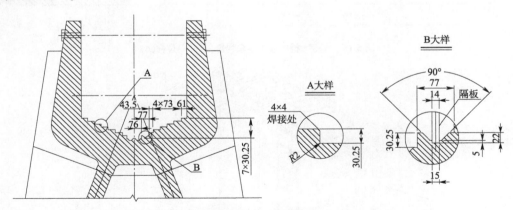

图5-17 主索鞍鞍槽底细部构造图(尺寸单位:mm)

5.4.2 查考大桥中塔索鞍构造

查考大桥中塔主索鞍采用了与瓯江北口大桥类似的提高摩擦性能的方法,该桥的设计者认为,普通索鞍无法满足主缆抗滑移要求,必须采用辅助措施提高主缆与鞍槽间的摩擦力。最直接的方法是顶部加压,增加主缆对鞍槽的竖向压力,但这种额外的压力相对于桥梁恒载作用下的压力显得太小,因此通过这种直接加压的方法来提高主缆与鞍槽间摩擦力效果不理想。设计者认为需要依靠钢丝水平压力来提高摩擦力,但是这种水平压力当时无法精确计算,只能假定钢丝间无摩擦,钢丝水平压力为竖向压力的33.3%,水平压力从上至下呈线性变化,从而计算该主索鞍的摩擦特性。最终该桥主索鞍内设置了8道竖向摩擦板,将索股分成9列。

与瓯江北口大桥不同的是,查考大桥中塔主索鞍采用竖向摩擦板和加压顶盖板的方式来提高索鞍抗滑移能力。该桥索鞍采用更厚的钢板作为竖向摩擦板,厚度为60mm,几乎与单索股的宽度(61mm)一致,竖向摩擦板与鞍槽底部采用螺栓连接。另外一点与瓯江北口大桥不同的是,查考大桥中塔主索鞍竖向摩擦板总高度为477~536mm,按高度方向分层,中间2道竖向摩擦板各分成4层,其余6道竖向摩擦板各分成3层,各层之间采用传统的锯齿形连接,依靠齿口抗剪传递摩擦力,最终传给竖向摩擦板底部螺栓。该索鞍鞍槽为铸钢件,其余构件为钢板。索鞍构造如图5-18~图5-20所示。

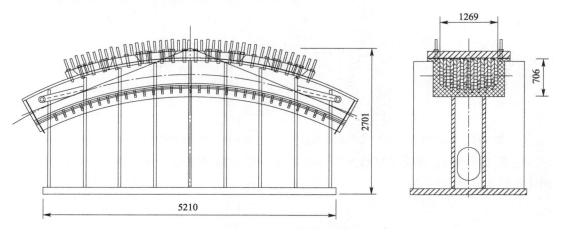

图5-18 查考大桥中塔主索鞍构造(尺寸单位:mm)

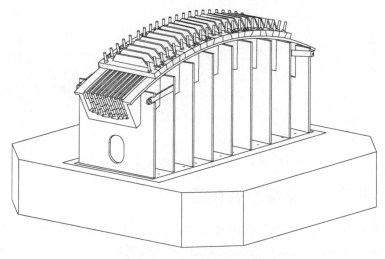

图5-19 查考大桥中塔主索鞍三维示意图

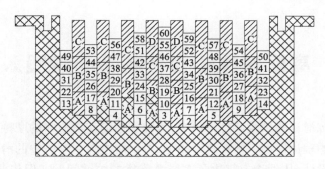

图 5-20 查考大桥中塔主索鞍鞍槽与竖向摩擦板构造示意图

5.5 本章小结

高摩擦性能索鞍是解决多塔悬索桥主缆抗滑的关键,增加接触总压力可以显著增加摩擦力,这已得到理论和试验验证。利用索股之间的总压力势必要求索鞍构造设计增加索鞍与索股的接触面,本章研究了不同构造的索鞍防滑性能、受力性能以及施工可行性,从而优选出综合性能优越的高摩擦性能索鞍。主要结论如下:

①在鞍槽内增设水平摩擦板、竖向摩擦板、水平摩擦板+竖向摩擦板均可以大幅度提高索鞍防滑移性能。其重要原因在于,增设摩擦板后,索股与鞍槽间的接触总压力大大增加。

②水平摩擦板与索鞍的连接构造复杂,水平摩擦板榫头与滑槽的匹配、剪力销与销孔的匹配要求很高的精度,在目前施工技术条件下难以满足设计要求。而增设全竖向摩擦板的防滑索鞍较好地满足了施工工艺要求,可作为有效的防滑索鞍方案。

③全竖向摩擦板防滑索鞍的设计不仅需要考虑其防滑性能,还需考虑摩擦板自身的结构受力,需要满足强度要求。由于鞍槽内索股竖向总高度不同,不同的竖向摩擦板所受的摩擦力也不同,其变化规律为从外侧往中间逐渐增加,从控制摩擦板自身应力的角度出发,可以将中间摩擦板厚度设计成比外侧摩擦板厚度更厚。

④全竖向摩擦板索鞍具有防滑与受力良好的特点,但在板间狭小的间隙下进行焊接、焊缝检测、索股入鞍等施工难度较大,这些问题应事先开展工艺试验验证。也可以参考查考大桥的方法,将竖向摩擦板与鞍槽底部栓接,通过竖向摩擦板接高方式降低索股入鞍难度,但需要考虑竖向摩擦板过厚带来的不利影响。

第6章 高摩擦性能索鞍制造与索股入鞍技术

本书根据主缆抗滑移的试验和理论研究,探明了主缆在索鞍内的摩擦滑移机理,并建立了主缆抗滑移分析的理论模型。依托这个模型,可以对主缆在索鞍中的滑移情况进行分析,并指导索鞍的结构设计,从理论上解决了多塔悬索桥的关键问题。但依此理论设计的抗滑索鞍在制造工艺、现场安装等方面相比普通索鞍会有一些新的难题。

以高摩擦性能索鞍为例,其主要制造难点在于竖向摩擦板作为承受主缆侧向摩擦力的主要构件之一,其本身及连接部位对强度和刚度有更高要求。为保证连接强度,摩擦板与鞍头之间需要有高质量连接焊缝。摩擦板采用高强度结构钢,而鞍头为铸钢件,不同材质之间的焊缝质量保证较同种材质之间的焊缝难度要大。更为关键的是竖向摩擦板形成的主缆索槽仅为一根索股宽度,且深度几乎与索鞍鞍槽一致,在窄间隙深槽开展对焊接质量要求很高的焊接工作,对焊接工艺提出了新的挑战。同时,由于摩擦板形成的索槽宽度必须适应主缆索股的宽度,这对索槽宽度的精度要求较高。而摩擦板自身厚度的误差、装配误差以及难以控制的焊接变形,都会对索槽宽度产生较大影响。因此,抗滑索鞍的实际制造能否成功,也是多塔悬索桥抗滑方案能否成功实现的重要技术节点。

通常,索鞍采用厚度很薄的隔片分隔,隔片采用分层叠置的方式安装,不考虑其承担荷载,其功能也仅限于分隔主缆索股。国内悬索桥主缆大多采用预制平行钢丝索股法(pre-fabricatal parallel wire strand,PPWS法)架设施工,普通索鞍隔片对施工影响较小。而采用全竖向摩擦板的高摩擦性能索鞍,其隔板厚度大,索槽深度也大,对竖向摩擦板的保护要求高。如何将预制的主缆索股安装到深索槽中,并在架设过程中保护好竖向摩擦板,对现场主缆架设提出了新的挑战。

瓯江北口大桥为确保高摩擦性能索鞍顺利实施,在设计阶段专门开展了高摩擦性能索鞍制造工艺研究的技术设计;在项目实施阶段,德阳××重工股份有限公司完成全竖向摩擦板索鞍的制造工艺研究。同时,为解决预制主缆索股在高摩擦性能索鞍中的安装问题,上海××缆索股份有限公司、江苏××缆索有限公司两家缆索制造企业相继开展相关试验,在主缆索股入鞍设备及入鞍工艺上取得一定的成果。瓯江北口大桥主桥的上部结构安装单位在上述研究基础上开展了更深入细致的试验和研究,研发出一整套主缆入鞍施工自动化机器人及相关工艺,并运用到瓯江北口大桥主桥的主缆架设施工过程中。

6.1 高摩擦性能索鞍的制造难点及关键技术

瓯江北口大桥为采用刚性A形混凝土中塔的三塔四跨钢桁梁悬索桥,中塔设有索鞍(图6-1),用于主缆的支撑、转向。索鞍为铸焊结构,鞍头为铸钢件,鞍座为钢板焊接。为增加主缆与鞍槽间的摩擦力,提高主缆与中塔索鞍的抗滑移名义摩擦系数,瓯江北口大桥首次采用高摩擦性能索鞍。高摩擦性能索鞍通过在鞍槽内设置整体结构的竖向摩擦板来提高名义摩擦系数,竖向摩擦板采用12mm、14mm、16mm三种厚度,除中央两块摩擦板之外,其余摩擦板与鞍槽底部之间主要采用熔透型坡口焊缝,这种设计结构大大增强了竖向摩擦板与鞍槽底部的连接强度,竖向摩擦板的抗剪切能力大大提高,避免了传统隔片或隔墙因采用断续且非熔透型焊缝导致其抗剪切能力较弱的不足。为满足摩擦板传递摩擦力的使用要求,需保证其制造质量和精度,这对高摩擦性能索鞍的制造提出了新的挑战。

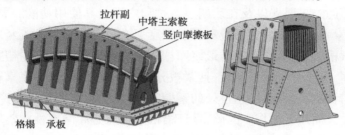

图6-1 中塔索鞍构造图

6.1.1 高摩擦性能索鞍制造难点

采用竖向摩擦板方案的抗滑索鞍与普通索鞍的构造区别在于,抗滑索鞍在索鞍鞍槽内设置了较厚的摩擦板,摩擦板与鞍槽之间采用全熔透焊缝连接成一体,通过增加摩擦板与主缆的摩擦面,进而加大主索鞍与主缆的名义摩擦系数。

主要构造特点有:

①整体竖向摩擦板尺寸大。不同于传统隔片的分层结构,该结构隔板为整体结构的竖向摩擦板,摩擦板的平面尺寸与主索鞍侧壁面尺寸相当。以瓯江北口大桥中塔抗滑索鞍为例,其单块摩擦板高度尺寸为726~907.5mm,纵向长度尺寸约3350mm。

②摩擦板间形成的索槽空间窄而深。为获得更大的摩擦面,需要尽可能多地设置竖向摩擦板,索槽最小宽度为单根主缆预制索股的宽度。以瓯江北口大桥中塔抗滑索鞍为例,其索槽宽度为单根索股宽度,仅为61mm,其深度则达907.5mm。

由于上述构造特点,高摩擦性能索鞍在制造工艺中存在以下几个难点:

(1)全竖向摩擦板的施焊空间狭小

整体竖向摩擦板间距窄、空间深,摩擦板之间的间距为61mm,两块板之间形成的尺寸为宽度61mm,长度3350mm,深度最大907.5mm,常规焊枪及人手均无法伸入操作。如何实施焊接和进行焊缝打磨,将是索鞍制造中的巨大难题。

(2)摩擦板与鞍座之间的焊接质量要求高

与普通索鞍中隔片不同的是,抗滑索鞍的摩擦板在运营过程中需要考虑承担主缆摩擦力,并将其传递给索鞍整体,因此必须保证摩擦板与鞍座的连接强度,从而对鞍座与竖向摩擦板的焊接质量提出了高标准要求。其焊接质量要求:竖向摩擦板与鞍槽间的焊缝熔敷金属及热影响区应采用相控阵超声检测技术进行超声波探伤,按照《无损检测 超声检测 相控阵超声检测方法》(GB/T 32563—2016)标准规定,检测技术等级至少应为B级;质量等级符合《钢的弧焊接头 缺陷质量分级指南》(GB/T 19418—2003)标准规定,B级合格;验收等级符合《焊缝无损检测　超声检测　验收等级》(GB/T 29712—2013)标准规定,2级合格;焊缝打磨精度达St2。在如此狭小的空间内,如何确保Q355C材质的摩擦板与铸钢材质的鞍座的焊接质量是此类索鞍制造中的关键点和难点。

(3)抗滑索鞍摩擦板的制造精度要求高

中塔主索鞍的全竖向摩擦板设计为首创技术,为保证高摩擦性能索鞍能够在后续施工中满足架设主缆等的施工要求以及在后期运营过程中满足其使用功能的要求,相较于普通索鞍,高摩擦性能索鞍在摩擦板的制造和拼装精度上有更多具体要求。竖向摩擦板在鞍槽内形成主缆索股索槽,索槽精度控制是最终摩擦板精度控制的目的。索槽宽度控制不均将导致个别索槽过窄,后续主缆无法安装;且索鞍分两半组装而成,若两半索鞍组装后同一索槽的摩擦板对接错台严重,将缩小连接处的索槽宽度,同时也可能使索股产生弯折,导致主缆钢丝局部应力过大而产生损伤。因此,保证索槽的精度是高摩擦性能索鞍精度控制的关键点和难点。鞍座的鞍槽通过铣床进行精加工,其加工精度容易得到保证,但竖向摩擦板与鞍座通过焊接进行连接,难以保证其安装精度。因此在摩擦板的制造过程中需要对每一步进行精度控制,以确保最终索鞍的精度。

抗滑索鞍摩擦板制造精度控制要求如表6-1所示。

抗滑索鞍摩擦板制造精度控制要求 表6-1

编号	检查项目		单位	规定值或允许值
1	竖向摩擦板加工精度	厚度	mm	±0.4
2		主要平面全平面	mm	1.2
3	竖向摩擦板装配		mm	±0.5
4	竖向摩擦板焊接完成后各索槽宽度		mm	±1
5	焊接完成后鞍体下平面对竖向摩擦板竖直平面垂直度		mm	±0.5
6	鞍体配合后竖向摩擦板间槽宽、侧壁		mm	±1

抗滑索鞍的竖向摩擦板的构造特点和技术质量要求,给竖向摩擦板的加工、拼装、焊接、检测等制造工艺带了巨大的技术挑战。

6.1.2　高摩擦性能索鞍制造关键技术

对于大跨径悬索桥,由于其索鞍结构尺寸较大,往往采用铸焊结构。铸焊结构焊接工作量大,焊缝质量要求高,对于增加了抗滑措施的索鞍,其构造更加复杂,如何控制各焊缝质量是索鞍制造的重点。瓯江北口大桥采用的是竖向摩擦板构造,其与鞍头以焊接连接。与普通索鞍相比,抗滑索鞍还存在着摩擦板的焊接空间狭小、安装精度和变形控制要求高等难点,因此,如何实现竖向摩擦板与索鞍鞍体的装焊是抗滑索鞍制造技术的关键。抗滑索鞍制造的主要技术有:窄间隙焊接机器人的研发、摩擦板组装焊接工艺技术、摩擦板焊缝的打磨清理技术、摩擦板焊接的变形控制技术、摩擦板焊接质量检验技术。

(1)研制专用自动化焊接设备实现摩擦板窄间隙焊缝的焊接操作

由于鞍槽内竖向摩擦板间距小、高度高,施焊空间窄而深,而焊缝又要求熔透焊接,人工及传统机器人无法进行焊接操作,只能考虑研发专用自动焊接设备来实施竖向摩擦板的窄深焊缝的焊接。

瓯江北口大桥项目研发了专用自动化焊接设备,该焊接设备配备了双焊接机头以实现不同空间结构的焊缝焊接。对中塔索鞍结构而言,设备的窄间隙焊接机头用于焊接靠近中间两块摩擦板根部的主焊缝及所有摩擦板与贴靠索槽台阶的部分熔透焊缝,普通焊接机头用于焊接其余摩擦板与鞍槽之间的所有熔透焊缝。摩擦板与索鞍鞍槽之间的焊缝为圆弧形,焊接工作在程序控制下通过设备的行走台车的运动和焊枪升降滑座的动作配合自动完成,同时辅以跟踪系统实现工件的优质、高效焊接。该设备整体设计紧凑,便于操作,专用于瓯江北口大桥项目索鞍竖向摩擦板的焊缝焊接,优化的结构设计使工件的焊缝处于最佳的焊接状态,利于焊接工艺的实施,焊接设备编程后按照程序自动运行施焊,可保证焊接质量稳定良好。通过试验件的焊接验证,采用专用焊接设备焊接的竖向摩擦板焊缝表面成型美观,焊缝探伤检测一次性合格率达100%。实践证明,该项目研发的专用焊接设备性能优越,完全满足中塔索鞍竖向摩擦板与鞍槽的焊接要求。

(2)制订科学合理的摩擦板组装焊接工艺技术措施

①将鞍体摆放到合适的位置,摩擦板从鞍槽两侧向内依次进行组装(摩擦板编号1~9,详见图6-2),组装完一个编号的隔板后,采用专用焊接设备的普通焊接机头对摩擦板根部的坡口焊缝进行自动焊接,摩擦板与索槽台阶贴合上端的角焊缝用专用窄间隙焊接机头进行焊接。坡口焊缝探伤检测合格后,再组装紧邻的下一个摩擦板,操作方式同上(注:对于编号1~7的摩擦板,每装焊完成一个,必须及时进行焊缝外观的清理打磨和焊缝探伤检查)。最后预留中间的两块摩擦板(编号8、9)暂时不组装。

②待编号1~7的摩擦板焊接、探伤检测完毕后,先组装编号8的摩擦板,组装好后摆放到合适的位置,用专用的窄间隙焊接机头进行焊接,焊接后打磨焊缝,而后组装最后一块摩擦板(编号9),操作方式同上。

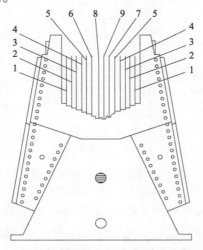

图6-2 鞍槽内摩擦板焊接编号示意图
注:图中数字表示焊接编号。

摩擦板组装焊接顺序如图6-3所示。

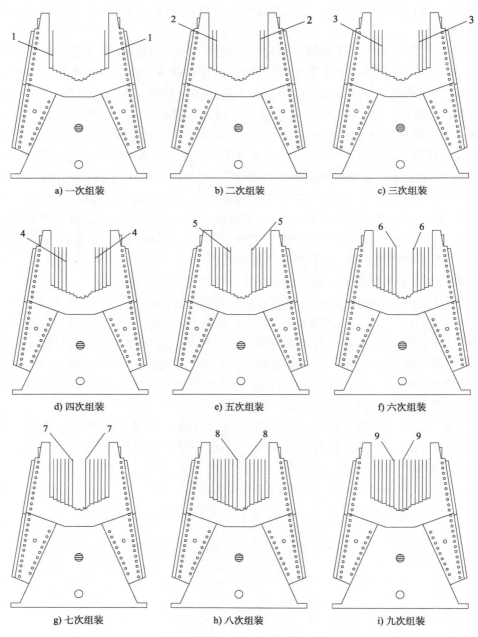

图 6-3 摩擦板组装焊接顺序示意图
注：图中数字表示焊接顺序。

③实施竖向摩擦板的组装和焊接工作时，必须考虑在每块摩擦板两端设置加长段作为将来摩擦板与鞍槽焊接时延伸焊缝的引弧和熄弧工作区段，靠近结合面端的接长段还需要在其下部增设一个水平方向的板条，在结合面端部形成一个"L"形结构，在"L"形接长段与摩擦板对接的竖板条根部，同样制备与摩擦板根部相同的焊接坡口，以保证焊接时延伸焊缝的引弧和熄弧工作。在竖向摩擦板焊接工作结束后需对接长段引弧、熄弧板进行特殊处理：

中分面端的加长段焊接后通过机加工去除以确保摩擦板端部与鞍体中分面平齐,另一端的加长段通过修磨或者机加工去除。摩擦板接长段结构示意图如图6-4所示。

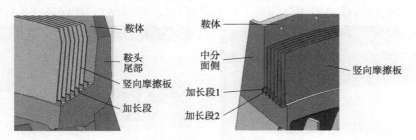

图6-4 摩擦板接长段结构示意图

按照摩擦板装焊工艺文件规定的各摩擦板组装、焊接顺序逐块进行装焊。在组装摩擦板时,必须控制好装配尺寸偏差,确保摩擦板与索槽底面的垂直度符合《公路悬索桥设计规范》(JTG/T D65-05—2015)要求。组装尺寸检查合格后,用拉筋固定、端部点焊等工艺措施进行定位和限位,再实施焊接。

竖向摩擦板焊接实施过程中,焊接的引弧和熄弧必须在摩擦板两端的加长段上进行,严禁在摩擦板工作段内引弧和熄弧。临时遇故障焊接中断时,必须重点检查中断处焊接接头的焊接质量和外观质量,合格后方可继续进行后续的施焊工作。每条焊缝焊接完毕后均需及时进行外观及超声波探伤检查,并根据检查结果对焊缝表面进行处理,对出现变形的摩擦板进行调校处理,合格后再继续组装焊接下一块摩擦板。

所有摩擦板焊接完成后,再次整体检查所有摩擦板的间距和变形情况,并根据实际情况做调整校正,确保所有摩擦板的焊接质量符合设计要求。最后,按要求对中塔索鞍摩擦板两端的接长引弧、熄弧段进行去除处理。

(3)摩擦板焊缝的打磨清理

采用常规风动砂轮和接长风动砂轮对摩擦板与鞍体的焊缝进行修整打磨,要求焊缝不得高于鞍槽内的索槽和摩擦板表面,保证打磨面平整顺滑,以及焊接区域和索槽、摩擦板平面平整。

对于先焊接的摩擦板,当焊接完成后就采用常规风动砂轮及时对摩擦板与鞍槽的熔透焊缝进行打磨清理,然后进行无损探伤检测;对于摩擦板另一侧的角焊缝,采用接长风动砂轮修磨平整。焊缝打磨时必须控制焊缝不高于鞍槽圆弧面。

对于最后焊接的中间几块摩擦板,每块摩擦板焊接后采用接长风动砂轮将焊缝修磨圆滑、平整,控制焊缝不高于鞍槽圆弧面。

已有接长风动砂轮(图6-5),其操作杆长度为925mm,接上磨头后长度约980mm,靠近尾端杆身最大直径约50mm,接长杆身直径约30mm,可以安装各型打磨用磨头,采用该设备可以解决瓯江北口大桥项目中塔索鞍竖向摩擦板焊接后的焊缝打磨问题。

(4)摩擦板焊接的变形控制

优化工艺流程,前期下料采用激光切割,减少钢板下料的变形,摩擦板的焊接坡口以及上下边圆弧面均采用机械加工制作,钢板的平面度整体控制在0.5mm以内。按工艺顺序组装时加装相应的防变形工艺拉筋,通过多次试验确定合适的拉筋位置及加装空间,同时确定合适的摩擦板与鞍槽的焊缝焊接顺序,两种措施组合使用,以减少焊接过程中的隔板变形。对于超标的变形,通过成熟的矫形调整手段来最终保证摩擦板的间距误差在±1mm以内。

图6-5 接长风动砂轮实物照片

(5)摩擦板焊接质量检验

焊接过程中,对各摩擦板与鞍槽之间已完成的焊缝,按要求及时进行打磨并进行焊缝质量检查,焊接完成后检查摩擦板的变形情况以及摩擦板间距是否均匀。摩擦板与鞍槽处的熔透焊缝在施焊过程中就具备探伤操作条件的,应及时进行超声波探伤,并按照设计技术要求进行检查;在前期按顺序组装焊接摩擦板时,摩擦板之间的空间尺寸还比较大,可采用常规超声波探伤手段(图6-6)或相控阵探伤技术进行检测;鞍槽最中间的几块摩擦板的焊缝,由于焊接后摩擦板间的距离太窄而整板的高度超过900mm,焊后人工无法直接进行无损探伤检验,只能采用相控阵超声波探伤检测(图6-7)的方式来进行焊缝质量探伤检查。

图6-6 前期竖向摩擦板普通超声检测

图6-7 相控阵超声检测

6.1.3 窄间隙焊接机器人

由于鞍槽内竖向摩擦板间距小、高度高,施焊空间窄而深,而焊缝又要求熔透焊接,人工及传统机器人无法进行焊接,只能研发专用自动焊接设备来实施竖向摩擦板的窄间隙焊缝的焊接。瓯江北口大桥项目联合国内知名的专业焊接机器人生产厂家共同研制开发出专用自动化焊接设备,该设备配置4×3m操作机1套,唐山松下产YD-500GL4高效CO2/MAG焊接电源2台,对焊枪进行循环冷却的冷却水箱2套,从而保证设备的使用寿命及自动运行的可靠性。

竖向摩擦板专用窄间隙焊接机器人(图6-8)由操作机、焊接行走台车、窄间隙焊接机头、普通焊接机头、焊接电源、冷却水箱、电气控制系统等组成。其中,窄间隙焊接机头和普通焊接机头是其主要组成部分,也是进行抗滑索鞍摩擦板焊接的核心设备。

图6-8 竖向摩擦板专用窄间隙焊接机器人

普通焊接机头包括控制盒、跟踪滑板、传感器、调整夹具。跟踪滑板由步进电机通过滚珠丝杠带动运行,各结构件需采用精加工制作,确保部件整体配合精密,系统运行平稳。焊接机头可完成焊枪小范围的横向调整及提枪动作,最大电动跟踪行程200mm。传感器和焊枪同时固定在电动拖板组件上,探针置于焊枪前方,轻轻接触焊缝坡口处。当传感器内的电子元件检测到探针已经偏离焊接接头的中心时,主控器将触发相关拖板运动,将探针及焊枪送回中心位置。

窄间隙焊接机头在普通焊接机头的基础上研发而成,使用窄间隙焊接机头在焊接过程中能够实现自动跟踪,为了适应工件组对偏差,立焊、平焊装置配置了电弧跟踪系统,通过焊接电弧的反馈精确控制焊枪位置,确保两侧坡口熔透。

6.2 竖向摩擦板的安装工艺

普通索鞍制造流程主要包括:鞍头铸造、鞍体焊接、机械加工、表面处理、摩擦隔片的装焊、索鞍装配。高摩擦性能索鞍的制造流程与普通索鞍基本一致,主要区别在于:①增加了竖向摩擦板的制造与加工;②在索鞍装配之前增加了竖向摩擦板的装焊。

由于竖向摩擦板钢板厚度、平面度等都有特殊要求,因此在钢板材料采购环节,除了对

竖向摩擦板钢板材料化学成分、力学性能做严格要求之外,对钢板的外观质量、平面度、厚度等也需进行严格的管控。为减少摩擦板在下料环节出现变形,摩擦板采用激光切割机进行下料(图 6-9)。摩擦板的焊接坡口以及与鞍槽索槽圆弧匹配接触的圆弧面必须采用数控机械加工的方式制作,不得采用火焰切割。摩擦板焊接坡口等部位加工完成后,应检查板面的平面度,并再次精调校平以控制平面度误差在允许范围内。摩擦板在拼装前需进行涂装,如图 6-10 所示。

图 6-9 摩擦板激光切割下料

图 6-10 拼装前涂装完成的摩擦板

摩擦板焊接时加防变形拉筋控制变形,如图 6-11 所示。

图 6-11 摩擦板焊接时加防变形拉筋控制变形

窄间隙焊接机器人进行竖向摩擦板焊接如图 6-12 所示。

图 6-12 窄间隙焊接机器人进行竖向摩擦板焊接

两半索鞍鞍体制造完成后,进行索鞍装配。首先,使索鞍格栅上平面水平,吊装承板,装入定位销;然后,分别吊放两半索鞍鞍体,贴拢结合面,装入定位销,用工艺螺栓把合两半索鞍,检查鞍体、承板、格栅等的相互位置关系和尺寸关系,检查两组对索鞍鞍槽内竖向摩擦板的对齐与错位情况并进行调校处理,组对使用的两鞍体的竖向摩擦板位置、尺寸偏差必须符合技术要求规定。主索鞍装配如图 6-13 所示。

图 6-13　主索鞍装配

6.3　中塔主索鞍的质量检验

6.3.1　竖向摩擦板的相控阵焊缝检测方案

对于高摩擦性能索鞍的竖向摩擦板,在主缆安装以后需承担主缆侧向的摩擦力,因此对摩擦板与鞍体的焊缝质量有较高的要求。由于索鞍成型后部分中间摩擦板的板间距小、深度大,焊接后无法采用常规超声波探伤方法对摩擦板底部的焊缝进行无损探伤检验。为此,瓯江北口大桥的索鞍焊缝检测过程中引入了焊缝相控阵检测技术,该技术可以在小空间内实现对焊缝的质量检测。瓯江北口大桥中塔抗滑索鞍也是在索鞍结构中首次应用相控阵检测技术,在检测之前通过中塔主索鞍竖向摩擦板焊接接头相控阵检测试验,来更好地控制摩擦板焊接接头质量。

①根据竖向摩擦板索鞍的特点,制订如图 6-14 所示的试验方案。

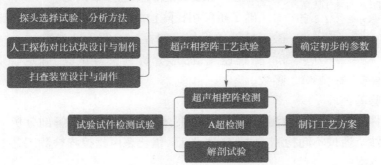

图 6-14　相控阵焊缝检测工艺试验流程图

②选取合适的相控阵仪器探头,通过试验确定合适的探头及分析评判软件。

a. 购置 Phaccan 相控阵超声检测仪;

b. 购置一套专用的检测分析软件:Phascanview-1.1.9;

c. 购置 5MHz、32 晶元探头一只,5MHz、64 晶元探头一只。

③试验用试块设计。

根据索鞍摩擦板的构造特点和焊缝形式,将摩擦板焊接接头分为 3 种,并制作试块。根据试块试验检测工艺参数,确保超声相控阵检测波束能够全覆盖所检焊缝区域,试块焊缝断面示意图如图 6-15 所示。根据检出缺陷及焊缝覆盖的要求,在试块的不同位置制作人工缺陷,所有试块的长度在 100mm 以上。

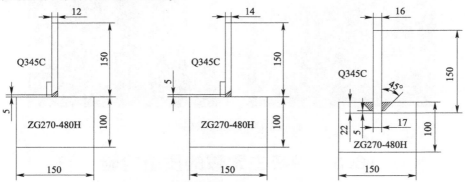

图 6-15 相控阵焊缝检测试块断面示意图(尺寸单位:mm)

④半自动扫查装置。

为适应索鞍摩擦板间的狭小间隙,设计了专用的窄深空间半自动相控阵检测扫查装置。制作的专用扫查器有一定长度并可深入狭长窄深空间,靠磁力吸附在鞍槽台阶处,保证平稳拖动。将探头固定在扫查器上,根据检测覆盖焊缝的基本要求,确定探头的放置位置,并根据现场检测进行微调。扫查装置如图 6-16 所示。

⑤耦合剂选择。

由于索鞍摩擦板间狭小,人无法到达,最适合用水耦合。可连接水管,在探头前喷淋达到耦合目的。

⑥超声相控阵检测工艺参数试验。

确定超声相控阵检测所需的仪器探头、对比试块后,在试验工件上进行超声相控阵检测工艺参数试验,包括检测灵敏度、扫查速度、图形分析判读等试验,确定合适的检测工艺参数。

图 6-16 相控阵焊缝检测扫查装置

⑦对比试验验证。

在试验试件上进行 A 超检测,记录检测结果,然后对试件进行解剖分析,验证超声相控阵检测的精确性。通过不同检测方法的试验验证,优化超声相控阵检测工艺参数,并制订最终的检测工艺方案。

6.3.2 竖向摩擦板的相控阵焊缝检测结果

瓯江北口大桥中塔主索鞍竖向摩擦板与鞍槽之间的熔透焊缝采用相控阵检测技术进行检验,按照《无损检测 超声检测 相控阵超声检测方法》(GB/T 32563—2016)、《焊缝无损检测 超声检测 验收等级》(GB/T 29712—2013),2 级合格。所有焊缝均一次性检验合格。整体竖向摩擦板的焊接变形量控制在设计要求的 ±2mm 精度范围内。通过窄间隙焊接机器人和科学完善的制造工艺,高摩擦性能索鞍中摩擦板装焊质量达到设计要求,高摩擦性能索鞍制造成功。

6.4 深槽主缆索股入鞍技术

预制平行钢丝索股法（PPWS法）的主缆架设工艺中采用人工方式将主缆整形后装入索鞍鞍槽内。由于传统的索鞍设计采用上下叠加设计的隔片形成索槽，主缆索股入鞍实施过程中入鞍行程高度小，基本不受隔片影响。因此传统的索股入鞍工艺虽然自动化程度低，但在有熟练工人操作的情况下其索股入鞍的效率和质量仍然可以得到保证。采用高摩擦性能索鞍，能够显著提高索鞍与主缆间的名义摩擦系数，大大增大了多塔悬索桥的中塔刚度选择范围。但由于竖向摩擦板的存在，采用传统 PPWS 法架设主缆时，摩擦板将干扰预制主缆索股在索鞍中的安装。为确保预制主缆索股能够顺利地安装到高摩擦性能索鞍的各鞍槽中去，各方开展多项试验研究，其中上海××缆索股份有限公司在瓯江北口大桥设计阶段开展初步试验，采用人工加自动化顶推设备的方式，进行了一系列索股的入鞍试验，总结出深槽主缆索股入鞍技术的主要特点和难点，初步论证了在高摩擦性能索鞍中预制主缆索股能够实现安装。传统索股入鞍与深槽索股入鞍对比如图 6-17 所示。

 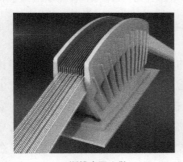 

a)深槽索鞍构造　　　　b)深槽索股入鞍　　　　c)传统索股入鞍

图 6-17　传统索股入鞍与深槽索股入鞍情况对比

6.4.1　深槽索股入鞍的特点

高摩擦性能索鞍的主要特点为多摩擦板形成索槽，索槽狭长且深度大，施工人员无法直接到达索槽底部或者即便到达也无法进行相应操作。以瓯江北口大桥中塔索鞍（图 6-18）为例，竖向摩擦板沿高度方向为整体结构，沿顺桥向分为对称的两块，底部与索鞍鞍槽焊接。竖向摩擦板共有 14 道，板厚 12~16mm，摩擦板横向净距 61mm，最大高度为 907.5mm。鞍槽圆弧半径 $R = 8000$mm。

针对瓯江北口大桥深鞍槽特点，索股入鞍有如下特点、难点：

①入鞍处索股需将正六边形整形成四边形，而深索槽对整形质量要求高，现场整形结果难以满足要求；

②索股起吊时会出现散丝、鼓丝问题，需设计专用起吊工装设备；

③由于鞍槽的深度较深，进入鞍槽的索股处于无约束的状态，特别是矩形索股的底部，钢丝是松散的，非常容易造成跳丝、散丝等问题，无法保证索股钢丝在鞍槽内的排列及成型

质量,对钢丝受力均匀不利,并影响桥梁的使用寿命;

④鞍槽最深处907.5mm,需用外力顶推索股入鞍,施工过程易导致摩擦板变形量大,影响索股入鞍。

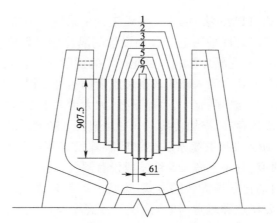

图 6-18　瓯江北口大桥中塔主索鞍索槽横断面图(尺寸单位:mm)

6.4.2　深槽索股入鞍专用装备的研发

瓯江北口大桥设计阶段开展的单列索股入深索槽试验初步论证了索股在高摩擦性能索鞍中安装的可行性。但由于其试验平台为单列索槽,总宽度较小,同时侧壁采用有机玻璃,试验索股长度较短等,无法完全模拟实际施工现场的索鞍和主缆索股的施工条件。并且整套施工技术自动化程度较低,因此在瓯江北口大桥主缆施工前,中交第二航务工程局有限公司研发出一套自动化程度高的索股入鞍专用装备(图 6-19),并在实际生产出的索槽上进行试验,基本模拟了现场实际施工条件,形成了一套在深索槽索鞍中实现主缆安装的自动化施工工艺。

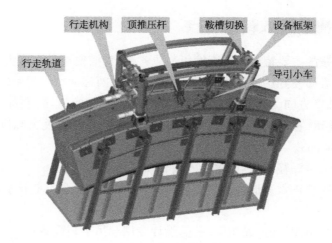

图 6-19　索股入鞍专用装备

针对高摩擦性能索鞍索槽间隙窄、深度大的特点,以及传统锤击木条顶推入鞍方式操作难度大、效率低，且易出现散丝、跳丝的情况，研发了索股入鞍专用装备。索股入鞍专用装备主要由行走轨道、设备框架、顶推压杆、导引小车等部件组成。索股入鞍专用装备具有自动化、智能化程度高的特点，提供主缆入深槽索鞍的合理解决方案，解决了多塔悬索桥索股入抗滑索鞍的难题。

行走轨道安装在索鞍两侧，沿索鞍纵向布置，是整套设备纵向移动的轨道，设备通过行走机构在轨道上走行，实现设备框架（图 6-20）的纵向移动，使索股入鞍过程连续平稳。设备框架主要用于安装顶推压杆和行走机构，为各设备提供安装固定平台，其能够在行走轨道上移动。

图 6-20　设备框架

顶推压杆（图 6-21）主要由顶推气缸、调向电缸、滚压靴板、小车牵引杆和压杆连杆组成。其安装在设备框架上，可在设备上横移，能到达所有鞍槽，实现将索股顶入索鞍的功能。顶推压杆角度可调，顶推压力自动化控制，是索股安装的主要顶压设备。

导引小车（图 6-22）主要由索股拖板、整形机构、小车滚轮组成。其位于安装索股下方，能够随着安装位置在索槽内纵向移动，主要用于保持索股形状，防止索股出现散丝、跳丝的情况，确保索股安装质量。

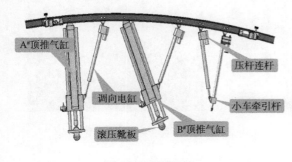

图 6-21　顶推压杆

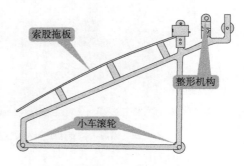

图 6-22　导引小车

6.4.3　深槽索股入鞍专用装备的入鞍施工流程

为验证索股入鞍专用装备的适用性，研究专用装备各机构的运行参数对索股入鞍质量的影响，揭示采用专用装备进行索股入深槽索鞍工艺存在的问题，为后续专用装备的优化设计提供依据，在实际高摩擦性能索鞍上开展专用装备用于索股入深槽索鞍的工艺试验。先用高强螺栓将索鞍鞍体连接成整体，再将索股入鞍专用装备安装到索鞍上，最后进行索股入鞍试验(图6-23)。整套入鞍工艺分为三个步骤:索股入鞍准备、索股吊装、索股正式入鞍。在试验时为重复试验和索鞍检查还进行了索股取出、鞍槽隔板变形校正的操作。

(1)索股入鞍准备

①第一次入鞍前对索股入深槽索鞍专用装备进行空载试验,以验证设备功能,确保各项功能及参数正常;将专用装备走行到索鞍最后侧,等待索股入鞍。

②入鞍前检查并清理各鞍槽内异物,而后将限位卡板和木条按照推荐间距安装到对应鞍槽中,为防止索股变形,建议每个鞍槽都安装木条,在索股入鞍的鞍槽中安装限位卡板。

③入鞍前对索股入鞍段进行整形,严格控制着色丝的相对位置。

(2)索股吊装

①利用起吊设备,通过矩形吊钩将需要入鞍的索股吊至索鞍正上方,同时操作索股入鞍设备横向支撑机构开合,将索股放入对应鞍槽中。

②拆装导引小车销轴,将索股从导引小车整形机构中穿过。

③在索鞍后端对索股进行纵向固定,以防索股入鞍过程中出现窜动。

(3)索股正式入鞍

①入鞍顺序:从鞍槽一端开始,向另一端推进。启动专用装备,通过顶推压杆缓慢将索股压入索鞍底部。

②入鞍过程中观察索股扭转情况,严格控制索股红色丝在索鞍的位置。

③分步拆除六边形夹具之间的索股绑扎带(六边形夹具距索鞍两侧约1.0m)。

④索股入鞍过程(图6-24)中逐步拆除前方限位卡板和木条,索股下放鞍槽到位后及时每隔0.8~1.0m安装限位卡板及木条,并压紧索股,直至整根索股完全入鞍。

图6-23 索股入鞍专用装备入鞍试验

图6-24 索股入鞍过程

(4)索股取出

采用握索器或单层齿形夹具配合起吊设备将索股从前到后依次取出。

(5)鞍槽隔板变形校正

在索股入鞍过程中和索股取出过程中及时观察鞍槽隔板的变形情况,如发现鞍槽隔板存在变形情况,及时采用超薄千斤顶对鞍槽隔板进行校正。

6.4.4 索股入鞍专用装备的使用效率

通过对比采用索股入鞍专用装备进行入鞍试验与人工入鞍的工效发现,采用索股入鞍专用装备时索股表面未出现跳丝、乱丝情况，其入鞍质量和工效均高于人工入鞍。瓯江北口大桥项目也是首次采用索股入鞍专用装备进行索股架设施工的悬索桥，其索股架设工效较以往悬索桥均有所提高。

单根索股入鞍和双根索股入鞍分别如图6-25和图6-26所示。

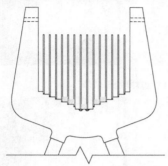

图 6-25 单根索股入鞍

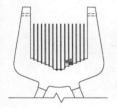

图 6-26 双根索股入鞍

为进一步验证索股入鞍质量，瓯江北口大桥项目开发了基于3D视觉的索股入鞍质量检测系统（图6-27），在实验室进行索股入鞍试验，通过人为制造鼓丝、乱丝、跳丝、异物等质量问题，利用三维激光相机识别质量异常，总结相关参数的变化规律，验证该方法基本可行。故将图像识别系统安装于索股入鞍专用装备上。

正常索股、鼓丝索股、跳丝索股检测结果如图6-28～图6-30所示。

图 6-27 索股入鞍质量3D视觉检测系统

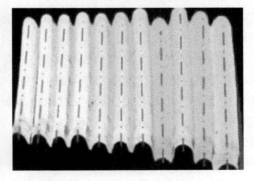

图 6-28 正常索股检测结果

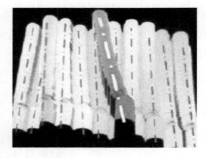

图 6-29 鼓丝索股检测结果

图 6-30 跳丝索股检测结果

6.5 本章小结

全竖向摩擦板能够大幅提高主缆在索鞍中的名义摩擦系数,是实现高摩擦性能索鞍的有效途径,但同时,这种新型索鞍在索鞍制造、主缆索股的入鞍安装工艺方面都面临相应的挑战。本章介绍了窄间隙焊接机器人和索股入鞍专用装备,这些装备的研发,较好地解决了高摩擦性能索鞍的制造以及主缆索股安装问题,大幅提高了索鞍制造、索股入鞍的自动化、智能化水平,有利于推动我国桥梁智能建造技术的发展,为多塔悬索桥的推广建设做了众多的技术研发和储备。主要研究成果如下:

①通过研发窄间隙焊接机器人,解决了高摩擦性能索鞍的摩擦板在窄深空间中的装焊问题。实现了索鞍焊接的自动化和智能化,是悬索桥索鞍制造技术的一大进步。

②为解决竖向摩擦板焊缝质量检测困难的问题,引入了先进的相控阵焊缝检测技术,实现了对摩擦板焊缝的质量检测。

③通过深槽条件下主缆索股入鞍试验,找到了深槽条件下主缆索股入鞍的解决方案,论证了主缆索股在高摩擦性能索鞍中实现安装的可行性。

④相比传统的人工安装方式,采用索股入鞍专用装备进行索股安装无论在索股安装质量上还是安装工效上均有极大的提高。索股入鞍专用装备不仅可应用于深槽的抗滑索鞍,还可以运用于普通的悬索桥索鞍。

⑤瓯江北口大桥在建设过程中完成世界首个高摩擦性能索鞍的制造,同时也实现了首次在高摩擦性能索鞍中成功架设主缆。在大桥建设过程中所得到的索鞍制造、主缆架设工艺和经验,为后续悬索桥的建设提供了技术经验积累。

第7章 工程案例介绍

进入21世纪以来,我国开始在长江流域尝试采用多塔悬索桥结构并先后修建了泰州大桥、马鞍山长江大桥和鹦鹉洲长江大桥。这三座桥梁的中塔采用了钢或者钢-混凝土组合结构,根据材料特性选取合理的纵向刚度后,中塔可以提供部分纵向变形,属于"柔性塔"设计。

由于沿海地区对桥梁结构的抗风性能、耐久性能和管养便利性能等方面要求更高,在将多塔悬索桥桥型推广到沿海地区的过程中,通过研究对比,发现沿海地区更适合采用"刚性塔"理论的混凝土中塔多塔悬索桥。例如,智利查考大桥始建于2014年,采用倒Y形混凝土结构中塔;中国瓯江北口大桥主体工程始建于2016年,采用A形混凝土结构中塔。这两座桥梁均属于典型的刚性中塔多塔悬索桥。

鉴于此,本章结合前文的理论研究成果,有针对性地对这两座桥的细节构造展开具体介绍。

7.1 瓯江北口大桥

7.1.1 项目概述

瓯江北口大桥位于温州市瓯江入海口处,北侧为乐清黄华,南侧为灵昆岛,是甬台温高速公路复线(G15W3)和南金公路(G228)合建的项目。大桥为主跨跨径2×800m三塔双层钢桁梁悬索桥,是国内首座采用混凝土中塔的三塔悬索桥,主桥梁长2090m。上层甬台温高速公路复线为双向六车道高速公路,设计速度100km/h,标准路基宽度33.5m;下层南金公路为双向六车道一级公路,设计速度80km/h,标准路基宽度33.0m。

(1) 地形、地貌和地质

瓯江北岸为低山丘陵,路线穿越的龙舌山海拔约82m,地表覆盖层薄,基岩为凝灰岩,风化层厚度大,岩体破碎。北塔位置为造船厂船台,为人工加固地基,采用直径为0.8m、间距为2m的钻孔灌注桩,桩底嵌入中风化基岩,桩基间抛填约15m厚的块石,下部为淤泥质原状土,覆盖层总厚度约50m。南岸灵昆岛为广阔河口平原,地势平坦,河网交错。中塔及南岸位置地质条件为上部40~50m厚海积淤泥质土,下卧深厚卵石层,基岩深度超过130m。

(2) 水文

瓯江是一条山溪性潮汐河流,受洪水和潮汐共同作用,桥区位于瓯江河口附近,海区潮汐属正规半日潮,属于我国显著的强潮海区。桥区20年一遇高潮位为4.68m,低潮位为-3.55m,最大涨潮流速2.0m/s,退潮流速2.8m/s。河床呈平底锅形状,基本稳定,水深10~15m。

(3) 气象

工程区域属亚热带季风气候区,兼受海洋对气候调节作用,台风灾害频繁。极端最高温度41.7℃,极端最低温度-3.6℃,桥位基本风速为43.2m/s。

(4) 通航

桥位分南北两个航道,南侧为主通航孔,单孔双向通航30000t集装箱货轮,北侧为副通航孔,单孔单向通航3000t杂货船和30000t级修造船,南北两通航孔的净空分别为474m×53.5m和274m×53.5m。最高通航水位4.68m,最低通航水位-3.55m。

(5) 航空限高

桥位距离龙湾机场8.5km,处于航空限高区,要求塔顶高程不超过154m(黄海)。

7.1.2 瓯江北口大桥总体设计和主要设计特点

7.1.2.1 总体设计

该桥位为规划预留桥位,受两岸现状和规划的控制,桥位是确定的。

通航批复明确了通航孔的位置以及净空尺度,同时要求南侧主桥墩的外缘应置于码头前沿线后方(图7-1),则南侧主通航孔跨径不应小于785m,可考虑的桥型为斜拉桥和悬索桥。斜拉桥桥面以上塔高和垂跨比通常为1/5左右,加上通航水位和通航净高要求,塔顶高程将超过+200m,不满足航空限高的要求。而悬索桥垂跨比较小,通常为1/11～1/9。本桥垂跨比取1/10后塔顶高程就能满足航空限高要求。

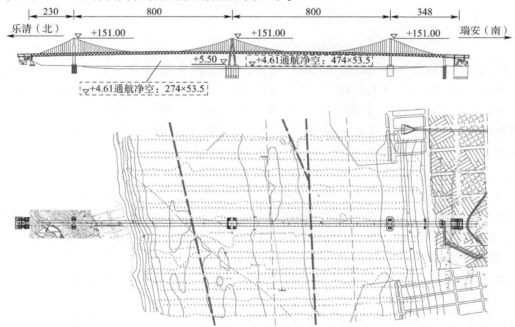

图7-1 主桥总体布置示意图(尺寸单位:m;高程单位:m)

如两通航孔分设两座独立大桥,则主通航孔桥的北锚碇需设置在江中心位置,而在江中心位置设置锚碇将对瓯江防洪产生很大影响,水利部门不同意这一方案,而且水中锚碇基础造价非常昂贵。如两通航孔采用一座三塔悬索桥,两主跨分别跨越两个通航孔,就避免了在江中设置锚碇的问题。两主跨采用相同的跨径,降低了三塔悬索桥在偏载条件下中塔索鞍和主缆间的抗滑移问题的难度。适当加大主跨跨径至 $2\times800\text{m}$ 后,北塔基础将置于岸上,大大降低了北塔基础施工难度和船撞风险,因此本桥推荐主跨跨径布设为 $2\times800\text{m}$。具体布置如图 7-1 所示。

7.1.2.2 主要设计特点

(1)两条线路总体布置

瓯江北口大桥(图 7-2)为世界上首座三塔四跨双层钢桁梁悬索桥。采用"两桥合一"的设计方案能有效节约廊道和岸线资源。三塔四跨悬索桥的桥梁结构形式解决了机场限高与通航要求之间的矛盾。瓯江北口大桥的结构选择充分体现创新、协调、绿色、开放、共享、发展的理念。

图 7-2 瓯江北口大桥鸟瞰图

(2)中塔与中塔索鞍抗滑移设计

为解决多塔悬索桥中塔处主缆的抗滑移问题,该项目在主缆与鞍槽滑移机理、新型索鞍结构形式与制作工艺上开展了一系列研究与技术攻关。通过理论、试验等方式在多塔悬索桥关键技术上取得重大突破,并成功运用于瓯江北口大桥的建设中,实现了多塔悬索桥建设领域内两大创新:

①首次实现了多塔悬索桥采用 A 形混凝土中塔[图 7-3a)],突破了以往多塔悬索桥采用钢结构或者钢-混凝土组合形式的限制。提高了桥梁整体刚度、抗风性能和结构耐久性,大大节约了工程造价。

②首次采用了高摩擦性能索鞍[图 7-3b)],使得索鞍对主缆的抗滑移能力大大提高,解决了主缆与鞍座的滑移问题。在本项目的设计过程中所取得的两项发明专利成果——"一种悬索桥的防滑索鞍结构"和"一种用于悬索桥的组拼式索鞍结构",可为世界各国的同类桥梁建造提供全新的解决方案。

大跨径多塔悬索桥核心技术研究成果使多塔连跨悬索桥结构体系进一步迈向成熟,将为今后多塔悬索桥的建设提供新的选择方案。

a) A形混凝土中塔　　　　b) 高摩擦性能索鞍

图 7-3　A形混凝土中塔与高摩擦性能索鞍

(3) 海洋环境与深厚软土地质条件下超大型沉井基础

中塔位于繁忙的高等级航道之间,同时和南锚碇一样,所处位置都是深厚的承载力低的软土层。因此,中塔和南锚碇的基础均选择整体性强、刚度大、抗震性能优、防船撞能力高、受力机理明确的沉井基础(图 7-4)。瓯江北口大桥是我国首次在海区环境和深厚软土的地质条件下采用超大型沉井基础的项目。

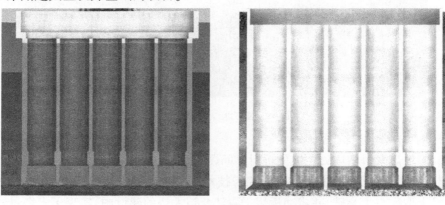

图 7-4　中塔沉井基础与南锚碇沉井基础

7.1.3　瓯江北口大桥主桥结构设计

7.1.3.1　锚碇

北锚碇采用重力锚,锚块基底持力层为中风化凝灰岩,支墩基础基底持力层为中风化凝灰岩或中风化花岗斑岩。理论散索点里程桩号为 K274+990m,设计高程为 +48.0m。主缆在散索鞍处入射角为 19.7°,主缆理论散索中心线与水平面的夹角(出射角)为 39°。理论散索点至前锚面距离为 23m,前锚面至后锚面距离为 20m,理论散索点到支墩顶面(混凝土面)的距离为 5.5m。锚体总高度 41.8m,顺桥向尺寸为 41m,横桥向尺寸为 67m。散索鞍支墩高

42m,支墩基础底面平面尺寸23m×22.4m;锚室与支墩横桥向尺寸相同,均为12.4m。锚体与支墩间设置系梁,系梁断面尺寸为12.4m×3m。前锚室侧墙及底板厚度为1m,前锚室顶盖由预制横梁、预制盖板及现浇混凝土层组成,横梁置于侧墙的预留槽内,盖板置于横梁之上,其上现浇10cm厚混凝土层。为方便检修,在锚体上设置进人孔、后锚室通道及锚室联通孔,在前锚室底部也设置进人孔。前锚室顶盖板采用现浇层,预制顶盖板及预制梁采用C35混凝土,其余部位采用C30混凝土。北锚碇基础构造图如图7-5所示。

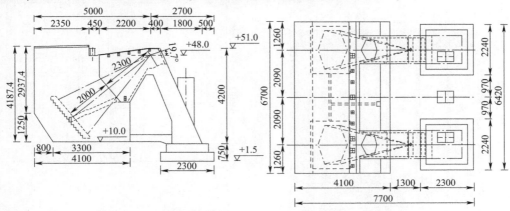

图7-5 北锚碇基础构造图(尺寸单位:cm;高程单位:m)

南锚碇理论散索点里程桩号为K277+168m,设计高程为+38.0m。主缆在散索鞍处入射角为12.4°,主缆理论散索中心线与水平面的夹角(出射角)为31.0°。理论散索点至前锚面距离为23m,前锚面至后锚面距离为20m,理论散索点到支墩顶面(混凝土面)的距离为5.5m。锚体总高度36.5m,顺桥向尺寸为62.0m,横桥向尺寸为63.0m。散索鞍支墩高29.7m,支墩基础底面平面尺寸25.75m×12.4m;锚室与支墩横桥向尺寸相同,均为12.4m。前锚室侧墙及底板厚度为1m,前墙厚0.8m。前锚室顶盖由预制横梁、预制盖板及现浇混凝土层组成,横梁置于侧墙的预留槽内,盖板置于横梁之上,其上现浇10cm厚混凝土层。为方便检修,在锚体上设置进人孔。前锚室顶盖板采用现浇层,预制顶盖板及预制梁采用C35混凝土,其余部位采用C30混凝土。

南锚沉井标准断面(除底节外)纵向长度70m,横向宽度63m,井壁厚2.0m,隔墙厚1.2m,沉井顶高程4.0m,底高程-63.5m,进入卵石层1.0m,沉井总高度67.5m。底节高8m,为混凝土外包钢壳结构;第二节和第三节的高度分别为6m和4m,第四节至第十一节的高度均为5m,第十二节和第十三节的高度分别为3.5m和6m,第二节至第十三节均为钢筋混凝土结构,设置5×6=30个隔仓。为使恒载状态下基底应力趋于均匀,后部井孔填充C20混凝土。沉井顶盖板厚6m,沉井封底混凝土厚10m。钢沉井采用Q235B钢材,封底混凝土采用C30水下混凝土,沉井井身采用C30混凝土,沉井顶盖板采用C40钢筋混凝土。

南锚碇沉井构造图如图7-6所示。

锚固系统采用预应力孔道内压注干燥空气无黏结式成品索预应力锚固系统。主缆索股散开后,通过拉杆、锚固连接器连接到成品索预应力锚固系统上,通过预应力将索股拉力传递到锚体混凝土上。前后锚面为两平行的平面,其与水平面的夹角分别为39.0°(北锚碇)、

31.0°(南锚碇),间距为20m。理论散索点IP点到前锚面的距离为23.0m。

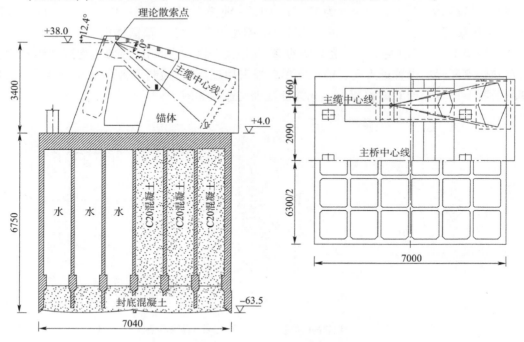

图7-6 南锚碇沉井构造图(尺寸单位:cm;高程单位:m)

锚固系统由索股锚固连接构造和预应力锚固构造组成。索股锚固连接构造由拉杆及其组件、连接平板及连接筒组成,预应力锚固构造由管道、环氧钢绞线成品索及锚具、锚头防护帽等组成。在前锚面位置,拉杆一端与索股锚头上的锚板相连接,另一端与被预应力钢束锚固于前锚面的连接平板相连接。

索股锚固连接构造有单索股锚固连接构造和双索股锚固连接构造两种类型。单索股锚固连接构造由2根拉杆、单索股连接平板和连接筒构成,双索股锚固连接构造由4根拉杆、双索股连接平板和连接筒构成。对应于单索股锚固单元采用7×GJ15EB-3规格预应力钢束锚固,对应于双索股锚固单元采用6×GJ15EB-7规格预应力钢束锚固,同时采用与预应力钢束配套的锚固构造(含锚垫板、螺旋钢筋、锚头防护帽等)。索体采用无黏结环氧钢绞线成品索,外加预留压注干燥空气进行多重防腐的措施,运营中需要时可对环氧钢绞线成品索进行逐根更换。

7.1.3.2 边塔及基础

边塔(图7-7)采用常见的门形混凝土塔,北侧边塔基础位于既有的造船厂船台上,且进行了地基加固处理,选用钻孔灌注桩的方案。南侧边塔基础地质条件与中塔基础接近,但南塔远离主

图7-7 边塔效果图

航道，船撞风险大为降低。南塔和南锚沉井仅距离320m，软土地区近距离施工使得两个大型沉井基础相互影响大。桩基础方案较沉井方案造价降低约7.4%，故南塔选用了桩基础方案。

南、北边塔均为门形混凝土塔，布设上下两道横梁，北塔高140m，南塔高144m。南塔基础采用46根直径为3.0m的钻孔灌注桩，桩长127.5m，按摩擦桩设计；承台采用哑铃形承台，平面尺寸为88m×37m，厚8.0m。北塔基础采用30根直径为3.0m的钻孔灌注桩，桩长53~68m，按端承桩设计；承台采用哑铃形承台，平面尺寸为82m×26m，厚8.0m。

边塔群桩基础如图7-8所示。

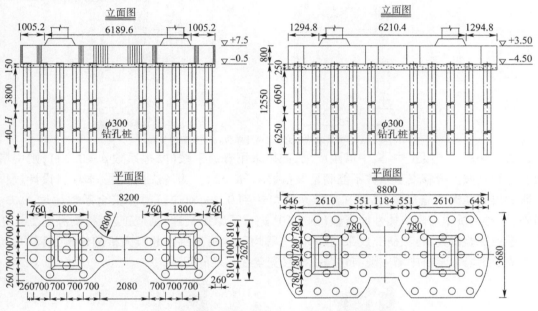

图7-8 边塔群桩基础（尺寸单位：cm；高程单位：m）

7.1.3.3 中塔及基础

三塔悬索桥中塔位置处的主缆和索鞍之间的抗滑移问题是多塔悬索桥建造中的关键问题，国内已建成的几座三塔悬索桥，其中塔均采用钢塔或钢-混凝土组合塔的方式，通过降低中塔刚度，加大两侧不平衡加载工况下中塔塔顶摆幅，从而减少主缆在中塔两侧的不平衡水平力，解决了主缆抗滑移这一难题。瓯江北口大桥相较于已建成的几座三塔悬索桥有其特殊性：位于瓯江入海口，受潮汐和台风影响，防腐及抗风要求高；混凝土中塔较钢塔或钢-混凝土组合塔来说，其防腐性能更好、养护工作量更小；与钢塔相比，混凝土中塔的抗风稳定性能提高30%，造价降低62.5%。

若中塔承受较大的竖向力，在偏载工况下塔顶还承受较大的纵向水平力，就可能引起主缆和索鞍之间的滑移。纵向水平力大小和中塔刚度呈正向关系，降低中塔的刚度就能减小纵向水平力，但通过减小截面尺寸的方式来降低中塔刚度会使截面应力大大增加。对混凝土中塔而言，其截面容许应力较小，I形中塔无法同时满足刚度和截面容许应力要求，A形中塔则能较好兼顾。图7-9为A形中塔结构示意图。

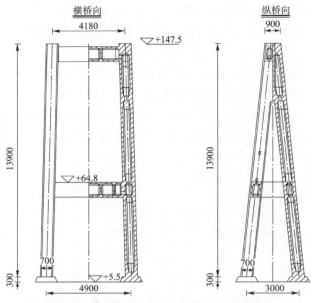

图7-9 A形中塔结构示意图(尺寸单位:cm;高程单位:m)

由于采用了混凝土中塔,中塔刚度大,如果采用普通索鞍(摩擦系数$\mu=0.20$),则中塔处主缆和索鞍抗滑移安全系数不能满足规范要求($K\geqslant2$)。为解决此问题,本项目设计过程中研发出高摩擦性能索鞍,其名义摩擦系数可达到0.39,对应抗滑移安全系数超过2.63。另外,针对本桥中塔高摩擦性能索鞍(图7-10)进行了摩擦机理、制造工艺、检测和施工工艺等一系列试验研究,各项研究成果、技术工艺等均已运用于瓯江北口大桥的建设过程中,彻底解决了多塔悬索桥中塔主缆与索鞍抗滑移安全性不足的问题。

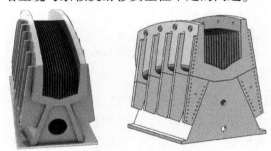

图7-10 中塔高摩擦性能索鞍构造

瓯江北口大桥桥位水深约15m,地质上层覆盖约45m淤泥层,-60m高程以下为卵石层。沉井方案和桩基方案如图7-11所示,其综合比较见表7-1。中塔基础距离主航道边线仅45m,有很大的船撞风险,且在低水位下海轮船船首能撞击沉井壁或桩身。由于沉井方案具有较好的整体性且井壁能承受船首直接撞击,因此只需设置简易防撞设施;而桩基方案,由于单桩防撞能力弱,为了防止其被轮船直接撞击,只能设置超大规模的防撞消能箱,利用消能箱变形促使轮船减速来阻止轮船撞击桩基。鉴于影响防撞消能箱可靠性的因素很多,中塔基础作为主要受力构件,选用了安全可靠的沉井方案,同时沉井方案的总体费用要比桩基方案低6%左右。

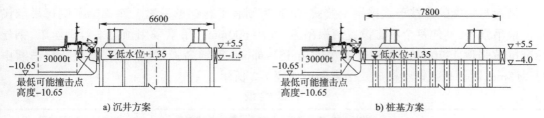

图 7-11 中塔基础方案比选图(尺寸单位:cm;高程单位:m)

中塔基础方案的综合比较表 表 7-1

项 目	沉井方案	桩基方案
结构尺寸	66m(横)×55m(纵)×68m(高)	52根φ3.5m钻孔灌注桩,桩长130m,承台尺寸78m(横)×61.8m(纵)×8m(厚)
结构受力特点和地质适应性	结构整体性和稳定性较好,刚度大,对承受船撞和地震作用较为有利。深厚卵石层顶面高程为-60m,适合做沉井持力层	结构整体性相对较差,对承受船撞和地震作用较为不利。同时,桥区水位变动范围大,低水位桩基容易被船撞击。桩基持力层为卵石层,但其穿入深厚卵石层约70m
施工难度	国内有大型水中沉井施工经验,但在潮汐+深厚软土区尚属首次。需要利用平潮期着床,并对地基进行预防护,减小局部冲刷深度。深厚软土中施工沉井姿态控制较难	施工工艺较成熟。但本桩基规模庞大,需要穿越深厚卵石层,存在塌孔断桩的风险

7.1.3.4 缆索系统

主缆横向平行布置两根,横向间距为41.8m,每根主缆通长索股由169根索股组成,每根索股由127丝直径为5.4mm的镀锌高强钢丝组成,钢丝抗拉极限强度为1860MPa,北边跨主缆加6根背索,为175根索股。主缆采用预制平行钢丝索股法(PPWS法)架设,索股在工厂单束预制成型,两端锚具采用套筒式热铸锚,通过锚碇锚固面前端的锚杆与主缆锚头相连。主缆在索夹内的空隙率为18%,挤圆后通长索股直径为874mm,北边跨主缆直径为889mm;在索夹外的空隙率为20%,挤圆后通长索股直径为885mm,北边跨主缆直径为900mm。主缆通长索股断面如图7-12所示。

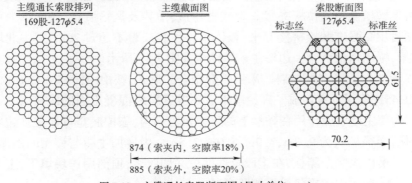

图 7-12 主缆通长索股断面图(尺寸单位:mm)

吊索与索夹的连接形式采用销接式，吊索为预制平行钢丝吊索。除梁端两侧每吊点设置三根吊索外，其他每个吊点设置两根吊索，间距600mm。吊索采用预制平行钢丝束，钢丝标准抗拉强度1770MPa，单根普通吊索由151-ϕ5mm镀锌高强钢丝构成，单根特殊吊索由223-ϕ5mm镀锌高强钢丝构成。吊索类型如表7-2所示。

吊索类型　　　　　　　表7-2

吊索编号	吊索位置	单根吊索规格	单个吊点吊索数量(根)
NDS1、DS1、DS77、SDS1	靠近主塔第一个吊点	223-ϕ5mm	2
NDS2、DS2、DS76、SDS2	靠近主塔第二个吊点	223-ϕ5mm	2
NDS17、SDS23	加劲梁端部吊点	223-ϕ5mm	3
NDS16、SDS22	加劲梁端部第二个吊点	223-ϕ5mm	2
NDS3-NDS15、DS3-DS75、SDS3-SDS21	其他主跨和边跨吊点	151-ϕ5mm	2

吊索钢丝束外挤包双层PE进行防护，两端设热铸锚头，吊索上、下端销轴处设置向心关节轴承。对于成桥状态吊索索长L(上、下端叉形耳板销轴中心间的距离)大于20.0m的吊索，设置减振架。当20.0m≤L<40.0m时，设置1道减振架；当40.0m≤L<60.0m时，设置2道减振架；当60.0m≤L≤80.0m时，设置3道减振架。

与吊索相对应，索夹采用销接式结构。全桥索夹分为有吊索索夹和无吊索索夹。有吊索索夹根据倾角和下滑力不同设置不同数目的螺杆，无吊索索夹为紧固索夹。主跨及南岸边跨索夹内径874mm，壁厚35mm；北岸边跨索夹内径889mm，壁厚35mm。两半索夹采用上下对合型，螺杆竖向布置，为适应主缆空隙率的变化，两半索夹间留有适当的缝隙。

索夹采用ZG20Mn铸造，螺杆采用40CrNiMoA合金钢，垫圈及销轴均采用40Cr合金钢，螺母采用35CrMo合金钢。主索鞍采用铸焊组合式结构，鞍槽由铸钢ZG270-480H铸造而成，鞍体由Q345R钢板焊接而成。边塔主索鞍长8m，宽3.62m，索鞍底到IP点高3.5m，鞍槽处主缆中心线半径8m。主索鞍安装时需要向边跨侧预偏，鞍体下设不锈钢板-聚四氟乙烯板滑动副，以适应施工中的相对移动。塔顶设有格栅底座，以安装主索鞍。格栅悬出塔顶外，以便安置控制鞍体移动的千斤顶，鞍体就位后将格栅的悬出部分割除。

为便于主缆索股架设，鞍槽内设竖向隔板，每道隔板厚5mm，在索股全部就位后，顶部用锌块填平，再将鞍槽侧壁用拉杆夹紧。为减轻铸造、吊装及运输质量，鞍体纵向可分两块制造，吊至塔顶后用高强度螺栓拼接起来，鞍体单件吊装质量不超过70t。其中北塔主索鞍上设置两道锚梁，锚固六根背索。边塔主索鞍结构如图7-13所示。

散索鞍(图7-14)为摆轴式结构，采用铸焊结合的形式，鞍槽用铸钢ZG270-480H铸造而成，鞍体由Q345R钢板焊接而成。理论散索点到散索鞍底混凝土面的距离为5.5m，散索鞍总宽5.2m。为使主缆索股作用在鞍槽上的压力较为均匀，鞍槽底竖弯半径从边跨向锚跨分四次逐渐变化，半径依次为9.0m、7.0m、5.0m、2.5m。为增加主缆与鞍槽间的摩擦力，并方便索股定位，鞍槽内设竖向隔板，在索股全部就位并调股后，顶部用锌块填平，上紧压板及楔形块等压紧设施，最后用螺杆将鞍槽侧壁夹紧。

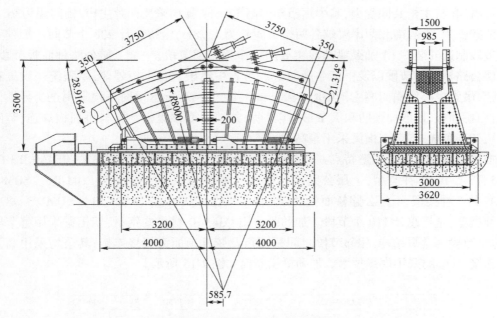

图 7-13 边塔主索鞍结构图(尺寸单位:mm)

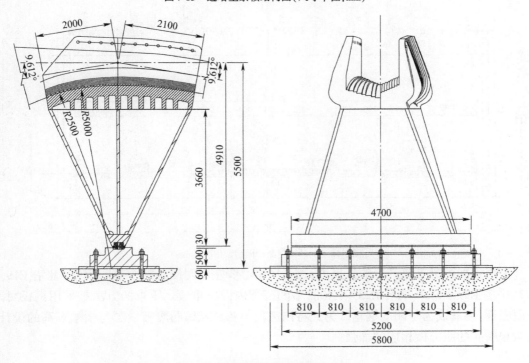

图 7-14 散索鞍结构图(尺寸单位:mm)

7.1.3.5 加劲梁

钢桁梁位于半径 $R=32000\mathrm{m}$ 的竖向圆曲线上,圆曲线顶点位于中塔中心线处,双向纵坡按 2.5% 的坡度设计,上、下层桥面均设双向 2% 横坡。加劲梁采用板桁组合式整体钢桁梁,桥面板参与主桁共同受力,其中钢桁架桁高12.5m,横向采用两片主桁,桁间距为36.2m,标准节间长为10m,南北两岸梁端各两个节间长为11.8m,全桥总计208个节间。加劲梁采用整节段制造安装,一个加劲梁节段主要由一个钢桁架节段、一个上层公路桥面板节段、一个下层公路桥面板节段以及吊索牛腿组成。吊索牛腿设置在主桁外侧,牛腿统一设置在主桁下弦,吊索中心线横向离主桁中心2800mm。上、下层车行道桥面系均采用正交异性钢桥面板,由桥面板、U形加劲肋和倒T形横梁(肋)组成。横梁腹板上缘与桥面板焊连,节间横梁采用变高鱼腹式,节点横梁采用等高式。

根据结构受力以及构造特点并兼顾施工便捷性,钢桁架划分为TS-A1～TS-A9、TS-B1～TS-B3、TS-C共13种类型,上层公路桥面板划分为SQM-A1～SQM-A3、SQM-B1～SQM-B3、SQM-C共7种类型,下层公路桥面板划分为XQM-A1～XQM-A3、XQM-B1～XQM-B3、XQM-C共7种类型,全桥总计110个节段。加劲梁采用Q345qD材质的钢材,钢桁梁采用整节段制造,每个节段为全焊结构,相邻节段之间桥面板及弦杆顶面为焊接连接,其余均采用高强度螺栓连接,U形肋采用内焊技术。加劲梁横断面如图7-15所示。

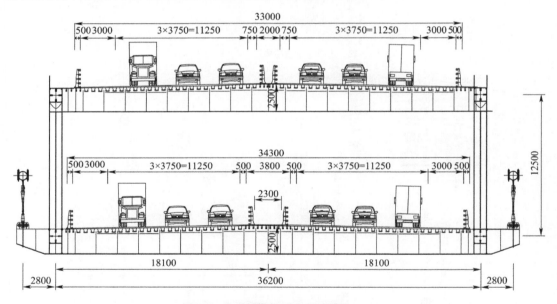

图7-15 加劲梁横断面图(尺寸单位:mm)

为消除加劲梁支座产生的负反力,在主塔中心线左右两侧各两个节间钢梁(北塔E19～E23、中塔E99～E99′、南塔E23′～E103)节间范围内设压重段。压重的方法是采用钢板封闭桥面底板,使其成为封闭的钢箱。为此将该区段下弦杆及横肋腹板做了与横梁等高的设计,横梁和横肋的腹板做相应的加强。

7.2 查考大桥

查考大桥(Chacao Bridge,图7-16)是一座三塔双主跨跨径悬索桥,采用半漂浮体系,跨越圣地亚哥以南的查考海峡,连接智利大陆和奇洛岛。大桥预计于2025年开通。

第7章 工程案例介绍

图 7-16 查考大桥鸟瞰图

查考海峡自然环境恶劣，强震（1960 年经历了 9.5 级地震）、强风（海面风速超过 55m/s）、水流速度（9m/s）、水深（125m）等不利条件均对设计和施工提出了很高的要求。查考海峡在桥位处宽约 2500m，水深 125m，通航尺寸要求为 600m（宽度）×50m（高度），通航水位高程 0.000m，平均海平面高程 −0.110m，最高天文潮位高程 +2.730m。该处海峡有一个特点：岩层在海峡中部位置凸起，岩块顶部几乎到达海平面。勘察结果表明，该处岩块可以作为大型桥梁的持力层。在与传统的双塔斜拉桥和双塔悬索桥进行技术比选后，三塔悬索桥方案脱颖而出，其在满足通航要求的情况下造价更低，是最优方案。

查考大桥的 2 个主跨跨径分别为 1055m（南）和 1155m（北），按照 4 车道设计，如图 7-17 所示。该桥建成后将成为南美洲最长的悬索桥，也将是世界上第一座主跨跨径不对称的多塔悬索桥。

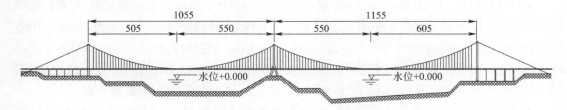

图 7-17 查考大桥桥型立面图（尺寸单位：m）

7.2.1 桥塔

多塔悬索桥设计的一个关键就是中塔设计。中塔的刚度选择对于主跨挠度、中塔鞍座处主缆抗滑移性能的影响很大。尤其是查考大桥两个主跨跨径不一致，更是增加了中塔和中塔鞍座的设计难度。

查考大桥三个桥塔均采用门架框式结构。结合地形特点，查考大桥在海峡中央凸起的岩层上布置中塔，既能满足通航要求，又节省造价。下面将介绍查考大桥中塔和边塔的构造，以作对比。查考大桥中塔和边塔构造的示意图分别如图 7-18 和图 7-19 所示。

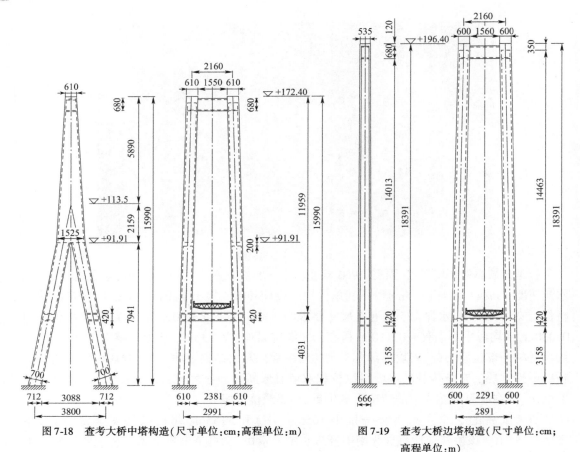

图 7-18 查考大桥中塔构造(尺寸单位:cm;高程单位:m)

图 7-19 查考大桥边塔构造(尺寸单位:cm;高程单位:m)

中塔共 4 根斜塔柱,横桥向为门式框架结构,顺桥向由 2 根斜塔柱组成倒 Y 形,与承台共同构成三角形结构,抵抗顺桥向不平衡力,塔顶鞍座中心线之间的横桥向水平距离为 21.6m。中塔塔高 159.9m,塔柱根部截面外尺寸为 6.1m(横桥向)×7.0m(顺桥向),壁厚 0.8m。同侧的 2 个斜塔柱在顺桥向交会后,横桥向尺寸保持 6.1m 不变,顺桥向尺寸从 15.25m 渐变至塔顶的 6.1m,壁厚 0.5m。中塔共 3 道横梁。2 道位于加劲梁下方,高 4.2m;1 道位于塔顶区域,高 6.8m。

查考大桥初始方案采用 A 形中塔,最终方案改为了倒 Y 形,后者可降低对索鞍摩擦力的要求。尽管如此,查考大桥的中塔仍属于典型的"刚性塔"。桥塔根部的顺桥向惯性矩非常大,达到 $14485.4m^4$。在顺桥向 2 根塔柱汇拢的过程中,桥塔顺桥向惯性矩不断减小,但相对于边塔仍较大。

边塔共 2 根塔柱,横桥向分布。横桥向为门式框架结构,塔顶鞍座中心线之间的横桥向水平距离为 21.6m。南塔塔高 127.4m,塔柱根部截面外尺寸为 5.5m(横桥向)×5.8m(顺桥向),壁厚 1.1m,端部截面外尺寸为 5.5m(横桥向)×5.1m(顺桥向),壁厚 0.5m。北塔塔柱高 183.91m,塔柱根部截面外尺寸为 6.0m(横桥向)×6.7m(顺桥向),壁厚 1.1m,端部截面外尺寸为 6.0m(横桥向)×5.4m(顺桥向),壁厚 0.5m。南、北塔柱上横梁均高 4.8m,下横梁均高 6.0m。

中塔、南塔、北塔截面特性比较如表 7-3 所示。

三个桥塔的截面特性比较　　　　　　　　　表 7-3

项　　目	中　塔	南　塔	北　塔
桥塔侧面造型	倒 Y 形	I 形	I 形
桥塔根部塔柱数量（个）	2×2=4	2	2
塔柱根部截面外尺寸（m×m）	6.1×7.0	5.5×5.8	6.0×6.7
塔柱根部截面壁厚（m）	0.8	1.1	1.1
桥塔根部顺桥向惯性矩（m^4）	14485.4	102.7	157.3

为了减小塔柱截面风阻系数，改善涡振性能，中塔和边塔的塔柱截面都在四个角点处切割掉 0.9m×0.9m 的三角块。

中塔共 2 个承台。2 个承台在顺桥向的连接通过与承台等高的系梁实现，并采用后张预应力来抵消塔柱传下的巨大水平拉力。中塔承台示意图如图 7-20 所示。

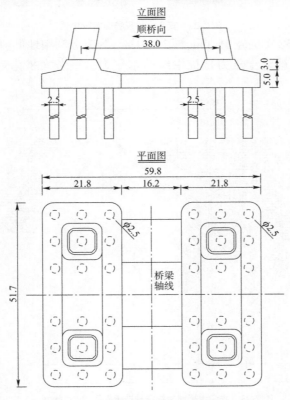

图 7-20　中塔承台示意图（尺寸单位：m）

查考大桥处于强震区域，桩基与承台之间的连接可靠性对桥梁抗震性能影响很大。最终的连接方式是通过混凝土桩基础的钢筋笼和桩基外套的钢护筒插入承台来实现的，并在钢护筒表面布置剪力钉与加强钢筋。钢管复合桩的示意图如图 7-21 所示。

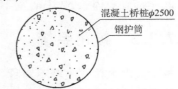

图 7-21　钢管复合桩示意图（尺寸单位：mm）

7.2.2 锚碇

锚碇属于地锚式悬索桥特有的结构。出于景观考虑,查考大桥两侧的重力式锚碇均埋入地下,前锚室端部露出地面,如图 7-22 所示。

图 7-22 查考大桥现场锚碇照片

南岸锚碇单体长 52.1m,宽 35.0m,深 38.61m。为充分利用地形、减小锚块体积,基础设 6 级台阶,通过摩擦和被动土压力抵抗主缆的水平力。查考大桥南岸锚碇构造如图 7-23 所示。

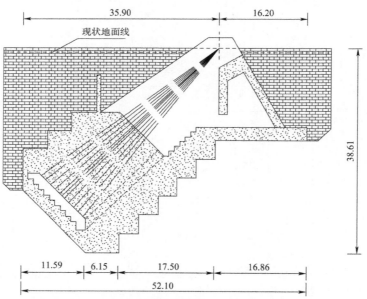

图 7-23 查考大桥南岸锚碇构造示意图(尺寸单位:m)

北岸锚碇单体长 52.1m,宽 41.0m,深 29.68m,构造如图 7-24 所示。

7.2.3 缆吊系统

由于查考大桥双主跨不对称,南主跨跨径 1055m,北主跨跨径 1155m,所以主缆在双主跨上的垂跨比也不同。通过塔高调整两个中跨的垂跨比,其中南侧主跨垂跨比为 1/10,北侧主跨垂跨比为1/9.2。不同的垂跨比是为了平衡成桥状态中塔两侧的主缆水平拉力。

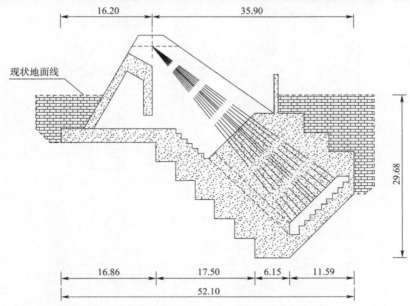

图7-24 查考大桥北岸锚碇构造示意图(尺寸单位:m)

查考大桥的每根主缆分为60股,每股127根钢丝,两根主缆水平距离为21.6m。表7-4列出了主缆的部分材料参数。

主缆部分材料参数表　　　　　　　　　　　表7-4

构造	参　　　数	
钢丝	材料	镀锌高强平行钢丝
	直径(mm)	5.4
	抗拉强度(MPa)	1860
	弹性模量(GPa)	200
索股	股数(股)	60
	单根直径(mm)	69
	钢丝总根数(根)	60×127=7620
	单根平均无应力长度(m)	2912
主缆	直径(mm)	539

查考大桥采用销接式索夹,每个索夹下有1根吊杆。桥梁标准段吊杆顺桥向间距20m,吊杆外径100mm,材料同样采用镀锌高强平行钢丝,但抗拉强度为1670MPa。

中塔鞍座高2.6m,鞍座设计半径为6m,成桥状态主缆包角45.4°。鞍体内设8块厚度为60mm的竖向摩擦板,同时设置顶盖板。鞍体下方混凝土标号为C45。鞍座示意如图7-25和图7-26所示。增设竖向摩擦板和顶盖板能显著提高主缆和鞍座间的摩擦系数,从而增加主缆和鞍座之间的摩擦力,解决主缆抗滑移问题。经计算,中塔鞍座增设8块厚度为60mm的竖向摩擦板后,其最终索股抗滑移摩擦系数能达到0.327,比瓯江北口大桥的

0.503 要小,主要是由于查考大桥索股较少(详见第 4 章)。

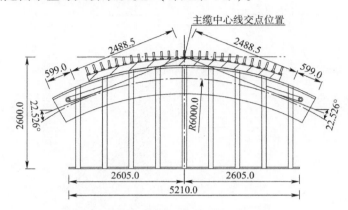

图 7-25　查考大桥中塔鞍座立面图(尺寸单位:mm)

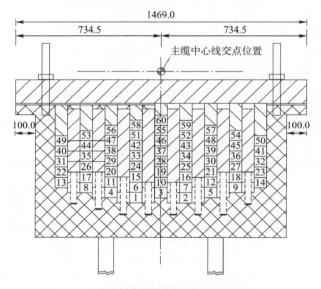

图 7-26　查考大桥中塔鞍座断面图(尺寸单位:mm)

查考大桥为解决主缆抗滑移问题而特意设置的竖向隔板在高度方向分层,中间 2 道竖向隔板各分成 4 层,其余 6 道竖向隔板各分成 3 层,各层之间采用传统的锯齿形连接,依靠齿口抗剪传递摩擦力。竖向隔板与鞍槽底部采用螺栓连接,索股与竖向隔板之间的摩擦力最终传给底部螺栓。

查考大桥的顶盖板在建成后可能存在松弛等问题,需要在运营期间进行复拧,以保证顶盖板与主缆索股之间的预压力,从而提高主缆与鞍座间的摩擦力。

7.2.4　加劲梁

查考大桥的加劲梁采用流线型扁平钢箱梁形式,梁高 3.25m,含风嘴总宽 25.2m,按双向 4 车道布置,横坡 2.5%。吊点处的典型断面示意如图 7-27 所示。

查考大桥虽采用了常规的六边形钢箱梁断面,但也有结构创新。首先,为了减轻自重,大桥采用桁架式横隔板。其次，出于抗风考虑，风嘴的斜底板与水平面的交角比常规断面小，更有利于提高断面的气动稳定性。

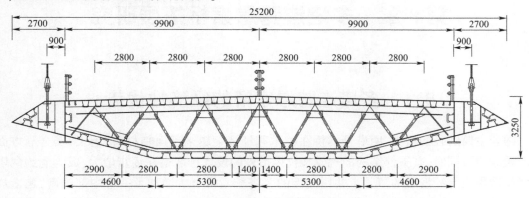

图 7-27　查考大桥吊点处钢箱梁断面图（尺寸单位：mm）

7.3　本章小结

　　瓯江北口大桥和查考大桥都属于受地形地质控制、对通航能力有较高要求的沿海区域桥梁，在设计和施工阶段均采用了较多新工艺、新材料、新技术。这两座桥梁在受力类型上属于大跨径刚性中塔多塔悬索桥，采用了刚度很大的 A 形或倒 Y 形混凝土中塔。针对多塔悬索桥的"中塔效应"，两座大桥所采用的技术路线较为接近，均是通过直接提高索鞍摩擦系数解决主缆滑移问题对结构的约束。但在如何提高主缆与索鞍的摩擦系数的索鞍构造设计上，两座大桥则采用了不同的设计方案。

　　①瓯江北口大桥通过设置整体式的竖向摩擦板，增加主缆与索鞍的摩擦面，进而提高索鞍的名义摩擦系数，从根本上解决了中塔主缆抗滑移安全不足的问题。A 形混凝土中塔的采用使得桥梁具备良好的整体刚度、抗风稳定性及结构耐久性。

　　②查考大桥采用分块拼接型厚钢板摩擦板防滑索鞍，为防止顶层索股滑移，增设了顶盖板。由于查考大桥索股数量较少，其名义摩擦系数比瓯江北口大桥略小，采用刚度略小的倒 Y 形混凝土中塔使桥梁同时满足结构刚度和主缆抗滑移要求。

　　③瓯江北口大桥和查考大桥的成功建设，证明了大跨径结构采用刚性中塔多塔悬索桥桥型方案的可行性，为将来建造更多刚性中塔多塔悬索桥提供了宝贵的经验和理论基础。

第8章 多塔连跨悬索桥拓展研究

8.1 多塔连跨悬索桥的经济性优势

随着主跨跨径的增大,两塔悬索桥在技术和经济上越来越面临材料、施工、安全等方面的严峻考验。同时,其下部结构的规模和抗风措施的设计难度也在逐步增大,成为制约两塔悬索桥向更大跨径发展的瓶颈。共用锚碇的多塔悬索桥至少增加了一个中部锚碇,建造规模庞大的水中锚碇不仅给施工带来极大的困难和高昂的成本,而且对航道的强制划分和占用也是其重大缺陷之一。

设置一个中塔的三塔悬索桥虽然跨越能力相较常规两塔悬索桥有了提升,但在一些跨越长大海峡的桥梁工程中仍显得力所不及。为了更进一步提升悬索桥的跨越能力,最有效的方法便是多布置几个中塔,将三塔悬索桥发展为三塔以上的主缆连续多塔(≥3塔)连跨悬索桥。主缆连续多塔连跨悬索桥与传统悬索桥相比,其跨越能力更强,一般可以达到双塔悬索桥的数倍。在今后跨海峡桥梁工程中,当海峡的水下地形合适时,采用多塔连跨悬索桥进行跨越是非常合适的,它可以大幅减少深水基础的数目,降低下部结构的造价。由于多塔悬索桥具有这种跨越能力方面的优势,其在将来的跨海工程中有广阔的应用前景。

8.1.1 多塔连跨混凝土中塔悬索桥与单跨悬索桥经济性比较

参照瓯江北口大桥建设条件,并假设河道进一步加宽到2.4km左右,通航等级保持不变。方案一采用四塔三主跨双层钢桁梁悬索桥,主缆跨径为230m + 3 × 800m + 230m = 2860m,垂跨比为1/10;主梁跨径为215m + 3 × 800m + 215m = 2830m。桥型总体布置如图8-1所示。

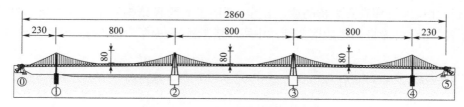

图8-1 方案一:四塔三主跨双层钢桁梁悬索桥(尺寸单位:m)

方案二采用双塔单主跨双层钢桁梁悬索桥,为便于比较,桥梁长度与方案一保持一致。在主跨跨径的选择上,需考虑以下几方面:一是通航能力的要求;二是悬索桥常用的边中跨比以及主缆在索塔两侧转角尽量相等;三是便于认识总结规律。主缆跨径最终选择布置为630m + 1600m + 630m = 2860m,垂跨比为1/10;主梁跨径为615m + 1600m + 615m = 2830m。

桥型总体布置如图 8-2 所示。

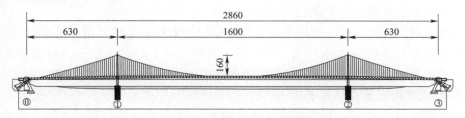

图 8-2　方案二：双塔单主跨双层钢桁梁悬索桥（尺寸单位：m）

为反映连续多跨混凝土中塔悬索桥和单跨悬索桥的经济性及影响因素，将方案一和方案二的详细造价分别列出，材料指标汇总如表 8-1 所示。

连续多跨混凝土中塔悬索桥与单跨悬索桥材料指标比较表　　表 8-1

项目		方案一：三跨 800m 悬索桥		方案二：单跨 1600m 悬索桥	
构件	材料	全桥数量	建安费（万元）	全桥数量	建安费（万元）
主缆	1860MPa 镀锌钢丝	24532t	52252	56431t	120198
吊索	1770MPa 镀锌钢丝	791t	3258	1432t	5898
加劲梁	Q345qD，Q420qD	105617t	160538	105617t	160538
	桥面铺装	189610m³	26545	189610m²	26545
边塔及基础	塔柱：C50 海工	28896m³	8438	68112m³	21115
	桩基：C35 海工	90370m³	29822	234962m³	77537
	承台：C40 海工	45964m³	6895	119506m³	17926
中塔及基础	塔柱：C50 海工	46364m³	14373	—	
	沉井壁和盖板：C40 海工	71096m³	29647		
	沉井填芯：C30	135484m³	14903		
	沉井封底：C30	51086m³	6641		
	沉井钢壳：Q345C	36504t	55486		
锚碇及基础	锚体：C35 海工	215978m³	23758	511723m³	56290
	扩大基础：C35 海工	2760m³	359	6624m³	861
索鞍索夹	索鞍：ZG270-480H	2054t	7704	1712t	6420
	索夹：ZG20Mn	2144t	7248	2144t	7248
锚固系统	钢绞线：1860MPa	425t	853	1020t	2047
	钢材：Q235	1110t	1332	2664t	3197
附属及其他		—	21800	—	21800
总计			471852		527620
每平方米建安费（万元）			2.489		2.783

分析表 8-1 中的数据可以看出：

①随着跨径的增加，主缆用料基本呈线性增大（超出线性部分由主缆自重和活载增量引

起),参照瓯江北口大桥设计经验,多塔连跨悬索桥主缆造价5.23亿元,而相同桥长的单跨双塔钢桁梁悬索桥主缆造价高达12.02亿元。

②虽然方案二单跨1600m双塔单跨双层钢桁梁悬索桥索塔均采用了桩基础,但单个边塔及桩基础造价仍然高达5.83亿元。而方案一四塔三跨3×800m双层钢桁梁悬索桥边塔及桩基础造价为2.25亿元,单个中塔及沉井基础造价为6.05亿元(采用钢沉井)。表明随着索塔的增高,索塔造价在加速增长。

③随着跨径的增加,锚碇用料基本呈线性增大(开挖回填除外),尽管方案二单跨1600m双塔单跨双层钢桁梁悬索桥锚碇均采用了重力锚,但单个锚碇基础造价仍然高达2.85亿元,方案一四塔三跨3×800m双层钢桁梁悬索桥锚碇造价1.20亿元。在地质条件较差甚至无法采用重力锚的情况下,该部分费用差值还将进一步拉开。

④方案一总造价约47.19亿元,折合每平方米造价2.489万元;方案二总造价约52.76亿元,折合每平方米造价2.783万元。表明主跨跨径越大,悬索桥造价越高。这与其他桥型的规律亦是一致的。

多塔悬索桥在其中间支起一个或数个中塔作为主缆的支点,主缆和主梁的跨径减小一半或更多,随之主缆、锚碇、主塔的负载减小一半以上,工程造价得以大幅度降低;又因为跨径减小,无须采用特殊措施保障抗风颤振稳定性,从而使得加劲梁的选型简单而抗风安全更加有保障。

8.1.2 多塔连跨混凝土中塔悬索桥与共用锚碇悬索桥经济性比较

参照瓯江北口大桥建设条件,在维持通航等级不变、暂不考虑航道位置影响的前提下,方案三采用两座共用锚碇的双塔单主跨双层钢桁梁悬索桥,其主缆跨径为305m+800m+305m+40m+305m+800m+305m=2860m,垂跨比为1/10;主梁跨径为290m+800m+305m+40m+305m+800m+290m=2830m。桥型总体布置如图8-3所示。

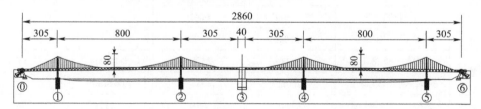

图8-3 方案三:共用锚碇双塔单主跨双层钢桁梁悬索桥(尺寸单位:m)

为反映连续多跨混凝土中塔悬索桥和共用锚碇悬索桥的经济性及其影响因素,将方案一和方案三的详细造价分别列出,材料指标汇总如表8-2所示。

连续多跨混凝土中塔悬索桥与共用锚碇悬索桥材料指标比较表 表8-2

项　目		方案一:三跨800m悬索桥		方案三:共用锚碇800m悬索桥	
构件	材料	全桥数量	建安费(万元)	全桥数量	建安费(万元)
主缆	1860MPa镀锌钢丝	24532t	52252	24094t	51320
吊索	1770MPa镀锌钢丝	791t	3258	819t	3376

续上表

项目		方案一:三跨800m悬索桥		方案三:共用锚碇800m悬索桥	
构件	材料	全桥数量	建安费(万元)	全桥数量	建安费(万元)
加劲梁	Q345qD、Q420qD	105617t	160538	104124t	158269
	桥面铺装	189610m³	26545	189610m³	26166
边塔及基础	塔柱:C50 海工	28896m³	8438	57792m³	16875
	桩基:C35 海工	90370m³	29822	180740m³	59644
	承台:C40 海工	45964m³	6895	91928m³	13789
中塔及基础	塔柱:C50 海工	46364m³	14373	—	
	沉井壁和盖板:C40 海工	71096m³	29647		
	沉井填芯:C30	135484m³	14903		
	沉井封底:C30	51086m³	6641		
	沉井钢壳:Q345C	36504t	55486		
共用锚碇及基础	锚体:C35 海工	—		64688m³	7116
	沉井壁和盖板:C40 海工			71736m³	29914
	沉井填芯:C30			67742m³	7452
	沉井封底:C30			25543m³	3321
	沉井钢壳:Q345C			36833t	55985
锚碇及基础	锚体:C35 海工	215978m³	23758	215978m³	23758
	扩大基础:C35 海工	2760m³	359	2760m³	359
索鞍索夹	索鞍:ZG270-480H	2054t	7704	2739t	10272
	索夹:ZG20Mn	2144t	7248	2009t	6792
锚固系统	钢绞线:1860MPa	425t	853	850t	1706
	钢材:Q235	1110t	1332	2220t	2664
附属及其他		—	21800	—	28400
总计		—	471852	—	507178
每平方米建安费(万元)		—	2.489	—	2.675

从表8-2中的数据对比可以得到如下结论:

①共用锚碇悬索桥,需要在水中修建大型锚碇和沉井基础,造价相比中塔大幅增加。参照瓯江北口大桥设计经验,多塔连跨悬索桥单个中塔以及沉井基础造价6.05亿元,而相同地质条件下采用共用锚碇及沉井基础造价高达10.38亿元。

②共用锚碇悬索桥,实际上是将两座独立的悬索桥用共用锚碇相连,本质上仍然是两座桥梁,因此相较于多塔连跨悬索桥,其施工周期更长,施工成本更高。这一点从附属及其他费用可看出。

③方案一总造价约47.19亿元,折合每平方米造价2.489万元;方案三总造价约50.72亿元,折合每平方米造价2.675万元。这表明多塔连跨悬索桥经济指标优于共用锚碇悬索桥。

结合三个方案的三组数据可以看出,无论采用何种方案,其索鞍、索夹造价增加非常有限,且索鞍、索夹造价占总造价的比例均较小。这也表明通过中塔索鞍解决"中塔效应"问题经济性优势显著。

相比于单跨悬索桥和共用锚碇悬索桥两种桥型方案,不设共用锚碇的多塔多跨主缆连续体系悬索桥不仅可以解决建造中锚碇带来的问题,还可以在相同的跨越能力下大幅度减小主缆内力,显著降低锚碇规模,起到减少工程造价、降低下部结构施工和抗风措施设计难度的作用。因此,多塔多跨主缆连续体系悬索桥在大跨径桥梁建设中越来越受到人们的重视,被认为是适应海湾、海峡等宽阔水域的理想桥型。

本研究结果基于瓯江北口大桥但不仅仅限于瓯江北口大桥。虽然上述造价比较建立在瓯江北口大桥的地形和地质条件基础上,应用于其他跨海大桥时,由于桥位地形及地质条件不同,各方案基础规模会有所不同;但各方案在构件尺寸拟定时参考瓯江北口大桥的设计参数均已尽量按最经济的结构形式来计算,各方案的差值可能会略有差异而总的趋势不会改变。总体来讲,单跨悬索桥造价＞共用锚碇悬索桥造价＞多塔连跨悬索桥造价。

8.2　小跨径多塔连跨悬索桥

8.2.1　小跨径多塔连跨悬索桥的划分界限

相比于传统的两塔悬索桥,多塔悬索桥不只是表面上塔数、跨数的增多,更重要的是桥梁结构形式的创新。它在结构上存在的最大困难,就是如何合理地设计整体结构的刚度。从两塔悬索桥向多塔连跨悬索桥发展,最主要的结构变化是增加了中塔。中塔与边塔不同,中塔纵桥向两侧都是主跨,主缆对中塔的约束比主缆对边塔的约束弱得多。一方面,中塔要有一定的纵向刚度,来抵抗自身的弯曲变形,不至于造成加劲梁下挠过大;另一方面,中塔也要有一定的纵向柔度(边界值随着技术的进步不断放松),来协调鞍座两侧主缆的拉力比(紧松比),保证主缆与鞍座不产生相对滑移。由此可见,中塔的刚度要适宜,要使两侧主缆不平衡力适中,既要满足鞍座抗滑移安全性要求,也要满足行车舒适性要求(挠跨比)。中塔这种区别于边塔的力学特性,被称为多塔连跨悬索桥的"中塔效应",是多塔连跨悬索桥特有的力学现象。

对悬索桥而言,一方面当跨径较小时,加劲梁抗弯刚度对结构整体刚度占比较大,活载作用下位移较小,几何非线性特性并不明显,结构可近似按小位移弹性理论分析就能满足工程实践要求;随着跨径的增大,加劲梁抗弯刚度对结构整体刚度的影响几乎完全弱化,活载作用下位移很大,几何非线性特性不能忽略,结构需按大位移非线性理论分析。另一方面从世界各国已建成的多塔连跨悬索桥的成功案例来看,当跨径较小时,"中塔效应"问题的解决手段也多一些。基于此,对多塔连跨悬索桥的研究初步划分为两类:小跨径多塔悬索桥(主跨跨径＜500m)和大跨径多塔悬索桥(主跨跨径≥500m)。

小跨径的多塔连跨悬索桥,按缆梁结合形式划分为缆梁结合自锚式和缆梁分离地锚式,缆梁结合自锚式受梁长和自身稳定性限制,连续跨越能力非常有限,因此缆梁分离地锚式多塔(≥3塔)连跨悬索桥是我们研究的主要对象。随着材料工艺和施工技术的不断提高,瓯江北口大桥采用的新型摩擦型防滑索鞍研制成功,这使得主缆与鞍座间名义摩擦系数提高到0.3以上。在进行多塔连跨悬索桥设计时,中塔结构形式选择余地和中塔刚度取值空间都得到大幅放宽,彻底解决了制约多塔连跨悬索桥发展的"中塔效应"问题。此时小跨径多塔悬索桥将不受中塔个数的限制而成为一种常用桥型之一。

8.2.2 小跨径多塔连跨悬索桥静力特性研究

以主跨跨径300m、400m及500m的小跨径三塔四跨及四塔五跨悬索桥为研究对象,分析结构在主要荷载作用下的竖向刚度、主缆抗滑移安全系数以及中塔纵向刚度可取值区间等主要力学指标,为此建立了各结构的整体空间有限元模型,结构有限元模型参数选取原则如下:

①多塔悬索桥边塔由于受到边跨主缆的约束,其力学行为与常规两塔悬索桥桥塔相似,统计发现已建成的索塔纵向刚度均分布在8000kN/m附近。考虑到多塔悬索桥的边塔刚度对结构总体的力学行为影响较小,因此计算模型中统一将8000kN/m作为不同主跨跨径多塔(≥3)连跨悬索桥边塔的纵向刚度。

②我国已建多塔连跨悬索桥除瓯江北口大桥采用A形混凝土刚性中塔外,其他三座大桥中塔均采用了柔性钢桥塔。统计发现泰州大桥倒Y形钢中塔和马鞍山长江大桥I形钢-混凝土叠合中塔的纵向刚度均接近6500kN/m,为简化模型并体现一般规律,先取6500kN/m作为各主跨跨径多塔(≥3)连跨悬索桥中塔的纵向刚度作一般分析,后针对瓯江北口大桥采用A形混凝土刚性中塔做特例研究。

③主缆钢丝公称抗拉强度取1770MPa,统一按2.5倍抗滑移安全系数确定不同跨径主缆直径和面积,标准吊索间距为16m,加劲梁恒载集度为233.54kN/m,活载为8车道公路—I级荷载。

④考虑到钢箱梁自重与抗弯刚度均比钢桁梁小,为了更加突出"中塔效应",找出三塔以上悬索桥结构中存在的问题,加劲梁拟定为钢箱梁的截面形式。桥面为双向六车道,两侧各布置一道应急车道,梁高3.0m,吊点横向间距34.5m。

(1)结构竖向刚度

汽车荷载作用下主跨跨径300m、400m及500m加劲梁竖向位移如图8-4所示。限于图幅宽度,图8-4仅示出半结构位移,各结构挠度及挠跨比见表8-3,表中竖向挠度的计算基于影响线加载模式。由计算可知,小跨径多塔连跨悬索桥结构位移形状,相对于边主跨、中主跨加劲梁竖向位移增大较为明显。从三塔过渡到四塔时,中主跨加劲梁竖向位移约为边主跨跨径的1.3倍。当多塔悬索桥主跨跨径在500m以下时,由于主跨跨径减小,加劲梁为结构提供的竖向刚度显著提高。因此,主跨跨径从300m、400m增加到500m时加劲梁竖向挠跨比逐步增大,结构刚度逐步减小,跨径为500m左右时结构刚度达到最小。

刚性中塔悬索桥

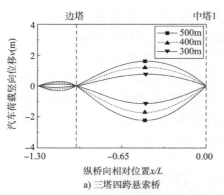
a) 三塔四跨悬索桥

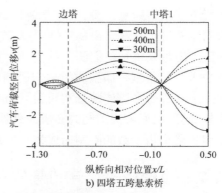
b) 四塔五跨悬索桥

图 8-4 汽车荷载作用下小跨径多塔连跨悬索桥加劲梁竖向位移图

汽车荷载作用下小跨径多塔连跨悬索桥加劲梁竖向位移计算结果　　　　表 8-3

主跨跨径(m)	桥塔个数	竖向挠度(m)	挠跨比
300	3	1.150	1/260
300	4	1.512	1/198
400	3	1.722	1/232
400	4	2.284	1/175
500	3	2.225	1/225
500	4	2.961	1/169

（2）主缆抗滑安全性

汽车荷载作用下主跨跨径 300m、400m 及 500m 结构的主缆抗滑移安全系数见表 8-4，max 代表可能发生的向大里程方向的滑动，min 代表可能发生的向小里程方向的滑动。由计算结果可见，尽管主跨跨径小于 500m，但主跨跨径 400m 结构的主缆抗滑移安全系数在三塔及四塔悬索桥中仅减小了 0.4%，因此可以推知主跨跨径小于 500m 后，在同样桥塔个数的情况下，多塔悬索桥主缆抗滑移安全系数并不会显著下降。其原因主要是当主跨跨径在 500m 以下时，加劲梁的竖向刚度提升显著，逐渐承担了更多的汽车荷载，平衡了中塔顶两侧主缆的不平衡力，进而缓解了主缆抗滑移安全系数的下降。由于加劲梁刚度在总刚度中占比进一步提高，当主跨跨径减小至 300m 时，三塔及四塔悬索桥主缆抗滑移安全系数均有不同程度的提高。表明小跨径多塔悬索桥跨径越小，越容易同时满足整体刚度（挠跨比）和主缆抗滑移安全系数两个条件。

中塔位置主缆抗滑移安全系数（$\mu = 0.15$）　　　　表 8-4

主跨跨径(m)	桥塔个数	中塔1		中塔2	
		max	min	max	min
300	3	1.765	1.765	—	—
300	4	1.908	1.846	1.691	1.717
400	3	1.630	1.630	—	—
400	4	1.721	1.693	1.584	1.598

续上表

主跨跨径 (m)	桥塔个数	中塔1		中塔2	
		max	min	max	min
500	3	1.636	1.636	—	—
	4	1.682	1.723	1.617	1.625

(3) 中塔纵向刚度取值区间讨论

主跨跨径300m、400m及500m的三塔四跨及四塔五跨悬索桥在汽车荷载作用下不同中塔纵向刚度对应的结构挠跨比见表8-5,对应的主缆抗滑移安全系数见表8-6。由计算结果可得,当中塔纵向刚度达到20MN/m后,三塔四跨及四塔五跨悬索桥结构挠跨比均能够满足《公路悬索桥设计规范》(JTG/T D65-05—2015)要求,且各结构的主缆抗滑移安全系数均能够保持在1.0以上,此时通过改进鞍座的局部构造,使摩擦系数μ达到0.3即可将主缆抗滑移安全系数增大一倍,以达到《公路悬索桥设计规范》(JTG/T D65-05—2015)要求的2.0限值。综上所述,对于小跨径多塔悬索桥,存在较大的中塔纵向刚度取值区间,能够使结构同时满足整体刚度(挠跨比)及主缆与鞍座间抗滑移安全系数两个条件。

结构挠跨比随中塔刚度的变化　　　　表8-5

主跨跨径 (m)	桥塔个数	中塔刚度		
		6.5MN/m	15MN/m	20MN/m
300	3	1/260	1/334	1/367
	4	1/232	1/261	1/293
400	3	1/232	1/312	1/346
	4	1/175	1/241	1/275
500	3	1/225	1/309	1/345
	4	1/169	1/238	1/272

主缆抗滑移安全系数随中塔刚度的变化($\mu=0.15$)　　　　表8-6

主跨跨径 (m)	桥塔个数	中塔刚度		
		6.5MN/m	15MN/m	20MN/m
300	3	1.765	1.221	1.172
	4	1.691	1.206	1.108
400	3	1.630	1.166	1.158
	4	1.584	1.076	1.075
500	3	1.636	1.232	1.128
	4	1.617	1.201	1.115

8.3 大跨径多塔连跨悬索桥

由前文分析可知:同等条件下,对于小跨径多塔连跨悬索桥,跨径越大,刚度越差,当跨径为500m时,其刚度和抗滑移条件是最难满足的。大跨径多塔连跨悬索桥受"中塔效应"问题的制约情况是否会更加严重,是我们需要重点研究的问题。

为此,本节以主跨跨径及索塔个数为变量展开研究,缆索系统、加劲梁、索塔等构件参数同第8.2.2节。其中,主跨跨径分别选取500m、800m、1100m及1500m进行分析;桥塔个数分别选取三塔、四塔、五塔、六塔、七塔及八塔进行分析,以研究桥塔数量为奇、偶数时导致的加劲梁纵向约束位置存在差异的问题。奇数个桥塔的模型(三塔、五塔、七塔)在最中间桥塔位置处的加劲梁设置纵向约束,其他桥塔位置加劲梁纵向约束放开;偶数个桥塔的模型(四塔、六塔、八塔)在最中间主跨靠右第一个桥塔位置处的加劲梁设置纵向约束,其他桥塔位置加劲梁纵向约束放开。

8.3.1 大跨径多塔连跨悬索桥静力特性研究

8.3.1.1 汽车荷载作用

(1)结构竖向刚度

汽车荷载作用下各结构加劲梁竖向挠度如图8-5所示,限于篇幅,图8-5仅示出半结构的挠度,各结构挠度及挠跨比见表8-7,表中竖向挠度的计算基于简化加载模式。由图8-5可见,相比于三塔悬索桥主跨一端为中塔、另一端为边塔的情况(边主跨),三塔以上悬索桥均存在主跨两端均为中塔的情况(中主跨),此情况下主跨两端桥塔均缺少边跨主缆的约束,因此汽车荷载作用下加劲梁竖向挠度显著高于三塔悬索桥。当同一结构中存在多个中主跨时,不同位置中主跨的竖向挠度并不会存在明显的差别,同时不同桥塔个数结构边主跨的挠度相近,中主跨加劲梁竖向挠度约为边主跨的1.3倍。可见三塔以上多塔悬索桥最大竖向挠度增大的主要原因为缺少了边跨主缆对桥塔的约束,从而引起了主跨一侧桥塔塔顶纵向位移的增大。基于上述原因,多塔悬索桥加劲梁竖向挠度仅在三塔增加到四塔时会出现突变,对于四塔及以上的多塔悬索桥,加劲梁最大竖向挠度基本保持不变。

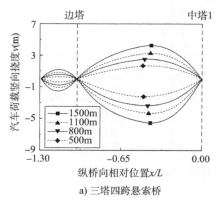
a) 三塔四跨悬索桥

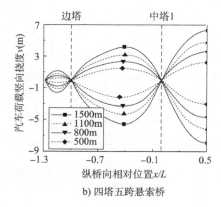
b) 四塔五跨悬索桥

图 8-5

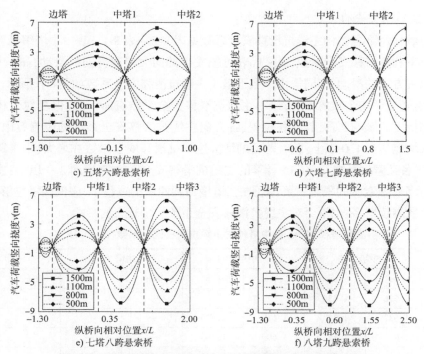

图 8-5 汽车荷载作用下大跨径多塔连跨悬索桥加劲梁竖向挠度图

汽车荷载作用下大跨度多塔连跨悬索桥竖向挠度计算结果　　　　　　表 8-7

主跨跨径(m)	桥塔个数	竖向挠度(m)	挠跨比	主跨跨径(m)	桥塔个数	竖向挠度(m)	挠跨比
500	3	2.225	1/225	1100	3	4.392	1/250
	4	2.961	1/169		4	6.072	1/181
	5	2.986	1/167		5	6.107	1/180
	6	3.031	1/165		6	6.095	1/180
	7	3.031	1/165		7	6.095	1/180
	8	3.052	1/164		8	6.130	1/179
800	3	3.395	1/236	1500	3	5.615	1/267
	4	4.631	1/173		4	7.843	1/191
	5	4.665	1/171		5	7.880	1/190
	6	4.676	1/171		6	7.851	1/191
	7	4.676	1/171		7	7.851	1/191
	8	4.706	1/170		8	7.891	1/190

由表 8-7 可见,三塔增加到四塔后,同一跨径下加劲梁挠度大幅增加(约 35%),从而导致各结构挠跨比均大于《公路悬索桥设计规范》(JTG/T D65-05—2015)要求的 1/250,可见三塔以上多塔悬索桥需要与纵向刚度更大的中塔相匹配,由此导致结构更难满足多塔悬索桥的"中塔效应"问题。与三塔悬索桥类似,跨径越大的多塔悬索桥越易满足挠跨比的要求。四塔及以上的多塔悬索桥间竖向挠度虽然会随桥塔个数的增加而增大,但差别较小,最多相差 3%。可见竖向挠度对多塔悬索桥的限制主要体现在三塔增加到四塔的过程中,假使四塔能够满足要求,即使桥塔个数继续增多,也不会对结构竖向刚度产生较大的影响。

（2）主缆抗滑安全性

汽车荷载作用下各结构主缆抗滑移安全系数见表8-8～表8-11，表中中塔编号对应此中塔顶主缆的最不利抗滑移安全系数，max 代表可能发生的向大里程方向的滑动，min 代表可能发生的向小里程方向的滑动，不同桥塔个数下最小主缆抗滑移安全系数如图8-6所示。由计算结果可见，虽然随着桥塔个数的增多，最小主缆抗滑移安全系数有所下降，但相对于桥塔个数对加劲梁竖向挠度的影响而言，其对各位置、各方向主缆抗滑移安全系数的影响有限，并且抗滑移安全系数均能达到 1.0 以上；随着跨径的增大主缆抗滑移安全系数亦增大，当主跨跨径达到 1100m 时，按名义摩擦系数 $\mu=0.15$ 计算的主缆抗滑移安全系数已达到 2.0 以上；主缆抗滑移安全系数对多塔悬索桥的限制主要体现在三塔增加到四塔的过程中，假使四塔能够满足要求，即使桥塔个数继续增多，也不会对主缆抗滑移安全系数产生较大的影响。

主跨跨径 500m 各中塔位置主缆抗滑移安全系数（$\mu=0.15$） 表8-8

桥塔个数	中塔1		中塔2		中塔3		中塔4	
	max	min	max	min	max	min	max	min
3	1.636	1.636	—	—	—	—	—	—
4	1.682	1.723	1.617	1.625	—	—	—	—
5	1.677	1.718	1.609	1.609	—	—	—	—
6	1.675	1.733	1.692	1.706	1.591	1.587	—	—
7	1.675	1.733	1.691	1.705	1.576	1.576	—	—
8	1.674	1.736	1.690	1.722	1.688	1.702	1.559	1.556

主跨跨径 800m 各中塔位置主缆抗滑移安全系数（$\mu=0.15$） 表8-9

桥塔个数	中塔1		中塔2		中塔3		中塔4	
	max	min	max	min	max	min	max	min
3	1.857	1.857	—	—	—	—	—	—
4	1.841	1.883	1.856	1.859	—	—	—	—
5	1.839	1.882	1.834	1.834	—	—	—	—
6	1.831	1.884	1.835	1.871	1.826	1.823	—	—
7	1.831	1.885	1.835	1.871	1.815	1.815	—	—
8	1.822	1.875	1.827	1.874	1.835	1.870	1.809	1.808

主跨跨径 1100m 各中塔位置主缆抗滑移安全系数（$\mu=0.15$） 表8-10

桥塔个数	中塔1		中塔2		中塔3		中塔4	
	max	min	max	min	max	min	max	min
3	2.106	2.106	—	—	—	—	—	—
4	2.050	2.093	2.094	2.097	—	—	—	—
5	2.049	2.092	2.081	2.081	—	—	—	—
6	2.029	2.078	2.031	2.083	2.076	2.075	—	—
7	2.029	2.078	2.031	2.083	2.070	2.070	—	—
8	2.011	2.056	2.011	2.068	2.032	2.082	2.067	2.066

主跨跨径 1500m 各中塔位置主缆抗滑移安全系数($\mu=0.15$)　　表 8-11

桥塔个数	中塔1		中塔2		中塔3		中塔4	
	max	min	max	min	max	min	max	min
3	2.436	2.436	—	—	—	—	—	—
4	2.344	2.403	2.429	2.432	—	—	—	—
5	2.343	2.402	2.421		—	—	—	—
6	2.303	2.362	2.328	2.395	2.419	2.419	—	—
7	2.303	2.362	2.328	2.395	2.417	2.417	—	—
8	2.270	2.322	2.287	2.354	2.330	2.395	2.415	2.415

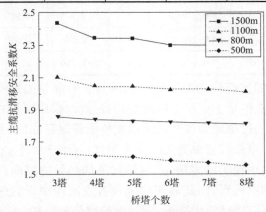

图 8-6　多塔连跨悬索桥最小主缆抗滑移安全系数($\mu=0.15$)

(3) 主缆力

各结构在汽车荷载作用下的最大主缆力见表 8-12。由计算结果可见,各结构最大主缆力均随桥塔个数的增多而增大,但增幅有限,最大在 5% 以内,并且随跨径的增大其增幅逐渐减小,跨径为 1500m 时增幅不到 1%,因此主缆力不是三塔以上悬索桥的重要指标。桥塔个数对主缆力的影响主要由其中塔顶纵向位移的增大引起。

各结构在汽车荷载作用下的最大主缆力(单位:kN)　　表 8-12

桥塔个数	主跨跨径			
	500m	800m	1100m	1500m
3	12045	18864	25494	34595
4	12141	18902	25547	34663
5	12147	18965	25624	34744
6	12413	19306	25792	34751
7	12439	19306	25792	34767
8	12633	19475	25930	34853

8.3.1.2　温度荷载作用

由于三塔以上多塔悬索桥桥长过长,个别桥梁已接近甚至超过 5km,可以推知在温度荷载作用下结构的主要问题体现在其梁端的纵向变形,限于篇幅,本节仅列出梁端纵向变形的结果。各结构在温度荷载作用下加劲梁端部纵向变形结果见表 8-13,负号为向小里程方向的位移,正号为向大里程方向的位移。

各结构在温度荷载作用下加劲梁端部纵向变形结果　　　　表 8-13

桥塔个数	主跨跨径 500m		主跨跨径 800m		主跨跨径 1100m		主跨跨径 1500m	
	升温(m)	降温(m)	升温(m)	降温(m)	升温(m)	降温(m)	升温(m)	降温(m)
3	-0.190	0.191	-0.304	0.306	-0.414	0.416	-0.563	0.566
4	-0.328	0.330	-0.522	0.525	-0.707	0.711	-0.945	0.950
5	-0.334	0.336	-0.528	0.531	-0.713	0.718	-0.950	0.956
6	-0.463	0.465	-0.719	0.723	-0.974	0.980	-1.275	1.283
7	-0.470	0.473	-0.736	0.741	-0.983	0.990	-1.283	1.292
8	-0.592	0.595	-0.913	0.919	-1.210	1.218	-1.550	1.560

由计算结果可见,在温度荷载作用下加劲梁纵向变形量与加劲梁纵向支座一侧的长度直接相关,且随着桥塔个数的增多并没有减缓的趋势,此时采用常规在梁端设置伸缩装置的做法很难找到合适的型号,这也成为多塔缆索承重桥梁普遍存在的问题。首先,加劲梁可以按照一定长度断开并在索塔处设置成简支的结构形式(见 8.3.4 节);其次,可参考嘉绍大桥主梁跨中设置大箱梁内套小箱梁的方法,多塔悬索桥加劲梁的纵向约束体系也可改进为在每个中塔处均设置纵向约束的形式,此后相应地在各主跨跨中设置纵向伸缩装置。采用此种加劲梁约束形式不但可以缓解温度变形,同时由前述分析可知,由于增加了塔梁间的纵向约束,此时汽车荷载作用下加劲梁的竖向挠度及主缆抗滑移安全系数均比仅在最中间中塔位置加劲梁设置纵向约束更优。可见如采用适当的做法,结构在温度荷载作用下加劲梁的纵向变形问题能较好地缓解,并不会成为制约多塔悬索桥发展的瓶颈问题。

8.3.2　中塔纵向刚度对大跨径多塔连跨悬索桥力学行为影响研究

由前述分析可得,三塔以上多塔悬索桥面临更严峻的竖向刚度问题,其中中塔纵向刚度对多塔悬索桥结构竖向刚度的影响最为显著,但若增大中塔纵向刚度又会导致主缆抗滑移安全系数下降,按《公路悬索桥设计规范》(JTG/T D65-05—2015)采用的名义摩擦系数值 0.15 来计算,极有可能出现无法同时满足结构竖向刚度与主缆抗滑移安全性能的情况,进而导致三塔以上多塔悬索桥难以设计成功。为此,分别从结构竖向刚度、主缆抗滑安全性、中塔底弯矩三个方面分析中塔纵向刚度对结构的影响,以检验三塔以上多塔悬索桥是否存在使结构同时满足刚度和抗滑要求的区间。

(1) 结构竖向刚度

汽车荷载作用下不同中塔纵向刚度对应的加劲梁竖向挠度见表 8-14 ~ 表 8-17。由计算结果可得,当中塔纵向刚度达到 15MN/m 时,主跨跨径 1100m 及 1500m 的各结构能满足刚度要求;当中塔纵向刚度达到 20MN/m 时,主跨跨径 500m 及 800m 的各结构能满足刚度要求。可见各结构均能找到合适的中塔纵向刚度,以使结构满足竖向刚度的要求。

各结构在汽车荷载作用下加劲梁竖向挠度($K_t = 6.5\text{MN/m}$) 表 8-14

桥塔个数	主跨跨径 500m		主跨跨径 800m		主跨跨径 1100m		主跨跨径 1500m	
	挠度(m)	挠跨比	挠度(m)	挠跨比	挠度(m)	挠跨比	挠度(m)	挠跨比
3	2.225	1/225	3.395	1/236	4.392	1/250	5.615	1/267
4	2.961	1/169	4.631	1/173	6.072	1/181	7.843	1/191
5	2.986	1/167	4.665	1/171	6.107	1/180	7.88	1/190
6	3.031	1/165	4.676	1/171	6.095	1/180	7.851	1/191
7	3.031	1/165	4.676	1/171	6.095	1/180	7.851	1/191
8	3.052	1/164	4.706	1/170	6.130	1/179	7.891	1/190

各结构在汽车荷载作用下加劲梁竖向挠度($K_t = 10\text{MN/m}$) 表 8-15

桥塔个数	主跨跨径 500m		主跨跨径 800m		主跨跨径 1100m		主跨跨径 1500m	
	挠度(m)	挠跨比	挠度(m)	挠跨比	挠度(m)	挠跨比	挠度(m)	挠跨比
3	1.898	1/263	2.913	1/275	3.807	1/289	4.909	1/306
4	2.512	1/199	3.893	1/206	5.101	1/216	6.608	1/227
5	2.522	1/198	3.907	1/205	5.117	1/215	6.625	1/226
6	2.557	1/196	3.921	1/204	5.115	1/215	6.611	1/227
7	2.557	1/196	3.921	1/204	5.115	1/215	6.611	1/227
8	2.568	1/195	3.935	1/203	5.131	1/214	6.629	1/226

各结构在汽车荷载作用下加劲梁竖向挠度($K_t = 15\text{MN/m}$) 表 8-16

桥塔个数	主跨跨径 500m		主跨跨径 800m		主跨跨径 1100m		主跨跨径 1500m	
	挠度(m)	挠跨比	挠度(m)	挠跨比	挠度(m)	挠跨比	挠度(m)	挠跨比
3	1.620	1/309	2.522	1/317	3.324	1/331	4.307	1/348
4	2.102	1/238	3.230	1/248	4.227	1/260	5.483	1/274
5	2.105	1/238	3.235	1/247	4.233	1/260	5.490	1/273
6	2.130	1/235	3.247	1/246	4.235	1/260	5.484	1/274
7	2.130	1/235	3.247	1/246	4.235	1/260	5.484	1/274
8	2.135	1/234	3.254	1/246	4.242	1/259	5.491	1/273

各结构在汽车荷载作用下加劲梁竖向挠度($K_t = 20\text{MN/m}$) 表 8-17

桥塔个数	主跨跨径 500m		主跨跨径 800m		主跨跨径 1100m		主跨跨径 1500m	
	挠度(m)	挠跨比	挠度(m)	挠跨比	挠度(m)	挠跨比	挠度(m)	挠跨比
3	1.450	1/345	2.297	1/348	3.039	1/362	3.942	1/381
4	1.835	1/272	2.804	1/285	3.663	1/300	4.751	1/316
5	1.836	1/272	2.806	1/285	3.666	1/300	4.754	1/316
6	1.854	1/270	2.815	1/284	3.669	1/300	4.752	1/316
7	1.854	1/270	2.815	1/284	3.669	1/300	4.752	1/316
8	1.857	1/269	2.819	1/284	3.672	1/300	4.754	1/315

(2) 主缆抗滑安全性

汽车荷载作用下各结构主缆抗滑移安全系数见表8-18,由计算结果可得,当中塔纵向刚度达到10MN/m以上时,各结构的主缆抗滑移安全系数均保持在1.0~2.0之间,通过降低中塔刚度来提高主缆抗滑移安全系数的做法难以在三塔以上多塔连跨悬索桥中实现,此时需要参考瓯江北口大桥的做法,通过改进鞍座的局部构造,使名义摩擦系数μ达到0.3即可使主缆抗滑移安全系数增大一倍,以达到《公路悬索桥设计规范》(JTG/T D65-05—2015)要求的2.0的限值。

各结构在汽车荷载作用下主缆抗滑移安全系数($\mu=0.15$)   表8-18

桥塔纵向刚度	桥塔个数	主跨跨径			
		500m	800m	1100m	1500m
6.5MN/m	3	1.636	1.857	2.106	2.436
	4	1.617	1.841	2.050	2.344
	5	1.609	1.834	2.049	2.343
	6	1.587	1.823	2.029	2.303
	7	1.576	1.815	2.029	2.303
	8	1.556	1.808	2.011	2.270
10MN/m	3	1.384	1.525	1.698	1.940
	4	1.370	1.517	1.683	1.899
	5	1.347	1.503	1.677	1.899
	6	1.335	1.497	1.668	1.871
	7	1.326	1.493	1.668	1.871
	8	1.319	1.489	1.655	1.849
15MN/m	3	1.232	1.322	1.454	1.642
	4	1.201	1.315	1.445	1.624
	5	1.187	1.307	1.440	1.624
	6	1.179	1.303	1.438	1.605
	7	1.175	1.302	1.437	1.605
	8	1.171	1.300	1.434	1.590
20MN/m	3	1.128	1.221	1.332	1.494
	4	1.115	1.215	1.328	1.487
	5	1.106	1.210	1.324	1.486
	6	1.101	1.208	1.323	1.472
	7	1.098	1.207	1.323	1.472
	8	1.096	1.206	1.322	1.460

(3) 中塔底弯矩

多塔连跨悬索桥在汽车荷载作用下中塔底最大弯矩如图8-7所示,图中虚线代表三塔四跨悬索桥中塔底弯矩。由计算结果可见,中塔底最大竖向弯矩均出现在存在加劲梁纵向约束的中塔,由前述分析可知此位置中塔顶的纵向位移也最大,可见其主要受到了加劲梁纵向支座传递来的纵向力及塔顶纵向位移的影响。但三塔及以上悬索桥中塔底最大弯矩基本相等,因此汽车荷载作用下的中塔底弯矩不是三塔及以上悬索桥的控制指标。无纵向约束中塔的塔底弯矩与最大弯矩相比基本相等,但差别会随跨径的增大而增大。

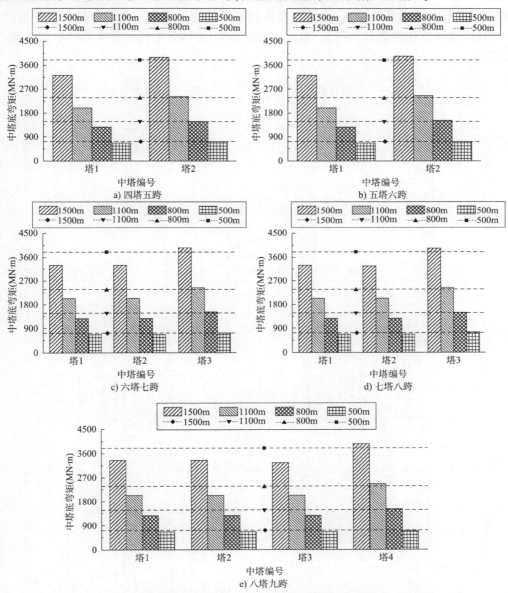

图8-7 多塔连跨悬索桥在汽车荷载作用下中塔底最大弯矩

8.3.3 不同跨径及索塔个数多塔连跨悬索桥动力特性研究

图8-8为各振型的基频及颤振临界风速;图8-9为各方向典型振型形状,限于篇幅仅示

刚性中塔悬索桥

出主跨跨径1100m的五塔及八塔悬索桥的结果。由图8-8可以看出，桥塔个数的增多对结构竖弯、横弯、扭转的基频及颤振临界风速影响较小，仅会由于桥塔个数奇数与偶数的差别，而对结构正对称横弯与反对称横弯出现的先后顺序产生影响，奇数个桥塔首先出现正对称横弯振型，偶数个桥塔首先出现反对称横弯振型。对于竖弯，正对称与反对称振型的频率基本保持一致，与桥塔个数间的关系较弱，不存在与横弯相似的规律。同时通过对各结构振型形状的分析可得，随着桥塔个数的增多，在扭转振型前会出现更多的横弯与竖弯振型，扭转振型出现的次序会逐渐靠后。可见，相比于桥塔个数，多塔悬索桥的动力特性受主跨跨径的影响更大。

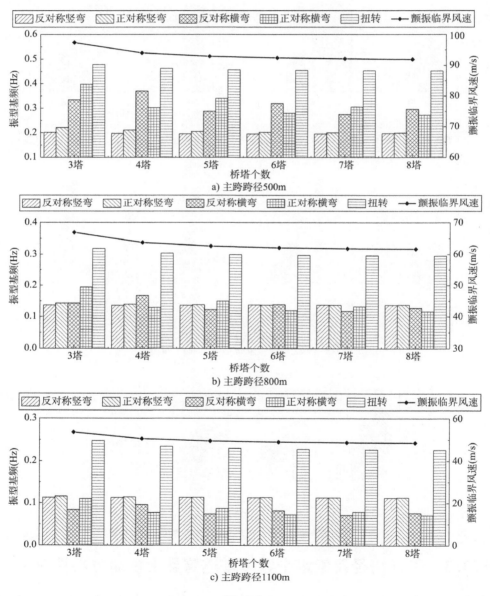

图 8-8

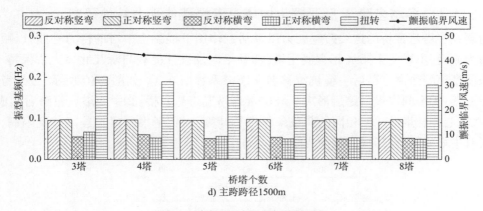

d) 主跨跨径1500m

图 8-8　各振型基频及颤振临界风速

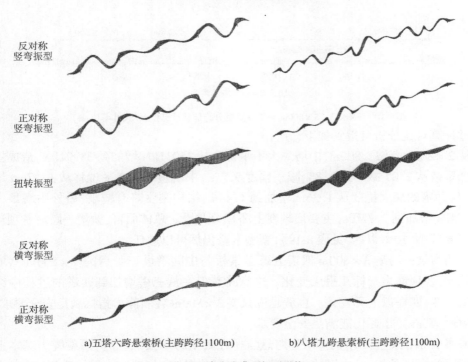

a) 五塔六跨悬索桥(主跨跨径1100m)　　b) 八塔九跨悬索桥(主跨跨径1100m)

图 8-9　各方向典型振型形状

8.3.4　A形混凝土中塔多塔连跨悬索桥拓展研究

8.3.2 节针对中塔采用不同理论刚度取值对多塔连跨悬索桥进行研究已得出了一般规律性的认识,研究结果表明:当中塔纵向刚度达到 10MN/m 以上时,各结构的主缆抗滑移安全系数均保持在 1.0~2.0 之间,通过降低中塔刚度的做法来提高主缆抗滑移安全系数难以在三塔以上多塔连跨悬索桥中实现,此时需要参考瓯江北口大桥的做法,采用刚度更大的中塔以提高主缆抗滑移名义摩擦系数,本节将通过瓯江北口大桥的实桥设计参数,对多塔连跨悬索桥进行拓展应用研究。

8.3.4.1 多塔多跨 A 形混凝土中塔悬索桥整体受力特性研究

为研究多塔悬索桥的连续跨越能力以及活载作用下混凝土中塔的传力性能,以瓯江北口大桥为原型,中塔仍采用 A 形混凝土塔,加劲梁以及设计荷载与瓯江北口大桥保持一致,中塔采用摩擦型防滑索鞍后主缆抗滑移名义摩擦系数取 0.3。如图 8-10 所示,分别考虑以下两种方案:①中间增设一跨后形成 3×800m 四塔五跨悬索桥;②中间增设三跨后形成 5×800m 六塔七跨悬索桥。按相同的荷载条件进行计算分析,考虑到梁长连续长度限制,加劲梁在所有中塔处断开,形成多跨简支结构。

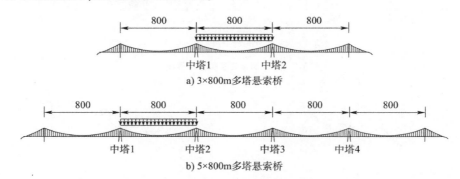

图 8-10　3×800m、5×800m 多塔悬索桥分跨加载计算模型(尺寸单位:m)

经过计算对比分析可得到如下结论:

①从 2×800m 到 3×800m,中塔最大不平衡力从 35031kN 增加到 38991kN,造成主缆抗滑移安全系数从 2.07 减小到 1.88,减小幅度 9.2%;中塔顶纵向水平位移从 14.7cm 增加到 15.2cm,加劲梁的最大挠度从 1.36m 增加到 1.43m,结构刚度略有减小;另外中塔最大拉应力从 1.6MPa 增加到 2.7MPa,主要出现在上塔柱合并段。总体而言,新增一跨后各项静力指标变化幅度较小(10% 以内,见表 8-19),新型索鞍仍然可以胜任。

②中间增设一跨后 3×800m 四塔五跨悬索桥与中间增设三跨后的 5×800m 六塔七跨悬索桥相比,各项静力指标几乎无变化。这意味着仅在从三塔增加到四塔的过程中结构受力会发生突变,四塔以上无变化。也就是说只要 3×800m 各项静力指标满足安全要求,可以再增加中跨,其静力指标仍能满足安全要求。

③采用 A 形混凝土中塔的多塔连跨悬索桥在某中跨单独加载时,活载缆力基本上只由与本跨相邻的中塔承担,且中塔传力呈迅速衰减的态势,离加载跨 1 跨以上时,其他中塔几乎不承受主缆传递的不平衡力(表 8-20),加载跨相邻中塔的受力行为等同于"活载锚碇"。

2×800m、3×800m、5×800m 多塔悬索桥结构响应计算结果　　表 8-19

项　目	主跨跨径 2×800m	主跨跨径 3×800m	主跨跨径 5×800m
中塔最大不平衡力(kN)	35031	38991	38981
主缆抗滑移安全系数	2.07	1.88	1.88
中塔顶纵向水平位移(cm)	14.7	15.2	15.2
中塔最大应力(MPa)	14.6/-1.6	13.8/-2.7	13.8/-2.8
加劲梁挠度(m)	1.36	1.43	1.42

3×800m、5×800m 多塔悬索桥分跨加载中塔传力计算结果　　　　表 8-20

3×800m 四塔五跨悬索桥				5×800m 六塔七跨悬索桥			
主缆位置	中塔左侧缆力 (kN)	中塔右侧缆力 (kN)	最大不平衡力 (kN)	主缆位置	中塔左侧缆力 (kN)	中塔右侧缆力 (kN)	最大不平衡力 (kN)
中塔 1	40012	1021	38991	中塔 1	40005	1024	38981
中塔 2	1023	34	989	中塔 2	1026	30	996
—	—	—	—	中塔 3	30	0	30
—	—	—	—	中塔 4	0	0	0

8.3.4.2　不同跨径 A 形混凝土中塔多塔悬索桥整体受力特性研究

为研究不同跨径多塔连跨悬索桥的受力特性,进一步扩展多塔悬索桥的应用范围,以 3×800m 四塔五跨悬索桥为基础,分别按跨径为 3×500m、3×600m、3×700m、3×900m、3×1000m 建立计算模型。为简化计算同时增强可比性,假定索塔尺寸统一按 3×800m 保持不变,主缆尺寸按同等条件应力、抗滑移安全系数相同原则进行相应调整。参照瓯江北口大桥的经验,主缆抗滑移名义摩擦系数统一按 0.3 取值,比较各项主要控制力学指标发现:

①采用 A 形混凝土中塔的多塔连跨悬索桥,随着跨径的增大,主缆的活载与恒载缆力比呈线性递减趋势(表 8-21),主缆抗滑移安全系数增大,表明主缆抗滑移安全系数与恒载活载比率有直接关系,随着活载比重的增加,主缆抗滑移安全系数呈线性递减。

②采用 A 形混凝土中塔的多塔连跨悬索桥,随着跨径的增大,中塔应力水平亦呈线性增大,但增长幅度较缓,可通过优化中塔设计来保证其强度满足要求。

③从主梁挠跨比来看,采用 A 形混凝土中塔的多塔连跨悬索桥具备良好的整体刚度,随着跨径的增大,结构整体刚度先减小后增大,其中 3×600m 时整体刚度最低。

不同跨径多塔连跨悬索桥结构响应计算结果　　　　表 8-21

项　　目	主跨跨径 3×500m	主跨跨径 3×600m	主跨跨径 3×700m	主跨跨径 3×800m	主跨跨径 3×900m	主跨跨径 3×1000m
中塔最大不平衡力(kN)	24822	29526	33903	38991	43414	47980
活载与恒载缆力比	14.00%	13.64%	13.47%	13.01%	12.69%	12.39%
主缆抗滑移安全系数	1.73	1.79	1.82	1.88	1.93	1.98
中塔顶纵向水平位移(cm)	9.8	11.6	13.3	15.2	17.1	18.8
中塔最大应力(MPa)	9.57/−1.69	10.7/−1.8	12.1/−2.3	13.8/−2.7	15.3/−3.3	16.8/−3.8
主梁最大挠度(m)	0.84	1.18	1.36	1.43	1.54	1.66
挠跨比	1/595	1/509	1/515	1/559	1/584	1/602

8.3.4.3　不同荷载条件下 A 形混凝土中塔多塔悬索桥整体受力特性研究

为研究多塔连跨悬索桥在不同荷载作用下的受力特性,以及单层桥面与双层桥面对结构的影响,以 3×800m 四塔五跨悬索桥为例,考虑以下两种情况:①设计荷载为 12 车道,主梁采用钢桁梁,双层桥面(上下层各 6 车道,即瓯江北口大桥);②设计荷载为 6 车道,主梁采用钢箱梁。其中恒载双层49.5t/m,单层21.9t/m,中塔尺寸不变,主缆尺寸按同等应力条件相应调整,结构体系不变。计算结论如下:

a. 当设计荷载由12车道减少到6车道时,主缆抗滑移安全系数从1.88减小到1.70,减小幅度9.6%。

b. 与双层桥面相比,单层桥面混凝土桥塔应力水平有一定幅度的减少(1.6MPa左右),结构刚度提高10%左右。

c. 主缆滑移的显著影响因素是恒载活载比率,其与是否为双层桥面以及主梁的刚度无直接关系。

8.3.5 应用于琼州海峡和台湾海峡的设想

①对琼州海峡西线桥梁方案进行了设想。图8-11为相关文献提出的悬索桥+斜拉桥方案;在主缆抗滑移技术取得突破后,采用主跨跨径为1600m的多塔连跨悬索桥方案,如图8-12所示,采用4×1000m+3×1600m+4×1000m的多塔悬索桥来跨越深水区。

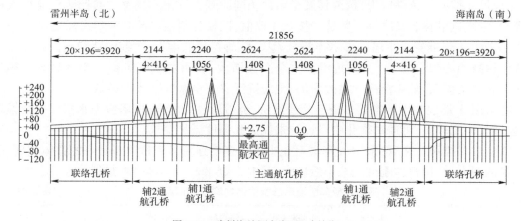

图8-11 琼州海峡原方案(尺寸单位:m)

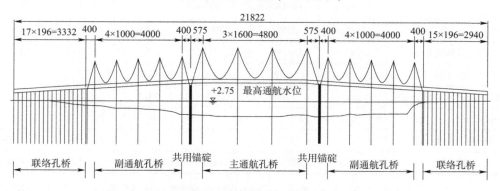

图8-12 琼州海峡新设想方案(尺寸单位:m)

琼州海峡多塔悬索桥方案可行性分析结果如下:

a. 设想采用A形混凝土中塔的多塔连跨悬索桥,主要跨径为1600m与1000m。该尺度规模桥梁有实践基础,无论抗风、抗震、结构设计与施工均有可借鉴经验。

b. 深水基础规模增大,数量减少,有利于工程实施,同时改善了通航条件,降低了船撞风险,15.6km 范围内仅须布置 18 个桥墩和锚碇。

c. 共用锚碇降低了主缆两侧平衡水平力要求,减小了锚碇规模,技术可行性强。

d. A 形混凝土中塔活载锚碇作用使桥梁结构刚度大,比较适合"公铁"两用模式。

e. 亦可借鉴查考大桥设计思路,采用全中塔方案,即在 1600m 和 1000m 主跨之间设置过渡跨,如 1300m,通过调整主缆垂跨比使得恒载下中塔处主缆水平力相等,从而达到完全取消水中锚碇的目的。

f. 合理的经济跨径、深水基础、中塔刚度优化、多座悬索桥平衡施工等问题还需要进一步研究,此处仅作初步设想。

②对台湾海峡西线桥梁方案进行了设想。图 8-13 为相关文献提出的斜拉桥方案。如图 8-14 所示,采用 $n \times 1000m + n \times 1600m + n \times 1000m$ 的多塔悬索桥来跨越深水区。在主缆抗滑移技术取得突破后,采用多塔连跨悬索桥方案。

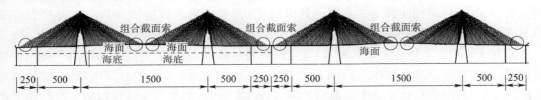

图 8-13 台湾海峡原方案(尺寸单位:m)

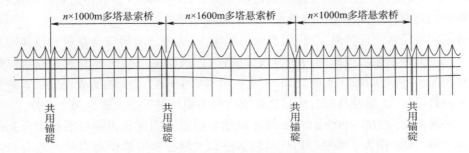

图 8-14 台湾海峡新设想方案

台湾海峡西线的塔悬索桥可行性分析结果如下:

a. 该桥所在的区间是一段长度超过 10km、水深超过 70m 的连续深水区,在这种条件下采用悬索桥必须解决深水锚碇经济合理、施工安全可行的问题。主通航区域采用 $n \times 1600m$ 多塔连跨悬索桥,可将锚碇位置转移到浅水区,大幅降低锚碇工程规模和建造难度。

b. 海上风速常年较海岸测得的风速要高,为保证汽车、列车全天候通行,在同等跨径的条件下桥梁的刚度和抗风稳定性较内陆地区都需要大幅提高,采用刚性中塔的多塔悬索桥刚好可解决此问题。

c. 台湾海峡通道投资巨大,不可能像杭州湾或长江上一样,几年内修建多条通道。在相当长的一段时间内只会有一条通道,所以应该充分利用大桥的功能。无论是货运还是客运,对于海峡通道长约 130km 的运距,"公铁"合建是经济合理的,这些都是刚性中塔多塔悬索桥方案的优势所在。

8.4 本章小结

本章以三塔以上的多塔连跨悬索桥为研究对象,对三塔悬索桥进行了拓展应用研究。首先,基于瓯江北口大桥对多塔连跨悬索桥的经济性进行了定量分析,验证了多塔悬索桥的经济性优势;其次,对小跨径多塔悬索桥静力特性进行了全面计算分析,确定了小跨径多塔连跨悬索桥的划分界限;最后,针对采用柔性中塔和刚性中塔的两种大跨径多塔连跨悬索桥进行研究对比,发现了刚性中塔的特殊优势以及不同于小跨径多塔连跨悬索桥的一些特殊规律。总结如下:

①相比于单跨悬索桥和共用锚碇悬索桥两种桥型方案,多塔多跨主缆连续体系悬索桥不仅可以解决建造中部锚碇带来的问题,还可以在相同的跨越能力下大幅度减小主缆内力,显著降低锚碇规模,起到减少工程造价、降低下部结构施工难度和提高结构抗风性能的作用。总体来讲,跨越相同长度的水域的悬索桥结构,单跨悬索桥造价 > 共用锚碇悬索桥造价 > 多塔连跨悬索桥造价。

②对于小跨径多塔连跨悬索桥,随着主跨跨径的减小,加劲梁为结构提供的竖向刚度显著提高,因此主跨跨径从300m、400m增大到500m时加劲梁竖向挠跨比逐渐增大,结构刚度逐渐减小。与此同时,加劲梁逐渐承担了更多的汽车荷载,平衡了中塔顶两侧主缆的不平衡力,主缆抗滑移安全系数随着跨径减小而逐步提高。表明小跨径多塔连跨悬索桥跨径越小,越容易同时满足整体刚度和主缆抗滑移安全系数两个条件。

③对于大跨径多塔连跨悬索桥,随着跨径的增大,主缆抗滑移安全系数和整体刚度均增大。原因是主缆的活载与恒载缆力比呈线性递减,这表明主缆抗滑移安全系数与恒载活载比率有直接关系,随着活载比重的增加,主缆抗滑移安全系数呈线性递减。表明大跨径多塔连跨悬索桥跨径越大,越容易同时满足整体刚度和主缆抗滑移安全系数两个条件。

④当主跨跨径为500~600m时,多塔连跨悬索桥整体刚度和主缆抗滑移安全系数达到最低。因此将500m作为小跨径多塔连跨悬索桥和大跨径多塔连跨悬索桥的划分界限是有技术上的现实意义的。

⑤对多塔连跨悬索桥而言,仅在桥塔个数从三塔增加到四塔的过程中结构受力会发生突变,四塔以上基本无变化。总体来讲,从三塔增加到四塔的过程中,加劲梁竖向挠度增加值范围为10%~36%,其具体变化大小与采用的中塔刚度直接相关。中塔刚度越大,其增加幅度越小。

⑥当中塔纵向刚度达到10MN/m以上时,主跨跨径500~1600m多塔连跨悬索桥的主缆抗滑移安全系数均保持在1.0~2.0之间,通过降低中塔刚度来提高主缆抗滑移安全系数的做法难以在三塔以上多塔连跨悬索桥中实现,此时可参考瓯江北口大桥的做法,通过采用刚度更大的中塔提高主缆抗滑移名义摩擦系数。

⑦桥塔数量的增多对结构竖弯、横弯、扭转等振型基频的影响较小,仅会由于桥塔个数奇数与偶数的差别,而对结构正对称横弯与反对称横弯出现的先后顺序产生影响,相比于桥塔个数,多塔悬索桥的动力特性受主跨跨径的影响更大。

⑧采用 A 形混凝土中塔的多塔连跨悬索桥在某中跨单独加载时,活载缆力基本上只由与本跨相邻的中塔承担,且中塔传力呈迅速衰减的态势;离加载跨 1 跨以上时,其他中塔几乎不承受主缆传递的不平衡力,加载跨相邻中塔的受力行为等同于"活载锚碇"。

⑨采用 A 形混凝土中塔的三塔悬索桥大幅提高了结构整体刚度和抗风稳定性能;该中塔技术应用于多塔(≥3 塔)连跨悬索桥时,其主要力学指标变化幅度有限,影响主缆滑移性能的显著因素是恒载活载比率,采用增设全竖向隔板的新型中主索鞍仍然可以胜任,因而悬索桥连续跨越能力得到提升。

⑩多个国家正在或计划在今后建造跨海长桥,如中国琼州海峡和台湾海峡通道,卡塔尔—巴林跨海通道,意大利墨西拿海峡通道等。以前由于存在中塔处主缆抗滑移的问题,迫使改用超大跨径悬索桥或多塔连跨斜拉桥,现在主缆与鞍座间抗滑移问题的解决使得多塔连跨悬索桥的所有中塔都可以采用混凝土塔,从而提高桥梁整体刚度和抗风性能,避免水中建造大型锚碇基础,为世界各国的跨海桥梁工程提供另一种经济有效的解决方案。

参 考 文 献

[1] 中华人民共和国交通运输部.公路悬索桥设计规范:JTG/T D65-05—2015[S].北京:人民交通出版社股份有限公司,2015.
[2] 张兴标.多塔悬索桥中间钢桥塔结构静动力稳定性研究[D].成都:西南交通大学,2017.
[3] 侯康.多塔悬索桥合理结构体系及结构适用性研究[D].成都:西南交通大学,2018.
[4] 张劲泉,冯兆祥,杨昀,等.多塔连跨悬索桥技术研究[M].北京:人民交通出版社,2013.
[5] 王萍.多塔连续体系悬索桥静动力特性的研究[D].成都:西南交通大学,2007.
[6] 沈锐利,张兴标,彭丹.多塔悬索桥结构变形的实用计算方法[J].中国公路学报,2016,29(6):207-213.
[7] 戴显荣,王昌将,王晓阳,等.温州瓯江北口大桥主桥总体设计及结构选型[J].桥梁建设,2019,49(3):80-85.
[8] 高宗余,史方华.温州瓯江北口大桥主桥设计关键技术[J].桥梁建设,2017,47(1):1-5.
[9] 杨进.泰州长江公路大桥主桥三塔悬索桥方案设计的技术理念[J].桥梁建设,2007(3):33-35.
[10] 杨光武,徐宏光,张强.马鞍山长江大桥三塔悬索桥关键技术研究[J].桥梁建设,2010(5):7-11.
[11] 王忠彬,杨进,周平.鹦鹉洲长江大桥钢-混结合梁悬索桥方案研究[J].桥梁建设,2010(4):52-56.
[12] 李翠霞.武汉鹦鹉洲长江大桥桥塔设计[J].桥梁建设,2014,44(5):94-98.
[13] 马碧波,叶雨清,白雨东,等.瓯江北口大桥中塔设计及索鞍施工预偏量影响研究[J].桥梁建设,2018,48(6):41-46.
[14] 王路,沈锐利,王昌将,等.悬索桥主缆与索鞍间侧向力理论计算方法与公式研究[J].土木工程学报,2017,50(12):87-96.
[15] 沈锐利,王路,王昌将,等.悬索桥主缆与鞍座间侧向力分布模式的模型试验研究[J].土木工程学报,2017,50(10):75-81.
[16] 王昌将,王路,叶雨清,等.多塔悬索桥中塔鞍座水平摩擦板抗滑方案试验研究[J].桥梁建设,2018,48(2):13-18.
[17] 叶雨清,王昌将,戴显荣,等.温州瓯江北口大桥中塔索鞍抗滑移构造研究[J].桥梁建设,2019,49(1):24-29.
[18] 叶雨清,王昌将,马碧波.三塔双层悬索桥中塔结构选型研究[J].公路,2018,63(11):120-127.
[19] 陈菲儿.多塔悬索桥结构体系的力学性能及参数研究[D].上海:同济大学,2019.

[20] 侯光阳,马碧波. 韩国新千四大桥设计[J]. 世界桥梁,2012,40(6):7-10.
[21] 李万恒,王元丰,李鹏飞,等. 三塔悬索桥桥塔适宜刚度体系研究[J]. 土木工程学报,2017,50(1):75-81.
[22] 郑凯锋,栗怀广,胥润东. 连续超大跨悬索桥的刚度特征[J]. 西南交通大学学报,2009,44(3):342-346.
[23] 朱本瑾. 多塔悬索桥的结构体系研究[D]. 上海:同济大学,2007.
[24] 唐贺强. 减小三塔悬索桥中塔顶主缆不平衡力的设计思路[J]. 桥梁建设,2015,45(5):83-87.
[25] 吉林,陈策,冯兆祥. 三塔悬索桥中塔主缆与鞍座间抗滑移试验研究[J]. 公路,2007(6):1-6.
[26] 张清华,李乔. 悬索桥主缆与鞍座间摩擦特性试验研究[J]. 土木工程学报,2013(4):85-92.
[27] 肖刚. 三塔悬索桥主缆与鞍座抗滑移设计研究[D]. 成都:西南交通大学,2015.
[28] 姜洋,肖汝诚,李扬,等. 多塔悬索桥主缆与鞍座滑动失稳临界跨径[J]. 同济大学学报(自然科学版),2012,40(3):331-337.
[29] 柴生波,肖汝诚,王秀兰,等. 多塔悬索桥主缆与鞍座抗滑解析计算方法[J]. 中国公路学报,2016,29(4):59-66.
[30] 高康平,张强,唐贺强,等. 马鞍山长江公路大桥三塔悬索桥中塔刚度研究[J]. 桥梁建设,2011(5):1-5.
[31] 薛光雄,牛亚洲,程建新,等. 润扬大桥悬索桥主缆架设施工技术[J]. 桥梁建设,2004(4):32-35.
[32] 张喜刚,王仁贵,林道锦,等. 嘉绍大桥多塔斜拉桥创新结构体系设计[J]. 公路,2013(7):286-289.
[33] 王昌将,马碧波. A形混凝土中塔多塔悬索桥设计与拓展应用研究[J]. 桥梁建设,2019,49(2):86-91.
[34] KIM Y M,KWAK Y H,CHOI M S,et al. Wind Engineering on the New Millennium Bridge in South Korea[J]. Procedia Engineering,2011,14(11):1472-1479.
[35] JOÃO F,CLEMENTE P. Suspension Bridge over the Zambezi in Tete—Original Stringer Bronze Bearings versus Recent Modification[J]. Structural Engineering International,2017,27(4):520-525.
[36] ANTÓNIO R,CLAUDIO B. Rehabilitation of the Suspension Bridge over Zambezi River in Mozambique[J]. Structural Engineering International,2013(1):89-93.
[37] LETO I V. Preliminary Design of the Messina Strait Bridge[J]. Civil Engineering,1994,102(3):122-129.
[38] ZHANG Q H,CHENG Z Y,CUI C,et al. Analytical Model for Frictional Resistance between Cable and Saddle of Suspension Bridges Equipped with Vertical Friction Plates[J]. Journal of Bridge Engineering,2016,22(1):1-12.